Diethard Lübke

*Lernwörterbuch
in Sachgruppen*

Emploi des mots

Neubearbeitung

Cornelsen

 http://www.cornelsen.de

3. Auflage 1992   €   Druck 13 12 11   Jahr 05

Alle Drucke dieser Auflage sind inhaltlich unverändert
und können im Unterricht nebeneinander verwendet werden.

© 1993 Cornelsen Verlag, Berlin
Das Werk und seine Teile sind urheberrechtlich geschützt.
Jede Verwertung in anderen als den gesetzlich zugelassenen Fällen
bedarf deshalb der vorherigen schriftlichen Einwilligung
des Verlages.

Druck: Saladruck, Berlin

ISBN 3-464-33300-8

Bestellnummer 333008

 Gedruckt auf säurefreiem Papier, umweltschonend
hergestellt aus chlorfrei gebleichten Faserstoffen.

Zweck und Verwendung dieses Lernwörterbuchs

Seit 1951 erforscht eine Gruppe von französischen Sprachwissenschaftlern (G. Gougenheim, P. Rivenc u. a.), welches die *häufigsten* und *wichtigsten* Wörter der französischen Sprache sind. Als Grundlage für ihre Untersuchungen diente ihnen sowohl die gesprochene als auch die geschriebene Sprache. Die Ergebnisse waren 2 Wortlisten:

— *Le français fondamental, 1ᵉʳ degré* enthält 1445 Wörter,
— *Le français fondamental, 2ᵉ degré* weitere 1610 Wörter.

Dieser Grundwortschatz hat weltweite Anerkennung gefunden und gilt bis heute als Fundament für elementare französische Sprachkenntnisse. Er reicht aus um sich in allen Bereichen des modernen Lebens mit Franzosen verständigen zu können und um Texte von allgemeinem Interesse (Schwierigkeit: Zeitungsartikel) zu verstehen. Alle modernen Schulbücher des Französischen richten sich nach dem *Français fondamental*. Die *Einheitlichen Prüfungsanforderungen in der Abiturprüfung – Französisch* (Beschluss der Kultusministerkonferenz vom 6. 2. 1975) legen ebenfalls überall das *Français fondamental* zugrunde.

Anordnung des Wortschatzes

Das Lernwörterbuch in Sachgruppen EMPLOI DES MOTS ordnet den gesamten französischen Grundwortschatz[1] so an, wie es für wirksames Vokabellernen am günstigsten ist:

1. Jeder weiß, dass es viel größere Mühe macht eine alphabetische Wortliste zu lernen (... voiture, voix, vol, volant, volcan, voler, volet ...), als eine solche, die Wörter zusammenstellt, die inhaltlich zusammengehören. Daher wurde der Grundwortschatz nach *Sachgebieten* geordnet (... auto, voiture, chauffeur, conduire, volant, moteur, essence, pneu ...). Das Vokabellernen nach Sachgebieten vermindert nicht nur die Lernanstrengung, sondern es fördert ganz wesentlich den aktiven Gebrauch der Wörter: Wenn man sich über ein Thema fließend äußern will, müssen möglichst viele Wörter, die für das Thema wichtig sind, ins Bewusstsein treten.

2. Den Vokabeln sind eine Fülle von *Anwendungsbeispielen* beigefügt. Sie erleichtern das Vokabellernen, weil sich ganze Ausdrücke besser merken und anwenden lassen als einzelne Wörter.

Vokabel:	*Deutsche Bedeutung:*	*Anwendungsbeispiele:*
la voiture	das Auto	une ~ rapide / la ~ de sport
le chauffeur	der Fahrer	un ~ de taxi / le ~ conduit la voiture / un ~ prudent

3. Hinweise auf die Aussprache in schwierigen Fällen und die Stammformen der unregelmäßigen Verben ergänzen die Listen.

---

[1] Der Bearbeiter hat weitere 507 Wörter zur Abrundung und Vervollständigung der Sachgebiete hinzugefügt.

Möglichkeiten für das Vokabellernen

Die Vokabelzusammenstellungen bieten drei Möglichkeiten des Vokabellernens:

1. Der Schüler verdeckt die französischen Vokabeln der linken Spalte und nennt sie mit Hilfe der beiden übrigen Spalten aus dem Gedächtnis.
2. Der Schüler verdeckt die deutschen Bedeutungen und nennt sie aus dem Gedächtnis, wiederum mit Hilfe der anderen Spalten.
3. Der Schüler verdeckt die französischen Vokabeln der linken Spalte und vervollständigt die Anwendungsbeispiele, wo an der Stelle der Vokabel meist nur das Zeichen ~ steht. (Dies ist die wirksamste Art des Vokabellernens mit diesem Wörterbuch, besonders wenn man die Anwendungsbeispiele dabei laut spricht.)

Einsatz des Wörterbuchs im Unterricht

Im schulischen Anfangsunterricht sollte das Lernwörterbuch in Sachgruppen EMPLOI DES MOTS *neben* dem Lehrbuch verwendet werden. Der Lernende streicht sich nach jeder Lektion die durchgenommenen Sachgebiete an; er weiß dann nicht nur, welche Abschnitte er zu wiederholen hat um seine Vokabelkenntnisse zu festigen, sondern er sieht auch, wie sich im Laufe der Zeit seine Sprachkenntnisse umfassend erweitern.

Dem Fortgeschrittenen ermöglicht das Lernwörterbuch in Sachgruppen EMPLOI DES MOTS die gezielte Wiederholung des Wortschatzes, wenn er sich etwa auf ein Gespräch in der fremden Sprache vorbereitet oder einen Bericht oder Brief auf Französisch schreiben soll. Der Lehrer kann ausgewählte Sachgebiete wiederholen lassen, die für den jeweiligen Abschnitt der Lektüre, für ein Thema des Unterrichts oder für die nächste Klassenarbeit besonders wichtig sind.

Viele weitere Möglichkeiten, die Vokabeln wirksam zu üben, zu testen und anzuwenden, bietet das Übungsbuch.

Übungsbuch zu Emploi des mots

162 Seiten   Best.-Nr. **33259–1**

Übersicht über die Sachgebiete

Seite

Termes généraux – Allgemeine Begriffe

1 Noms – Substantive; 2 Indéfinis – Indefinita; 3 Verbes – Verben 9

L'Homme – Der Mensch

Personne – Person 12

4 Identité – Personalien; 5 Vie – Leben, Lebenslauf; 6 Mort – Tod

Corps – Körper 14

7 Tête, visage – Kopf, Gesicht; 8 Les cinq sens – Die fünf Sinne; 9 Oreille, entendre – Ohr, hören; 10 Nez, sentir – Nase, riechen; 11 Œil, regarder – Auge, sehen; 12 Clarté, abscurité – Helligkeit, Dunkelkeit; 13 Lumière électrique – Elektrisches Licht; 14 Couleurs – Farben; 15 Aspect – Aussehen; 16 Bouche – Mund; 17 Cheveux – Haare; 18 Corps – Körper; 19 Tronc, organes – Rumpf, Organe; 20 Membres – Gliedmaßen; 21 Hygiène corporelle – Körperpflege; 22 Gymnastique – Gymnastik; 23 Lit – Bett; 24 Dormir – Schlafen

Alimentation – Ernährung 24

25 Manger, boire – Essen, trinken; 26 Repas – Mahlzeiten; 27 Pain – Brot; 28 Lait, œufs – Milch, Eier; 29 Potage, bouillon – Suppe, Brühe; 30 Viande, volailles – Fleisch, Geflügel; 31 Poissons, fruits de mer – Fisch, Meerestiere; 32 Légumes – Gemüse; 33 Fruits – Obst; 34 Glace, confiture, bonbons – Eis, Konfitüre, Bonbons; 35 Boissons – Getränke; 36 Goût – Geschmack; 37 Magasins d'alimentation – Lebensmittel-geschäfte; 38 Cuisine – Küche; 39 Cuire – Kochen; 40 Vaisselle – Ge-schirr; 41 Laver la vaisselle – Abwaschen; 42 Restaurant – Restaurant; 43 Fumer – Rauchen

Santé – Gesundheit 33

44 Santé – Gesundheit; 45 Maladie – Krankheit; 46 Se refroidir, maladies infectieuses – Sich erkälten, Infektionskrankheiten; 47 Blessures – Verletzungen; 48 Médecin – Arzt; 49 Traitement, hôpital – Behand-lung, Krankenhaus; 50 Pharmacie – Apotheke

Vêtements – Kleidung 37

51 Vêtements – Kleidung; 52 Habiller, déshabiller – Anziehen, ausziehen; 53 Bas, chaussures – Strümpfe, Schuhe; 54 Chapeau, manteau, sac – Hut, Mantel, Handtasche; 55 Faire la lessive – Wäsche waschen; 56 Coudre – Nähen; 57 Tissus – Stoffe; 58 Mode – Mode; 59 Parure – Schmuck

Habiter – Wohnen 41

60 Domicile – Wohnort; 61 Maison – Haus; 62 Porte, fenêtre – Tür, Fenster; 63 Appartement – Wohnung; 64 Installation – Einrichtung; 65 Meubles – Möbel; 66 Chauffage – Heizung; 67 Ménage – Haushalt; 68 Construction – Hausbau; 69 Propriétaire, locataire – Hausbesitzer, Mieter; 70 Incendie – Brand

Seite

L'Homme (vie affective et intellectuelle) –
Der Mensch (seelischer und geistiger Bereich)

Sentiments – Gefühle 48

71 Nature – Wesen; 72 Sentiment – Gefühl; 73 Sentiments agréables, rire – Angenehme Gefühle, lachen; 74 Sentiments désagréables, pleurer – Unlustgefühle, weinen; 75 Danger – Gefahr; 76 Peur – Angst; 77 Courageux, lâche – Mutig, feige

Morale – Moral 51

78 Conscience – Gewissen; 79 Le bien – Das Gute; 80 Le mal – Das Schlechte; 81 Religion – Religion; 82 Dieu, diable – Gott, Teufel; 83 Église – Kirche

Penser – Denken 55

84 Esprit – Geist; 85 Attention, intérêt – Aufmerksamkeit, Interesse; 86 Problème – Problem; 87 Opinion – Meinung; 88 Prouver – Beweisen; 89 Avoir raison, avoir tort – Recht haben, Unrecht haben; 90 Condition, conséquence – Bedingung, Folgerung; 91 Douter – Zweifeln; 92 Examiner – Prüfen; 93 Certitude – Gewissheit; 94 Expliquer – Erklären; 95 Cause, effet – Ursache, Wirkung

Langue – Sprache 60

96 Vocabulaire – Wortschatz; 97 Grammaire – Grammatik; 98 Parler – Sprechen; 99 Question, réponse – Frage, Antwort; 100 Affirmation, négation – Bejahung, Verneinung; 101 Informer – Mitteilen; 102 Souligner, exagérer – Hervorheben, übertreiben; 103 Dire la vérité, mentir – Wahrheit sagen, lügen; 104 Apprendre – Erfahren; 105 Conversation, discussion – Unterhaltung, Diskussion; 106 Téléphoner – Telefonieren; 107 Écrire – Schreiben; 108 Correspondance – Briefwechsel; 109 Lire – Lesen; 110 Journal – Zeitung; 111 Livre – Buch

Projeter, agir – Planen, handeln 72

112 Prendre une décision – Einen Entschluss fassen; 113 Vouloir, faire des projets – Wollen, planen; 114 Proposer, demander – Vorschlagen, verlangen; 115 Consentir, permettre – Zustimmen, erlauben; 116 Refuser, défendre – Ablehnen, verbieten; 117 Ordonner – Anordnen; 118 Obéir – Gehorchen; 119 Agir – Handeln; 120 S'efforcer, se reposer – Sich anstrengen, sich ausruhen; 121 Participer – Teilnehmen; 122 Aider, nuire – Helfen, schaden; 123 Succès, échec – Erfolg, Misserfolg

Société – Gesellschaft

L'Individu / la société – Der Einzelne / die Gesellschaft 80

124 L'homme, les gens – Der Mensch, die Leute; 125 Réputation – Ansehen

Vie privée – Privatleben 81

126 Mariage – Ehe; 127 Famille – Familie; 128 Visite, réunion – Besuch, Zusammensein; 129 Saluer – Begrüßen, sich verabschieden; 130 Manières – Umgangsformen; 131 Sympathie – Zuneigung; 132 Amitié – Freundschaft; 133 Amour – Liebe; 134 Aversion – Abneigung; 135 Émo-

tion, colère – Aufregung, Zorn; 136 Insulter, offenser – Beschimpfen, beleidigen; 137 Violence – Gewalttätigkeit; 138 Se calmer – Sich beruhigen

Vie publique – Öffentliches Leben 89

139 État – Staat; 140 Étranger – Ausland; 141 Régimes – Regierungsformen; 142 Gouvernement – Regierung; 143 Parlement – Parlament; 144 Élections, partis – Wahlen, Parteien; 145 Administration – Verwaltung, 146 Militaires – Soldaten; 147 Armement – Bewaffnung; 148 Guerre – Krieg; 149 Oppression, liberté – Unterdrückung, Freiheit; 150 Criminel – Verbrecher; 151 Police – Polizei; 152 Tribunal – Gericht; 153 Jugement – Urteil

Activités professionnelles, loisirs – Arbeitswelt, Freizeit

Enseignement – Schulwesen 99

154 École – Schule; 155 Maître – Lehrer; 156 Élève – Schüler; 157 Examens – Prüfungen; 158 Université – Universität

Métier – Beruf 102

159 Métier – Beruf; 160 Capable, incapable – Fähig, unfähig; 161 Employeur, direction – Arbeitgeber, Betriebsleitung; 162 Salarié – Arbeitnehmer; 163 Travail – Arbeit; 164 Syndicat, grève – Gewerkschaft, Streik

Économie – Wirtschaft 105

165 Industrie, production – Industrie, Produktion; 166 Technique – Technik; 167 Artisanat – Handwerk; 168 Outils – Werkzeuge; 169 Charbonnages, métallurgie – Bergbau, Metallindustrie; 170 Chimie, physique – Chemie, Physik; 171 Commerce – Handel; 172 Commerçant, client – Kaufmann, Kunde; 173 Magasin – Geschäft; 174 Marchandise – Ware; 175 Poids – Gewicht; 176 Emballage – Verpackung; 177 Prix – Preis; 178 Argent – Geld; 179 Gagner de l'argent – Geld verdienen; 180 Banque – Bank; 181 Richesse – Reichtum; 182 Pauvreté – Armut; 183 Vouloir – Haben wollen; 184 Donner – Geben; 185 Recevoir – Bekommen

Circulation – Verkehr 117

186 Rue, route – Straße; 187 Circulation – Verkehr; 188 Auto – Auto; 189 Conduire – Fahren; 190 Panne, accident – Panne, Unfall; 191 Transport par rail – Schienenverkehr; 192 Gare – Bahnhof; 193 Avion – Flugzeug; 194 Bateau – Schiff; 195 Port – Hafen; 196 Tourisme – Tourismus; 197 Hôtel, Camping – Hotel, Camping

Loisirs – Freizeit 126

198 Jeu – Spiel; 199 Sport – Sport; 200 Football – Fußball; 201 Danser – Tanzen; 202 Musique – Musik; 203 Art, peinture – Kunst, Malerei; 204 Goût – Geschmack; 205 Littérature – Literatur; 206 Théâtre – Theater; 207 Cinéma, télévision, vidéo – Kino Fernsehen, Video; 208 Photographie – Fotografie

Seite

Nature – Umwelt

Temps – Wetter 134

209 Beau temps – Schönes Wetter; 210 Mauvais temps – Schlechtes Wetter; 211 Temps froid – Kaltes Wetter

Géographie – Geographie 135

212 Ciel – Himmel; 213 Terre – Erde; 214 Mer, plage – Meer, Strand; 215 Lac, fleuve – See, Fluss; 216 Campagne – (Flaches) Land; 217 Montagnes – Gebirge

Agriculture – Landwirtschaft 139

218 Agriculture – Landwirtschaft; 219 Culture – Ackerbau; 220 Viticulture – Weinbau

Animaux, plantes – Tiere, Pflanzen 140

221 Animaux – Tiere; 222 Animaux domestiques – Haustiere; 223 Animaux sauvages – Wilde Tiere; 224 Poissons – Fische; 225 Oiseaux – Vögel; 226 Insectes, reptiles etc. – Insekten, Reptilien usw.; 227 Plante – Pflanze; 228 Arbre, forêt – Baum, Wald; 229 Jardin – Garten; 230 Fleurs – Blumen

Diviser, mesurer – Einteilen, messen

Ordre – Ordnung 148

231 Ordre – Ordnung; 232 Comparer – Vergleichen; 233 Ressemblance – Ähnlichkeit; 234 Différence – Unterschied

Temps – Zeit 150

235 Temps, durée – Zeit, Dauer; 236 Montre – Uhr; 237 Jour – Tag; 238 Semaine – Woche; 239 Année – Jahr; 240 Événement – Ereignis; 241 Rapports de temps – Zeitliche Beziehungen; 242 Succession dans le temps – Zeitliche Reihenfolge; 243 Fréquence – Häufigkeit; 244 Passé – Vergangenheit; 245 Mémoire – Gedächtnis; 246 Présent – Gegenwart; 247 Avenir – Zukunft; 248 Attendre, espérer – Warten, hoffen

Espace – Raum 157

249 Espace – Raum; 250 Distance – Entfernung; 251 Position – Standort; 252 Où? – Wo? Wohin?; 253 Chercher, trouver – Suchen, finden; 254 Montrer – Zeigen

Mouvement – Bewegung 161

255 Aller – Gehen, fahren; 256 Partir – Weggehen, losfahren; 257 Arriver, retourner – Ankommen, zurückkehren; 258 Vitesse – Geschwindigkeit; 259 Direction – Richtung; 260 Suivre – Folgen; 261 Monter, tomber – Steigen, fallen; 262 Aller chercher, apporter – Holen, bringen; 263 Tirer, pousser – Ziehen, schieben; 264 Lever, baisser, jeter – Heben, senken, werfen; 265 Poser – Hinstellen

Quantité – Quantität 168

266 Quantité – Menge; 267 Le tout, la partie – Das Ganze, ein Teil; 268 Nombres – Zahlen; 269 Calculer – Rechnen; 270 Mesurer – Messen

Register 173

Termes généraux – Allgemeine Begriffe

Noms – Substantive   1

la chose	die Sache (allgemeinster Begriff)	appeler les ~s par leur nom / «Je vais vous expliquer la ~.» / la même ~ / c'est autre ~
un objet	ein Gegenstand	une lunette (Fernglas) qui grossit trois fois les ~s / le bureau des ~s trouvés
le truc	1. der Dreh	trouver le ~
	2. das Ding (dessen Namen man nicht weiß oder nicht sagen will.)	«Comment s'appelle ce ~ rouge?» / des ~s comme ça
le machin	das Ding (umgangssprachliche Bezeichnung eines Dinges oder einer Person, wenn man den Namen nicht weiß.)	«Qu'est-ce que c'est que ce ~-là?» / «Que fait-on avec ces ~s?» / «Monsieur ... Machin.»
1. une sorte de ... 2. une espèce de ...	eine Art von (etwas, das man nicht genau definieren kann, das aber etwas anderem ähnelt.)	les hôtesses portent ~ d'uniforme rouge
un être	ein Wesen	un ~ vivant / un ~ humain / un ~ imaginaire

Indéfinis – Indefinita   2

n'importe ...	irgend ...	~ qui / ~ quel journal / dire ~ quoi / ~ où / ~ quand
quelconque	irgendein (Adjektiv)	un homme ~ / une affaire ~ / chercher un travail ~
quelque, quelques	irgendein, -eine, irgendwelche	~ personne / ~ part dire ~ mots / ~ visiteurs
quelque chose	etwas	faire ~ / «C'est déjà ~.» / ~ d'intéressant
quelqu'un	jemand	c'est ~ que je connais
quelques-uns, -unes	einige	parler avec ~ / ~ de mes amis
chaque	jeder (vor Substantiv)	~ élève / ~ jour / ~ fois
chacun, chacune	jeder, jede	~ de vous / ~ pour soi et Dieu pour tous
on	man	~ le dit / ~ s'amuse
tout, toute, tous [tu], toutes	ganz, alle (vor Substantiv)	~ le livre / ~e la vérité ~ les livres
tout	alles	~ ou rien / c'est ~ / il sait ~

Termes généraux – Allgemeine Begriffe

1. tous [tus], **toutes**	alle	~ ensemble / je les connais ~ / «Venez ~.»
2. tout le monde	alle (jedermann)	~ est là / faire comme ~ / la rue est à ~
pas un, pas une	nicht ein, nicht eine	~ n'est venu / ~ élève
1. aucun, aucune	kein, keine	~ de vous / il n'a fait ~e faute
2. nul, nulle	kein, keine (gehobene Sprache)	~ homme / nulle part (nirgends)
rien (ne ...)	nichts	Qui ne risque ~ n'a ~. / ~ du tout / cela ne vaut ~ / «Que dites-vous? – ~.» / «~ à faire.»
personne (ne ...)	niemand	~ n'est venu / je ne vois ~ / «Qui est là? – ~.»

3 Verbes – Verben

il y a	es gibt	«Qu'est-ce qu'~?» / dans le jardin, ~ des fleurs et des légumes
exister	vorhanden sein	cela existe / «L'amour parfait existe!»
être [1]	sein (1. Verb)	~ élève / ~ riche / c'est lui / ~ ou ne pas ~
	(2. Hilfsverb)	il est venu / il était parti / il s'est promené
avoir [2]	haben (1. Verb)	~ soif / ~ peur / ~ des cheveux gris / ~ une voiture / ~ une maison
	(2. Hilfsverb)	il a écrit / il a couru / j'ai à travailler
faire [3]	machen, tun	«Qu'est-ce que tu fais?» / avoir beaucoup à ~ / «Rien à ~.» / ~ fortune / ~ un travail / ~ des signes / ~ le malade (krank spielen)
mettre [4]	setzen, stellen, legen	~ un livre sur la table / ~ un enfant dans son lit / ~ un chapeau / ~ fin à qc / ~ le moteur en marche / ~ qn en liberté
aller [5]	gehen, fahren usw. (1. Verb)	~ chez qn / s'en ~ / ~ à Paris / ~ à pied, en train, en voiture, en avion / «Allez!» / «Comment allez-vous? – Ça va.» / la robe lui va bien / laisser ~ les affaires
	(2. Hilfsverb zur Umschreibung der unmittelbaren Zukunft)	il va arriver / il va commencer

[1] être: je suis, tu es, il est, nous sommes, vous êtes, ils sont – il était – il sera – il a été – qu'il soit
[2] avoir: j'ai, tu as, il a, nous avons, vous avez, ils ont – il avait – il aura – il a eu – qu'il ait
[3] faire: je fais, nous faisons, vous faites, ils font – il fit – il fera – il a fait – qu'il fasse
[4] mettre: je mets, nous mettons, ils mettent – il mit – il a mis
[5] aller: je vais, tu vas, il va, nous allons, vous allez, ils vont – il alla – il est allé – il ira – qu'il aille

Termes généraux – Allgemeine Begriffe

venir [6]   kommen (1. Verb)   ~ chez qn / ~ de Paris / faire ~ le médicin

(2. Hilfsverb zur Um-   il vient d'arriver / je viens de recevoir
schreibung der un-   la lettre / le livre vient de paraître
mittelbaren Ver-
gangenheit)

---

[6] venir: je viens, nous venons, ils viennent – il vint – il est venu – il viendra

L'Homme – Der Mensch

Personne – Person

4 Identité – Personalien

(→ 124 Mensch, Leute)

la personne	die Person	une ~ civile / une grande ~
l'identité (f)	die Personalien	la police vérifie l'~ de qn / une photo d'~
la carte d'identité	der Personalausweis	présenter sa ~
le passeport	der Reisepass	«Votre ~, s'il vous plaît.»
les papiers (m)	die Papiere	mettre ses ~ dans le portefeuille / «Montrez-moi vos ~.»
le nom	der Name	le ~ propre / j'ai oublié son ~ / «Quel est votre ~?»
le prénom	der Vorname	le ~ masculin / le ~ féminin
s'appeler	heißen	il s'appelle André
nommer	den Namen nennen	je ne peux pas ~ le monsieur
présenter	vorstellen	~ son ami à ses parents
le sexe	das Geschlecht	le beau ~ / le ~ faible
maculin, masculine	männlich	le sexe ~ / un métier ~
un homme	1. ein Mensch	les droits de l'~
	2. ein Mann	un ~ fort / un jeune ~
féminin, féminine	weiblich	le sexe ~
la femme [fam]	die Frau	une belle ~ / une jeune ~
l'âge (m)	das Alter	«Quel ~ as-tu? – J'ai quinze ans.»
un anniversaire	ein Geburtstag	son quinzième ~ / fêter l'~ de Pierre

5 Vie – Leben, Lebenslauf

(→ 126 Ehe → 127 Familie)

la vie	das Leben	être en ~ / perdre la ~ / la ~ privée
vivre [1]	leben	sa grand-mère vit encore / «Vive la France!»
vivant, vivante	lebend, lebendig	un être ~ / une langue ~e
l'existence (f)	das Dasein	l'~ humaine / le sens de l'~
le sort	das Los, das Schicksal	être content de son ~ / supporter son ~
la naissance	die Geburt	la date de ~
naître [2]	geboren werden	il est né en 1960
le bébé	das Baby	laver le ~ / le ~ pleure
grandir	größer werden	l'enfant a grandi
se développer	sich entwickeln	l'enfant se développe bien
l'enfance (f)	die Kindheit	une ~ heureuse
un enfant	ein Kind	Mme Dubois a deux ~s

---

[1] vivre: je vis, nous vivons, ils vivent – il vécut – il a vécu
[2] naître: il naît, ils naissent – il naquit, il est né

L'Homme – Der Mensch

le garçon	der Junge	un ~ turbulent / un grand ~
1. la petite fille	das Mädchen	une ~ blonde
2. la fillette		une ~ de douze ans
la jeune fille	die junge Dame	une charmante ~
le gosse, la gosse	das Gör	un sale ~ / un ~ de sept ans
le gamin	der Bengel	une bande de ~s / un ~ des rues
l'âge ingrat (m)	die Flegeljahre	être à l'~
la jeunesse	die Jugend	passer sa ~ à Paris / une auberge de ~
jeune	jung	un ~ homme / les ~s gens
mineur, mineure	minderjährig	un enfant ~ / être encore ~
la minorité	die Minderjährigkeit	la ~ se termine à l'âge de 18 ans
majeur, majeure	volljährig	être ~ à 18 ans
la majorité	die Volljährigkeit	la ~ commence à l'âge de 18 ans
adulte	erwachsen	parvenir à l'âge ~ / le monde ~
un adulte	ein Erwachsener	ce film n'est permis qu'aux ~s
le monsieur	der Herr	M. Dupont / «Bonjour, ~.» / «Bonsoir, messieurs.» / un vieux ~
la dame	die Dame	Mme Dupont / «Bonjour, madame.» / «Bonsoir, mesdames.» / une ~ élégante
la demoiselle	das Fräulein	Mlle Dupont / «Bonjour, mademoiselle.» / «Bonsoir, mesdemoiselles.» / une petite ~
la vieillesse	das Greisenalter	mourir de ~
vieux (vieil), vieille	alt	un vieil homme / sa vieille mère
vieux, vieilles		les vieilles gens
le vieillard	der Greis	un ~ de quatre-vingts ans
âgé, âgée	bejahrt	les personnes ~es

Mort – Tod

6

infirme	gebrechlich	un vieillard ~
mourir [3]	sterben	la peur de ~ / Molière mourut en 1673 / ~ de vieillesse / ~ en paix
la mort	der Tod	être en danger de ~ / le moment de la ~
mort, morte	1. tot, gestorben	~ à 65 ans / il est ~ depuis 2 ans
	2. gefallen	~ à la guerre
le mort	der Tote	fermer les yeux à un ~
le cadavre	die Leiche	un ~ froid / autopsier un ~
les restes (m)	die sterblichen Überreste	les ~ de Napoléon se trouvent aux Invalides
le cimetière	der Friedhof	porter le corps au ~
un enterrement	eine Beerdigung	«L'~ aura lieu au cimetière du Père-Lachaise.»

[3] mourir: il meurt, ils meurent – il mourut – il est mort – il mourra

L'Homme – Der Mensch

enterrer	beerdigen, begraben	~ un mort
le cercueil [sɛrkœj]	der Sarg	un ~ chargé de fleurs
1. la tombe	das Grab	le mort repose dans la ~
2. le tombeau (-x)	Grabmal	un ~ de marbre (Marmor)
perdre	verlieren	~ son père
la douleur	der Schmerz	j'ai eu la ~ de perdre mon père
le deuil [dœj]	die Trauer	être en ~ / les vêtements de ~
regretter	betrauern	~ la mort de M. Dupont
pleurer	beweinen	~ un mort
la larme	die Träne	avoir des ~s aux yeux / verser des ~s
les condoléances (f)	das Beileid	adresser ses ~ à qn / une lettre de ~
le veuf	der Witwer	un ~ qui se remarie
la veuve	die Witwe	elle est ~
un orphelin, une orpheline	ein Waisenkind	un pauvre ~ / le tuteur (Vormund) d'un ~
le testament	das Testament	faire son ~ / laisser un ~

Corps – Körper

7 Tête, visage – Kopf, Gesicht

la tête	der Kopf	lever la ~ / baisser la ~ / tourner la ~
le crâne	der Schädel	une fracture du ~ (Bruch)
le cerveau (-x)	das Gehirn	le vin lui monte au ~
le nerf [nɛːr]	der Nerv	une crise de ~s / être à bout de ses ~s
nerveux, -euse	Nerven ...	le système ~
1. le visage	das Gesicht	un ~ rose / un ~ ridé (faltig)
2. la figure	das Gesicht (Gesichtsausdruck)	une ~ triste / une ~ riante / une ~ sympathique
la mine	die Miene	avoir bonne ~ / avoir mauvaise ~
les traits (m)	die Gesichtszüge	les ~ du visage / avoir de jolis ~
le teint	der Teint	la fraîcheur du ~ / avoir un ~ bronzé (braungebrannt)
pâle	blass, bleich	un visage ~ / avoir le teint ~
pâlir	erblassen	~ de colère
rougir	rot werden	~ de honte (Scham)
le front	die Stirn	le ~ haut / avoir des rides sur le ~
la joue	die Wange	des ~s roses / des ~s pâles / embrasser (küssen) qn sur les ~s
le menton	das Kinn	un double ~
le cou	der Hals	sauter au ~ de qn / se casser le ~

8 Les cinq sens – Die fünf Sinne

le sens	der Sinn	les cinq ~ / les organes des ~
la vue	das Sehvermögen	avoir une bonne ~ / une mauvaise ~

L'Homme – Der Mensch

l'ouïe (f)	das Gehör	les oreilles sont les organes de l'~
l'odorat (m)	der Geruchssinn	avoir l'~ fin
le goût	der Geschmackssinn	la langue est l'organe du ~
le toucher	der Tastsinn	
sentir [4]	1. fühlen	~ la chaleur
	2. schmecken	~ le sel dans la sauce
	3. riechen	~ une fleur / ~ le parfum

Oreille, entendre – Ohr, hören   9 X

une oreille	ein Ohr	dire qc à l'~ / prêter l'~ (Gehör schenken)
1. entendre	hören (hören können)	~ un cri / ~ un bruit
2. écouter	hören (hinhören, zuhören)	~ attentivement / ~ les informations / ~ le conférencier / «Écoute-moi bien.»
un auditeur, une auditrice	ein Hörer, eine Hörerin	un ~ attentif / les ~s de la radiodiffusion
le ton	der Ton, die Tonart	un ~ grave
le son	der Laut, der Klang	un ~ nasal / le ~ de la voix / le ~ des cloches
sonner	klingen, läuten	les cloches sonnent
le bruit	1. das Geräusch	entendre un léger ~
	2. der Krach	faire beaucoup de ~
bruyant, -e	lärmend	des enfants ~s
un éclat	ein Knall, ein Ausbruch	un ~ de rire
le silence	die Stille	le ~ de la nuit / en ~ / garder le ~
silencieux, -euse	ruhig, still	une rue ~se / un moteur ~
sourd, sourde	taub	~-muet (taubstumm)

Nez, sentir – Nase, riechen   (→ 46 sich erkälten)   10

le nez [ne]	die Nase	le ~ long / le ~ pointu / le ~ rouge / le bout du ~
respirer	atmen	~ par le nez / ~ par la bouche / ~ l'air pur
souffler	(aus-)blasen, wehen	~ une bougie (Kerze) / le vent souffle
la respiration	die Atmung	la ~ artificielle
l'haleine (f)	der Atem	une ~ pure
étouffer	ersticken	serrer le cou de qn pour l'~ / s'~ de rire
se moucher	sich die Nase putzen	~ quand on est enrhumé (verschnupft)
le mouchoir	das Taschentuch	un ~ blanc / agiter le ~
sentir [5]	riechen	~ une rose / la fleur sent bon / le fromage sent fort

---

[4] sentir: je sens, nous sentons, ils sentent – il sentit – il a senti
[5] sentir: je sens, nous sentons, ils sentent – il sentit – il a senti

L'Homme – Der Mensch

une odeur	ein Geruch	sentir une mauvaise ~ / répandre une ~ / «L'argent n'a pas d'~.»
le parfum	1. der Duft	un ~ délicieux / le ~ de la rose
	2. das Parfum	quelques gouttes de ~ / un flacon de ~

11 Œil, regarder – Auge, sehen

un œil,	ein Auge,	jeter un coup d'~ sur qc
deux yeux	zwei Augen	des ~ bleus / des ~ bruns / ouvrir les ~ / fermer les ~ / entre quatre ~
le sourcil [sursi]	die Augenbraue	froncer les ~s (runzeln)
la paupière	das Augenlid	battre des ~s
le cil [sil]	die Wimper	de longs ~s .
les lunettes (f)	die Brille	mettre ses ~ / porter des ~ / les ~ de soleil / avoir deux paires de ~
myope	kurzsichtig	il porte des lunettes, parce qu'il est ~
aveugle	blind	un ~ / être ~ de naissance
voir [6]	sehen	~ bien / ~ mal / ~ qc distinctement / «Je l'ai vu de mes propres yeux.»
revoir	wiedersehen	~ son ami / «Au ~.»
la vue	der Anblick, die Aussicht	je le connais de ~ / perdre qn de ~
apercevoir [7]	erblicken	~ qn dans la rue
1. s'apercevoir (de)	bemerken (wahrnehmen)	~ d'une erreur
2. remarquer	bemerken (erblicken)	~ la différence / faire ~ qc à qn
regarder	hinsehen, betrachten	~ par la fenêtre / ~ la télévision / ~ un tableau
le regard	der Blick	jeter un ~ curieux sur qc / un ~ froid / détourner son ~
observer	beobachten	~ qc avec attention / se sentir observé
apparaître [8]	sichtbar werden	un voleur apparaît dans la maison
disparaître	verschwinden	le voleur disparaît derrière un mur

12 Clarté, obscurité – Helligkeit, Dunkelheit

le jour	der Tag, das Tageslicht	il fait ~ / le ~ se lève
la lumière	das Licht	la ~ du jour / la ~ électrique
la clarté	die Helligkeit	la ~ du soleil / une faible ~
clair, claire	hell	une chambre ~e / une couleur ~e
le soleil	die Sonne	le lever du ~ / le coucher du ~
les rayons du soleil (m)	die Sonnenstrahlen	
briller	scheinen, glänzen	le soleil brille

---

[6] voir: je vois, nous voyons, ils voient – il vit – il a vu – il verra
[7] apercevoir: j'aperçois, nous apercevons, ils aperçoivent – il aperçut – il a aperçu – il apercevra
[8] apparaître: j'apparais, il apparaît, nous apparaissons, ils apparaissent – il apparut – il est apparu

L'Homme – Der Mensch

une ombre	ein Schatten	l'~ des arbres / à l'~ / faire de l'~
sombre	düster, dunkel	une prison ~ / il fait ~ / le temps est ~
troubler	trüben	~ l'eau
la nuit	die Nacht	il fait ~ / la ~ tombe
la lune	der Mond	la nouvelle ~ / le croissant de la ~ / la pleine ~ / le clair de ~
une étoile	ein Stern	l'~ brille / les ~s fixes / l'~ du soir
obscur, obscure	dunkel	la nuit ~e / une forêt ~e
l'obscurité (f)	die Dunkelheit	voir une lumière dans l'~

Lumière électrique – Elektrisches Licht 13

la lampe	die Lampe	la ~ de poche
le bouton (électrique)	der Schalter	tourner le ~ / appuyer sur le ~
allumer	anmachen	~ la lampe / ~ le feu / ~ une bougie (Kerze)
éteindre [9]	ausmachen	~ la lampe / ~ le feu / ~ la lumière
une ampoule	eine Glühbirne	l'~ fonctionne / changer une ~
éclairer	erhellen	la lampe éclaire la chambre
la prise de courant	die Steckdose	brancher une lampe sur la ~ / la fiche (Stecker)
le fil électrique	die Leitung	isoler le ~
le courant (électrique)	der Strom	le ~ alternatif / un ~ de 110 volts
l'électricité (f)	die Elektrizität	une machine qui marche à l'~
électrique	elektrisch	le moteur ~
l'énergie	die Energie	l'~ électrique
la centrale	das Kraftwerk	la ~ produit l'électricité / la ~ nucléaire
le barrage	der Staudamm	un ~ sur la Durance (Flußname)
la pile	die Batterie	des ~s pour le transistor
un électricien	ein Elektriker	faire réparer la lampe par l'~

Couleurs – Farben (→ 203 Kunst, Malerei) 14

1. la couleur	die Farbe (Sinneseindruck)	être de ~ brune / une photo en ~s
2. la peinture	die Farbe (Flüssigkeit)	un pot de ~ / un tube de ~ / «Attention à la ~.»
le peintre	der Maler, der Anstreicher	un ~ en bâtiments
rouge	rot	la rose ~ / le vin ~ / le feu ~ (Ampel) / la Croix-R~
orange [10]	orange	deux robes ~

---

[9] éteindre: j'éteins, il éteint, nous éteignons, ils éteignent – il éteignit – il a éteint
[10] ohne Plural-s

L'Homme – Der Mensch

jaune	gelb	le canari est ∼ / ∼ comme un citron
beige	beige	un manteau ∼ / un costume ∼
brun, brune	braun	le chocolat est ∼ / des cheveux ∼s
marron [11]	kastanienbraun	une robe ∼ / des yeux ∼
vert [vε:r], verte	grün	une feuille ∼e / l'herbe ∼e
bleu, bleue	blau	le ciel est ∼ / la mer ∼e / ∼ marine
mauve	lila	une jupe ∼
violet, violette	violett	une étoffe ∼te
blanc, blanche	weiß	∼ comme la neige / du linge ∼
noir, noire	schwarz	∼ comme un corbeau (Rabe) / le tableau ∼ / être habillé en ∼
gris, grise	grau	des cheveux ∼ / «La nuit tous les chats sont ∼.»
foncé, foncée	dunkel	bleu ∼ / une couleur ∼e
clair, claire	hell	bleu ∼ / une couleur ∼e

15 Aspect – Aussehen

(→ 249 Raum)

l'extérieur (m)	das Äußere	l'∼ de la maison / la jeune fille est d'un ∼ agréable
la surface	die Oberfläche	la ∼ de la Terre / la ∼ de l'eau
un aspect [aspε]	ein Aussehen	cette ville a un ∼ agréable / la vallée offre un ∼ pittoresque
l'apparence (f)	der äußere Schein	juger sur les ∼s / les ∼s trompent souvent / malgré les ∼s
paraître [12]	erscheinen	aujourd'hui elle me paraît encore plus belle
l'impression (f)	der Eindruck	recevoir une ∼ / elle m'a fait une bonne ∼ / j'ai l'∼ que ... / raconter les ∼s de voyage
avoir l'air	aussehen	∼ triste / ∼ pensif / il a l'air de réfléchir
la forme	die Form	la ∼ d'un vase / la ∼ symétrique
former	formen, bilden	∼ un vase / ∼ une phrase
grand, grande	groß	un ∼ arbre / une ∼e maison
petit, petite	klein	une ∼e femme / tout ∼
moyen, moyenne	mittel	être de taille ∼ne / le Français ∼
la hauteur	die Höhe	la ∼ de la tour
haut, haute	hoch	de ∼es montagnes / un mur ∼ de deux mètres
dominer	überragen	la cathédrale domine la ville
plat, plate	flach	le pays ∼ / le terrain ∼
bas, basse	niedrig	une porte ∼se / en ∼
souterrain, -e	Unter ...	le passage ∼

---

[11] unveränderlich
[12] paraître: je parais, il paraît, nous paraissons, ils paraissent – il parut – il a paru

L'Homme – Der Mensch

la longueur	die Länge	la ~ de la route
long, longue	lang	une robe ~ue / la chambre a cinq mètres de ~
court, courte	kurz	des manches ~es / rendre plus ~
la largeur	die Breite	la ~ du fleuve
large	breit	la route est ~
étroit, étroite	schmal, eng	une rue ~e

Bouche – Mund   (→ 25 Essen, trinken → 98 Sprechen) **16**

la bouche	der Mund	ouvrir la ~ / parler la ~ pleine
la lèvre	die Lippe	la ~ supérieure / la ~ inférieure / avoir un sourire sur les ~s
la dent	der Zahn	les ~s de lait / les ~s de sagesse / se laver les ~s / avoir trente-deux ~s
mordre	beißen	~ dans la pomme / le chien l'a mordu
mâcher	kauen	~ du pain / ~ de la viande
avaler	herunterschlucken	~ un verre de vin / ~ une pilule
la langue	die Zunge	tirer la ~ / se brûler la ~
la gorge	der Rachen, der Hals	avoir mal à la ~
cracher	spucken	~ par terre

Cheveux – Haare   **17**

le cheveu (-x)	das Haar	des ~x longs / des ~x courts / se laver les ~x / se teindre les ~x
blond, blonde	blond	avoir des cheveux ~s / elle est ~e
brun, brune	braun	des cheveux ~s
roux, rousse	rothaarig	avoir la barbe ~sse
la coiffure	die Frisur	elle a changé de ~ / Salon de ~
le peigne	der Kamm	se donner un coup de ~ / le ~ de poche
se peigner	sich kämmen	~ rapidement les cheveux
la raie	der Scheitel	porter la ~ à gauche
la boucle	die Locke	une ~ de cheveux
le coiffeur,	der Frisör,	le ~ pour dames / aller chez le ~
la coiffeuse	die Frisöse	se faire couper les cheveux par la ~
être chauve	Glatze haben	devenir chauve
la barbe	der Bart	une ~ grise
la moustache	der Schnurrbart	laisser pousser sa ~
se raser	sich rasieren	~ la barbe
le rasoir	der Rasierapparat	le ~ électrique

L'Homme – Der Mensch

18 Corps – Körper

le corps [kɔːr]	der Körper	le ~ humain / les parties du ~
la peau	die Haut	avoir la ~ douce / la ~ sèche / la ~ grasse
un os [ɔs],	ein Knochen,	donner un ~ au chien
les os [o]	die Knochen	se casser les ~
le muscle	der Muskel	les ~s du bras / avoir des ~s
la force	die Kraft	la ~ physique / la ~ musculaire
fort, forte	stark	le boxeur est ~ / avoir des bras ~s
faible	schwach	un enfant ~ / se sentir ~
la faiblesse	die Schwäche	la ~ physique / une ~ momentanée
gros, grosse	dick	un ~ homme / être ~ et gras
grossir	zunehmen	avoir peur de ~ / suivre un régime (Diät) pour ne pas ~
maigre	mager	la figure ~ / il est devenu trop ~
maigrir	abnehmen	elle a maigri
mince	dünn	avoir la taille ~
svelte	schlank	une jeune fille ~
la taille	1. die Größe, die Statur	être de ~ moyenne / il mesure 2,00 m: il est de grande ~
	2. die Taille	avoir la ~ fine
grand, grande	groß	~ et fort / les ~es personnes
petit, petite	klein	une ~e fille / une femme ~e

19 Tronc, organes – Rumpf, Organe

le tronc	der Rumpf	baisser le ~
le dos	der Rücken	être couché sur le ~ / tourner le ~
la poitrine	die Brust	une maladie de ~
le sein	der Busen	donner le ~ au bébé
la côte	die Rippe	avoir une ~ cassée dans un accident
un organe	ein Organ	les yeux, le cœur sont des ~s
les poumons (m)	die Lunge	se remplir les ~ d'air pur
le cœur	das Herz	le ~ bat vite et fort
le sang	das Blut	la circulation du ~ / le ~ coule / perdre du ~ / faire une transfusion de ~ / le donneur de ~
la veine	die Vene	les ~s ramènent le sang au cœur
une artère	eine Arterie	
saigner	bluten	~ du nez
le ventre	der Bauch	un gros ~ / avoir mal au ~
un estomac [ɛstɔma]	ein Magen	avoir un ~ chargé
l'intestin (m)	der Darm	le gros ~ (Dickdarm)
digérer	verdauen	ce pain est facile à ~

L'Homme – Der Mensch

Le corps, les membres:

la main (1)
les doigts (2)
le pouce (3)
le poignet (4)
le bras (5)
le coude (6)
la tête (7)
l'épaule (8)
la poitrine (9)
le ventre (10)
la cuisse (11)
la jambe (12)
le genou (13)
le pied (14)
la cheville (15)

L'Homme – Der Mensch

| le foie | die Leber | le ~ sécrète la bile (Gallenflüssigkeit) |
| les reins (m) | die Nieren | les ~ sécrètent l'urine |

20 Membres – Gliedmaßen

(→ 255 Gehen, fahren)

les membres (m)	die Gliedmaßen	les quatre ~s
la main	die Hand	la ~ droite / la ~ gauche / donner
		la ~ à qn / avoir un livre à la ~
le doigt [dwa]	1. der Finger	montrer qc du ~ / le petit ~
	2. die Zehe	les ~s de pied
le pouce	der Daumen	l'ongle du ~
un ongle	ein Nagel	se faire les ~s / le rouge à ~s
le poing	die Faust	donner un coup de ~
le poignet	das Handgelenk	se casser le ~
toucher	berühren	~ un objet du bout des doigts
le bras	der Arm	donner le ~ à qn / porter un enfant sur
		les ~
le coude	der Ellenbogen	s'appuyer sur les ~s
une épaule	eine Schulter	hausser les ~s (die Achseln zucken)
la jambe	das Bein	courir à toutes ~s / croiser les ~s
la cuisse	der Oberschenkel	les muscles de la ~
le genou (-x)	das Knie	se mettre à ~x
le pied	der Fuß	être nu-~s / marcher sur les ~s de qn /
		donner un coup de ~ à qn
le talon	die Ferse	le ~ d'Achille / être sur les ~s de qn
la cheville [ʃəvij]	der Knöchel	avoir les pieds dans l'eau jusqu'à la ~
boiter	hinken	~ du pied gauche
boiteux, -euse	hinkend	être ~

21 Hygiène corporelle – Körperpflege

l'hygiène corporelle	die Körperpflege	les articles d'~
le w.-c. [veːseː]	die Toilette	le ~ est occupé – libre
la salle de bains	das Badezimmer	faire sa toilette dans la ~
se laver	sich waschen	~ les mains / ~ dans la salle de bains
le savon	die Seife	un morceau de ~ / le ~ désodorant
la cuvette	die Waschschüssel	mettre de l'eau dans la ~
le lavabo	1. das Waschbecken	l'égout du ~ (Abfluss)
	2. der Waschraum,	Où sont les ~s?
	die Toilette	
le robinet	der Wasserhahn	ouvrir le ~ / fermer le ~
couler	fließen	faire ~ l'eau

22

L'Homme – Der Mensch

la baignoire	die Badewanne	remplir la ~ / prendre un bain dans la ~
le bain	das Bad	prendre un ~ chaud
la douche	die Dusche	prendre une ~ froide
la serviette de toilette	das Handtuch	s'essuyer avec la ~ (sich abtrocknen) / une ~ propre
faire sa toilette	sich waschen und zurechtmachen	~ avant d'aller à la fête
la glace	der Spiegel	se regarder dans la ~
se raser	sich rasieren	prendre le rasoir électrique pour ~
la brosse à dents	die Zahnbürste	se laver les dents avec la ~
la pâte dentifrice	die Zahnpasta	mettre de la ~ sur la brosse à dents
maquiller	schminken	se ~ / elle est très maquillée
le fard	die Schminke	mettre du ~ / un ~ à paupières
le rouge à lèvres	der Lippenstift	mettre du ~
la poudre	der Puder	se mettre de la ~ sur les joues
le parfum [-fœ̃]	das Parfum	un flacon de ~ / quelques gouttes de ~
la beauté	die Schönheit	les produits de ~ / un institut de ~

Gymnastique – Gymnastik   (→ 199 Sport)   22

la gymnastique [ʒimnastik]	die Gymnastik	faire de la ~ tous les matins / un exercice de ~
la position	die Stellung	la ~ du corps / la ~ horizontale
l'attitude (f)	die Haltung	une ~ élégante / une ~ gauche
debout	aufrecht	être ~ / rester ~
se pencher	sich beugen	~ en avant / ~ par la fenêtre
se baisser	sich bücken	~ pour ramasser qc
se dresser	sich aufrichten	~ sur la pointe des pieds
se lever	aufstehen	~ de son fauteuil

Lit – Bett   23

le lit	das Bett	un grand ~ pour deux personnes / dormir dans un ~ / faire le ~ / aller au ~
la table de nuit	der Nachttisch	mettre le réveil sur la ~
le matelas [matla]	die Matratze	le ~ est trop dur / le ~ est trop mou
les draps de lit (m)	die Bettlaken	le drap de dessous (Unterlaken) / le drap de dessus (Überschlaglaken) / se glisser dans les ~
la couverture	die Bettdecke	une ~ de laine
un oreiller	ein Kopfkissen	un ~ mou
le traversin	die Schlummerrolle	mettre la tête sur le ~
le pyjama	der Schlafanzug	mettre son ~
la chemise de nuit	das Nachthemd	être en ~

L'Homme – Der Mensch

24 Dormir – Schlafen

(→ 12 Helligkeit, Dunkelheit)

fatigué, fatiguée [-ge]	müde	il a beaucoup travaillé, maintenant il est ~ / être très ~
1. se coucher	sich hinlegen (um zu schlafen)	aller ~ / Comme on fait son lit, on se couche.
2. s'étendre	sich hinlegen (um sich auszuruhen)	je vais aller m'~
se mettre au lit	zu Bett gehen	~ à onze heures du soir
veiller	wachen	~ toute la nuit
s'endormir [13]	einschlafen	fermer les yeux et ~ peu après
dormir [13]	schlafen	~ toute la nuit / «Tu as bien dormi?»
le sommeil	der Schlaf	avoir ~ / un ~ léger / un ~ profond
le rêve	der Traum	faire un beau ~
rêver	träumen	~ du bonheur / ~ toute la nuit
la nuit	die Nacht	souhaiter bonne ~ à qn / passer une ~ blanche (ohne zu schlafen)
le réveil	1. das Erwachen	un ~ brusque / à son ~
	2. der Wecker	mettre le ~ à six heures / le ~ sonne
réveiller	aufwecken	~ celui qui dort / le bruit m'a réveillé
se réveiller	aufwachen	~ tard / ~ tôt / ~ à six heures
sortir du lit [14]	aus dem Bett steigen	
se lever	aufstehen	~ à six heures
le matin	der Morgen	à huit heures du ~

Alimentation – Ernährung

25 Manger, boire – Essen, trinken

l'alimentation (f)	die Ernährung	le magasin d'~
un aliment	ein Nahrungsmittel	le pain est un ~ / consommer des ~s
alimentaire	Nahrungs ...	des produits ~s
la faim [fɛ̃]	der Hunger	«J'ai ~.» / manger à sa ~ / mourir de ~
manger	essen	~ du pain / ~ un fruit / ~ de bon appétit
consommer	verzehren	en France, on consomme beaucoup de fromage
nourrir	1. ernähren	se ~ bien
	2. füttern	~ un enfant à la cuiller
la soif [swaf]	der Durst	«J'ai ~.» / avoir très ~ / apaiser sa ~

[13] dormir: je dors, nous dormons, ils dorment – il dormait – il a dormi
[14] sortir: je sors, nous sortons, ils sortent – il sortit – il est sorti

L'Homme – Der Mensch

| boire [15] | trinken | ~ à sa soif / ~ une tasse de café / ~ son verre d'un trait |
| se rafraîchir | sich erfrischen (durch Getränke) | ~ en buvant une boisson glacée (eisgekühlt) |

Repas – Mahlzeiten 26

le repas	die Mahlzeit	prendre un ~ / un très bon ~
le petit déjeuner	das Frühstück	prendre le ~
le déjeuner	das Mittagessen	préparer le ~ / se mettre à table pour prendre le ~
déjeuner	1. frühstücken	~ de deux morceaux de pain
	2. zu Mittag essen	~ à treize heures / inviter qn à ~
le goûter	das Kaffeetrinken	à cinq heures, il y a le ~
le dîner	das Abendessen	le ~ est le repas du soir
dîner	zu Abend essen	~ au restaurant
le hors-d'œuvre [ɔrdœvr]	die Vorspeise	on mange des hors-d'œuvre variés au début du repas
le plat	das Gericht, der Gang	le ~ principal / un ~ de légumes
le dessert	der Nachtisch	avoir des fruits au ~

Pain – Brot 27

le pain	das Brot	du ~ frais / du ~ blanc / couper le ~ / un morceau de ~ avec du beurre et de la confiture
la baguette	das Stangenweißbrot/Baguette	une ~ est longue et mince
la farine	das Mehl	un kilo de ~
la pâte	der Teig	la ~ à tarte / travailler (kneten) la ~ / la ~ lève
le sandwich [sãdwiʃ]	das belegte Brot/Brötchen	acheter un ~ au buffet
le gâteau (-x)	der Kuchen	un morceau de ~
la tarte	die Torte	une ~ à la crème / une ~ aux pommes

Lait, œufs – Milch, Eier (→ 222 Haustiere) 28

le lait	die Milch	boire un verre de ~ / le ~ froid / le ~ chaud
la crème	die Sahne	la ~ fraîche / la ~ Chantilly (Schlagsahne) / boire un café ~
le beurre	die Butter	mettre du ~ sur le pain

---

[15] boire: je bois, nous buvons, ils boivent – il but – il a bu

25

L'Homme – Der Mensch

le fromage	der Käse	un morceau de ~ / le ~ blanc / le ~ mou (weich) / un plateau de ~s / le Brie / le Camembert / le Roquefort
le yaourt [jaurt]	der Joghurt	un ~ aux fruits
un œuf [œf],	ein Ei,	casser un ~ / le jaune de l'~ / le blanc
des œufs [ø]	Eier	de l'~ / des ~s sur le plat (Setzeier) / des ~s brouillés (Rühreier) / un ~ à la coque (gekochtes Ei) / un ~ dur
une omelette	ein Omelett	une ~ au jambon

29 Potage, bouillon – Suppe, Brühe

1. le potage	die Suppe (klare, mit Einlage)	une assiette de ~ / le ~ aux asperges
2. la soupe	die Suppe (gedickt)	la ~ à l'oignon / la ~ aux choux
la bouillabaisse	die Marseiller Fischsuppe	servir une ~
le bouillon	die Brühe	un ~ clair / un ~ de viande
les pâtes (f)	die Nudeln	les ~ aux œufs / des ~ à potage

30 Viande, volailles – Fleisch, Geflügel   (→ 222 Haustiere)

la viande	das Fleisch	la ~ de bœuf / la ~ de veau / la ~ est tendre (zart) / la ~ est bien cuite (gut durchgebraten) / un plat de ~
le rôti	der Braten	un ~ de veau
le bifteck	das Steak	un ~ de bœuf / un ~ de cheval
le jambon	der Schinken	le ~ fumé
la tranche	die Scheibe	une ~ de jambon
la saucisse	das Würstchen	manger des ~s grillées / des ~s de Francfort
le pâté	die Pastete	le ~ de foie gras
la sauce	die Sauce	servir la viande avec de la ~
la volaille	das Geflügel	la poule, le canard sont des ~s / manger de la ~
la poule	das Huhn	manger une ~ / un bouillon de ~
le poulet	das Hähnchen	le ~ rôti
le canard	die Ente	servir un ~ sauvage
la graisse	das Fett	la ~ végétale
gras, grasse	fett	la viande ~se / un bouillon trop ~
maigre	mager	la viande ~

31 Poissons, fruits de mer – Fisch, Meerestiere

| le poisson | der Fisch | du ~ frais / vider un ~ / les arêtes du ~ (Gräten) / manger du ~ |
| la truite | die Forelle | la ~ au bleu / la ~ meunière (nach Müllerin Art) |

26

L'Homme – Der Mensch

Fruits et légumes:

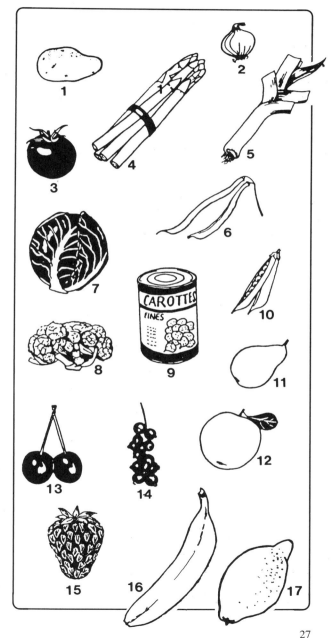

la pomme de terre (1)
l'oignon (2)
la tomate (3)
les asperges (4)
le poireau (5)
les haricots verts (6)
le chou (7)
le chou-fleur (8)
la conserve (9)
les pois (10)
la poire (11)
la pomme (12)
les cerises (13)
les groseilles (14)
la fraise (15)
la banane (16)
le citron (17)

L'Homme – Der Mensch

la carpe	der Karpfen	cette ~ pèse deux kilos
le saumon	der Lachs	le ~ fumé
la sole	die Seezunge, die Scholle	la ~ est un poisson plat
la sardine	die Sardine	une boîte de ~s à l'huile
la crevette	die Krabbe	la ~ rose / des ~s à la mayonnaise
les coquillages (m)	die Muscheln	manger des ~
l'huître (f)	die Auster	ouvrir des ~s / manger une douzaine d'~s

32 Légumes – Gemüse

les légumes (m)	das Gemüse	un plat de viande, garni de ~ / une conserve de ~
le haricot [ariko]	die Bohne	des ~s verts / une boîte de ~s
le pois	die Erbse	des petits ~ (grüne Erbsen)
la carotte	die Mohrrübe	une botte de ~s (Bund) / des ~s râpées
la pomme de terre	die Kartoffel	éplucher une ~ (schälen) / la purée de pommes de terre
les frites (f)	die Pommes frites	manger des ~
le riz [ri]	der Reis	du ~ au lait / du ~ cuit à l'eau
l'asperge (f)	der Spargel	la pointe de l'~ / une botte d'~s
le poireau (-x)	der Porree, der Lauch	la soupe aux ~x
le chou (-x)	der Kohl	le ~ blanc / le ~ rouge / le ~ -fleur / le ~ de Bruxelles (Rosenkohl)
la tomate	die Tomate	la sauce ~ / la salade de ~s
un oignon [ɔɲɔ̃]	eine Zwiebel	éplucher des ~s / la soupe à l'~
la salade	der Salat	la ~ avec du sel et de l'huile / la ~ de pommes de terre
les crudités (f)	die Rohkost	une assiette de ~
cru, crue	roh	des fruits ~s / de la viande ~e

33 Fruits – Obst

le fruit	die Frucht	les pommes, les cerises sont des ~s / un ~ vert / un ~ mûr
la pomme	der Apfel	manger une ~ / la ~ est douce / le jus de ~s (Saft)
la poire	die Birne	cette ~ est sucrée / la ~ est molle
la cerise	die Kirsche	des ~s douces / des ~s acides (sauer) / le noyau de ~ (Kern)
la pêche	der Pfirsich	le parfum de la ~
la prune	die Pflaume	la tarte aux ~s
la fraise	die Erdbeere	la confiture de ~s
la groseille	die Johannisbeere	des ~s rouges / des ~s blanches
une orange	eine Apfelsine	l'écorce de l'~ (Schale) / le jus d'~s
la banane	die Banane	éplucher une ~ / la peau de ~

L'Homme – Der Mensch

une olive	eine Olive	l'huile d'~ / l'~ verte / l'~ noire
le citron	die Zitrone	le thé au ~
presser	pressen	~ le citron

Glace, confiture, bonbons – Eis, Konfitüre, Bonbons   34

la glace	das Eis	les parfums de la ~: vanille, chocolat, citron, praliné (Mandel), fraise / acheter une ~ / manger une ~
la crème	die Sahne, der Pudding	la ~ vanille / la ~ caramel
la confiture	die Konfitüre	la ~ de cerises / un pot de ~s
le miel	der Honig	doux comme le ~
le bonbon	der Bonbon	le ~ parfumé à la menthe (Pfefferminz)
le chocolat	die Schokolade	le ~ au lait / une tablette de ~

Boissons – Getränke   35

la boisson	das Getränk	la ~ chaude / la ~ froide / la ~ gazeuse (mit Kohlensäure)
le vin	der Wein	le ~ blanc / le ~ rouge / le ~ de table
le champagne	der Sekt	faire sauter le bouchon d'une bouteille de ~
le cidre	der Apfelmost	le ~ doux
la bière	das Bier	la ~ d'Alsace / «Garçon, une ~.» / une blonde
l'alcool (m)	der Alkohol	le degré d'~
l'eau-de-vie (f)	der Schnaps	servir deux eaux-de-vie
le cognac	der Weinbrand	acheter une bouteille de ~
pur, pure	rein, unverdünnt	boire du vin ~
ivre	betrunken	~ mort (volltrunken)
sobre	nüchtern	il n'a pas bu d'alcool, il est ~ / rester ~
le jus [ʒy]	der Saft	boire un ~ de fruits / le ~ de pommes
l'eau minérale (f)	das Mineralwasser	boire de l'~
une orangeade	eine Orangeade	un verre d'~
le thé	der Tee	du ~ chaud avec du sucre et du citron / le salon de ~ (das «Café»)
le café	der Kaffee	le ~ noir / le ~ au lait / le ~ crème / le ~ express / le ~ en poudre
le lait	die Milch	le petit-~ (Buttermilch)
le chocolat	der Kakao	une tasse de ~

Goût – Geschmack   36

le gourmet	der Feinschmecker	apprécier le repas en ~
le gourmand	der Schlemmer	le ~ aime manger les bonnes choses
gourmand, -e	naschhaft	elle est ~e comme un petit chat

L'Homme – Der Mensch

le goût	der Geschmack	la viande a un ~ délicieux / sans ~
goûter	kosten, probieren	~ la sauce / ~ le fromage / ~ le vin
délicieux, -euse	wohlschmeckend	le fromage est ~ / «C'est ~, le potage.»
frais, fraîche	frisch	des œufs ~ / du beurre ~
le sel	das Salz	mettre du ~ dans la soupe / une pincée
		de ~ (Messerspitze)
saler	salzen	la soupe n'est pas assez salée
le sucre	der Zucker	mettre un morceau de ~
sucrer	süßen	~ son thé
1. sucré, sucrée	süß	un fruit ~
2. doux, douce	süß	
le vinaigre	der Essig	une sauce à l'huile et au ~
la moutarde	der Senf	la ~ forte / un pot de ~
le poivre	der Pfeffer	mettre du ~ dans la sauce
l'huile (f)	das Öl	l'~ d'olive / les sardines à l'~

37 Magasins d'alimentation – Lebensmittelgeschäfte
(→ 172 Kaufmann, Kunde   → 173 Geschäft)

les provisions (f)	die Vorräte	faire ses ~ (Einkäufe machen)
le sac	1. die Tasche	la femme porte un ~ (à main)
	2. die Tüte	un ~ de bonbons
le filet	das Netz	elle met les légumes dans son ~
le magasin	das Geschäft	le ~ d'alimentation
la boulangerie	die Bäckerei	acheter du pain à la ~
le boulanger	der Bäcker	aller chez le ~
la pâtisserie	die Konditorei	acheter des gâteaux à la ~
le pâtissier	der Konditor	le ~ vend des gâteaux
une épicerie	ein Feinkostgeschäft	acheter du sucre à l'~
un épicier	ein Kaufmann	l'~ vend du sel, de la farine etc.
1. la boucherie	die Metzgerei, die Fleischerei	acheter de la viande à la ~
2. la charcuterie	die Metzgerei (für Schweinefleisch und Wurst)	acheter du porc à la ~
1. le boucher	der Metzger, Fleischer	le ~ vend de la viande
2. le charcutier	der Metzger, Fleischer	le ~ vend des saucisses
le marché	der Markt	la place du ~ / aller au ~ / le super-marché
le libre-service	der Selbstbedienungs-laden	

38 Cuisine – Küche   (→ 63 Wohnung)

la cuisine	die Küche	faire la ~ / le chef de ~
la cuisinière	1. die Köchin	elle est une bonne ~
	2. der Kochherd	une ~ à gaz / une ~ électrique

L'Homme – Der Mensch

le tablier	die Schürze	mettre le ~
le buffet	der Küchenschrank	ranger la vaisselle dans le ~
la poêle [pwal]	die Pfanne	faire cuire le bifteck à la ~ / la ~ à frire
la marmite	der Kochtopf	mettre les pommes de terre dans la ~
le couvercle	der Deckel	lever le ~ / refermer le ~
la casserole	die Kasserolle	cuire du riz dans la ~
le pot [po]	der Topf	le ~ à lait / le ~ à eau
le récipient	das Gefäß	le ~ est plein / le ~ est vide
contenir [16]	enthalten	ce récipient contient du lait
remplir	füllen	~ le récipient
vider	leer machen	~ le récipient / ~ la bouteille
répandre	vergießen, verschütten	~ du lait sur la table / ~ du sel
1. le réfrigérateur	der Kühlschrank	conserver les aliments dans le ~
2. le frigidaire		mettre la viande dans le ~
la conserve	die Konserve	une boîte de ~s
conserver	konservieren	~ des légumes
le fourneau (-x)	der Herd	le ~ à gaz
le réchaud	die Kochplatte	le ~ électrique

Cuire – Kochen 39

la recette	das Rezept	le livre de ~s
mélanger	mischen	~ la farine et le sucre
remuer	umrühren	~ avec une cuiller / ~ le thé
préparer	zubereiten	~ le déjeuner
chauffer	1. heiß machen	~ l'eau
	2. heiß werden	l'eau chauffe
chaud, chaude	heiß	l'eau est ~e / le café est ~
bouillir [17]	kochen (100° haben)	l'eau bout / l'eau bouillante / faire ~ le lait
la vapeur	der Dampf	la ~ sort de la marmite
cuire [18]	1. kochen (garen)	~ des légumes
	2. braten	~ de la viande
	3. backen	~ du pain au four (Backofen)
cru, crue	roh	de la viande ~e
cuit, cuite	gar	le bifteck est bien ~
rôtir	braten, rösten	~ de la viande / ~ du pain
griller	grillen	~ des côtelettes / manger de la viande grillée
réchauffer	aufwärmen	~ le potage
refroidir	kalt werden	le potage refroidit

---

[16] contenir: il contient, ils contiennent – il a contenu
[17] bouillir: il bout, ils bouillent – il bouillait – il a bouilli
[18] cuire: je cuis, nous cuisons, ils cuisent – il cuisait – il a cuit

L'Homme – Der Mensch

40 Vaisselle – Geschirr

se mettre à table	sich zu Tisch setzen	~ dans la salle à manger
la nappe	das Tischtuch	mettre une ~ blanche
la serviette	die Serviette	la ~ de table
le couvert	das Gedeck	mettre les ~s
la vaisselle	das Geschirr	la ~ de porcelaine
le plat	die Platte	le ~ creux (Schüssel)
une assiette	ein Teller	l'~ plate / l'~ creuse (Suppenteller)
la cuiller [kyijɛr]	der Löffel	manger la soupe avec la ~ / une petite ~
la fourchette	die Gabel	la ~ à gâteaux
le couteau (-x)	das Messer	le manche du ~ (Griff) / le ~ de poche
la lame	die Klinge	la ~ du couteau
couper	schneiden	~ un morceau de fromage
la tasse	die Tasse	prendre une ~ de café / la soucoupe (Untertasse)
le bol	die Trinkschale	boire un ~ de lait
la cafetière	die Kaffeekanne	une ~ en porcelaine
le verre	das Glas	un ~ d'eau / vider son ~
vide	leer	le verre est ~
verser	eingießen	~ du café dans une tasse / je lui ai versé du café
remplir	füllen	~ le verre
plein, pleine	voll	le verre est ~
le plateau (-x)	das Tablett	mettre les verres sur le ~
la bouteille	die Flasche	une ~ d'un litre / une demi-~ de vin / déboucher la ~
boucher	zukorken	~ la bouteille
le bouchon	der Korken	le tire-~ (Korkenzieher)

41 Laver la vaisselle – Abwaschen

laver	abwaschen	~ la vaisselle
rincer	spülen	~ des verres
le lave-vaisselle	der Geschirrspüler	
un évier	ein Spülstein	laver la vaisselle dans l'~
le robinet	der Wasserhahn	ouvrir le ~ / fermer le ~
l'eau (f)	das Wasser	l'~ chaude / l'~ coule
le tuyau (-x)	das Rohr	le ~ d'égout (Abfluss)
essuyer	abtrocknen	~ la vaisselle
le torchon	das Geschirrtuch	essuyer avec le ~
le plombier	der Klempner	le ~ répare le robinet

42 Restaurant – Restaurant

(→ 197 Hotel, Camping)

le restaurant	das Restaurant	un bon ~ / déjeuner au ~

L'Homme – Der Mensch

le café	das Lokal, die Gaststätte	aller au ~ pour prendre une bière / la terrasse du ~
le bistrot	die Kneipe, die Bar	retrouver ses copains au ~
le salon de thé	das Café	un ~ fameux pour sa pâtisserie
la terrasse	die Terrasse	s'installer à la ~ / être assis à la ~
le garçon	der Ober	appeler le ~
la serveuse	die Serviererin	la ~ sert les repas dans un restaurant
servir [19]	1. servieren	~ le potage
	2. bedienen	le garçon sert les clients / «Servez-vous.»
le service	die Bedienung	«~ compris.»
la carte	die Speisekarte	demander la ~ / «Donnez-moi la ~.» / la ~ des vins / manger à la ~
commander	bestellen	~ une bouteille de vin
le menu	das Menü	le ~ du jour / le ~ touristique
le plat	der Gang, das Gericht	le ~ de viande / le ~ de légumes
consommer	verzehren	~ un bouillon
la consommation	der Verzehr	payer les ~s
une addition	eine Rechnung	demander l'~ / «Apportez-moi l'~.»
payer	bezahlen	~ l'addition / ~ le repas
le pourboire	das Trinkgeld	donner un ~ au garçon

Fumer – Rauchen 43

fumer	rauchen	~ une cigarette / «Défense de ~.»
la cigarette	die Zigarette	un paquet de ~s
le cigare	die Zigarre	fumer un gros ~ / une boîte de ~s
la pipe	die Pfeife	bourrer sa ~ (stopfen) / fumer la ~
le tabac [taba]	der Tabak	acheter un paquet de ~ / le bureau de ~
allumer	anzünden	~ une cigarette
une allumette	ein Streichholz	une boîte d'~s
le briquet	das Feuerzeug	le ~ à gaz
la cendre	die Asche	les ~s de cigarette
le cendrier	der Aschenbecher	faire tomber les cendres dans le ~
la drogue	das Rauschgift	l'usage de la ~ / consommer de la ~

Santé – Gesundheit

Santé – Gesundheit 44

la santé	die Gesundheit	l'état de ~ / être en bonne ~
sain, saine	gesund	un organisme ~ / des dents ~es
aller bien	es geht gut	«Comment allez-vous? – Ça va.»

---

[19] servir: je sers, nous servons, ils servent – il servit – il a servi

L'Homme – Der Mensch

se sentir [20]	sich fühlen	~ bien / ~ mal
la force	die Kraft	la ~ musculaire / avoir beaucoup de ~s / être au bout de ses ~s
fort, forte	stark	un homme grand et ~
vigoureux, -euse	kräftig	une personne ~se / des bras ~
robuste	widerstandsfähig	une santé ~
1. faible	schwach (kraftlos)	~ et infirme (gebrechlich)
2. fragile	schwach (anfällig)	avoir l'estomac ~
1. sensible	empfindlich (für etw.)	être ~ au froid / ~ à la douleur
2. délicat, -e	empfindlich	être d'une santé ~e
le vaccin [vaksɛ̃]	der Impfstoff	inoculer un ~ à un enfant / le ~ a pris
vacciner	impfen	~ un enfant contre la variole (Pocken)

45 Maladie – Krankheit

la maladie	die Krankheit	les ~s de l'enfance / une ~ infectieuse / une ~ contagieuse (ansteckend) / être atteint d'une ~ / les symptômes de la ~
malade	krank	tomber ~ / avoir l'air ~ / se sentir ~
le malade	der Kranke	le ~ est au lit / le ~ est pâle
léger, légère	leicht	une blessure ~ère / une douleur ~ère
légèrement	leicht (Adverb)	être ~ blessé
grave	schwer	une maladie ~ / un blessé ~ / être dans un état très ~ / «Docteur, est-ce ~?»
faire mal	wehtun	le bras me fait mal
avoir mal	Schmerzen haben	j'ai mal aux dents
la douleur	der Schmerz	éprouver une ~ / une ~ insupportable
le mal de tête	die Kopfschmerzen	avoir un affreux ~
souffrir [21]	leiden	~ de rhumatismes (Rheuma)
gémir	stöhnen	~ de douleur / le malade gémit
une attaque	ein Anfall	une ~ d'apoplexie (Schlaganfall)
la connaissance	das Bewusstsein	perdre ~
une appendicite	eine Blinddarm-entzündung	être opéré de l'~
le cancer [kɑ̃sɛr]	der Krebs	un ~ de l'estomac / le ~ est incurable (unheilbar)

46 Se refroidir, maladies infectieuses – Sich erkälten, Infektionskrankheiten

(→ 211 Kaltes Wetter)

| le froid | die Kälte | avoir ~ / prendre ~ |
| se refroidir | sich erkälten | ~ dans la salle froide |

---

[20] se sentir: je me sens, nous nous sentons, ils se sentent – il se sentit – il s'est senti
[21] souffrir: je souffre, nous souffrons, ils souffrent – il souffrait – il a souffert

L'Homme – Der Mensch

le rhume	1. die Erkältung	attraper un ~ / avoir un ~
	2. der Schnupfen	
se moucher	sich die Nase putzen	~ le nez
le mouchoir	das Taschentuch	un ~ propre / un ~ en papier
la toux	der Husten	une petite ~ / une ~ violente
tousser	husten	~ beaucoup / ~ bruyamment (laut)
la grippe	die Grippe	attraper la ~ / une épidémie de ~
la température	die Temperatur	avoir de la ~ / le thermomètre indique
		la ~ / l'infirmière prend la ~
la fièvre	das Fieber	avoir la ~
il a mal au cœur	ihm ist übel	

Blessures – Verletzungen   (→ 190 Panne, Unfall)   47

le blessé	der Verletzte	un ~ grave
blessé, blessée	verletzt	une personne ~e / être grièvement ~
la blessure	die Verletzung	une légère ~ / une large ~ / souffrir
		de ~s / soigner la ~
la plaie [plɛ]	die Wunde	désinfecter la ~ / une large ~
le sang	das Blut	le ~ coule / perdre beaucoup de ~
le pansement	der Verband	faire un ~ / mettre un ~ sur la plaie /
		changer le ~
la bande	die Binde	une ~ de gaze (Mull)
se couper	sich schneiden	~ au doigt
casser	brechen	se ~ la jambe / avoir le bras cassé
la fracture	der Bruch	la ~ de la jambe / la ~ du crâne
une ampoule	eine Blase	avoir une ~ au talon
le bleu	der blaue Fleck	avoir un ~ sur le bras
la brûlure	1. die Verbrennung	se faire une ~ au bras
	2. die Verbrühung	
se brûler	1. sich verbrennen	~ le doigt
	2. sich verbrühen	~ avec de l'eau bouillante
tordre	verrenken	se ~ le pied

Médecin – Arzt   48

la médecine	die Medizin (Heil-kunst)	étudier la ~ / docteur en ~
médical, -e, -aux, -es	medizinisch	les soins ~aux
le médecin	der Arzt	appeler le ~ / le ~ soigne les malades /
		le cabinet du ~ / consulter le ~
le docteur	(der) Herr Doktor	faire venir le ~ / «Bonjour, ~.»
le dentiste	der Zahnarzt	le fauteuil, la fraise (Bohrer) du ~ /
		le ~ plombe une dent cariée

35

L'Homme – Der Mensch

la dent	der Zahn	avoir mal aux ∼s / se faire soigner les ∼s chez le dentiste
carié, cariée	faul, hohl	le dentiste arrache la dent ∼e
un oculiste	ein Augenarzt	pour avoir des lunettes, on consulte l'∼
la chirurgie [ʃiryrʒi]	die Chirurgie	la ∼ du cœur
le chirurgien	der Chirurg	le ∼ l'a opéré de l'appendicite
opérer	operieren	∼ un patient / se faire ∼
une opération	eine Operation	la salle d'∼ / la table d'∼ / une grave ∼ / l'∼ a réussi

49 Traitement, hôpital – Behandlung, Krankenhaus

(→ 190 Panne, Unfall → 6 Tod)

le traitement	die Behandlung	ordonner un ∼ médical / le ∼ a réussi
les premiers soins	die erste Hilfe	donner les ∼ au blessé
une ambulance	ein Krankenwagen	appeler l'∼ pour conduire le malade à l'hôpital
la Croix-Rouge	das Rote Kreuz	l'ambulance porte la ∼
un hôpital (-aux)	ein Krankenhaus	être à l'∼ / un ∼ de cinq cents lits
la clinique	die Klinik (privat)	une ∼ de chirurgie
le dispensaire	die Poliklinik	aller au ∼
une infirmière	eine Krankenschwester	l'∼ soigne les malades
soigner	behandeln	∼ le malade / le malade est soigné à l'hôpital
ausculter	abhorchen	∼ les poumons
la visite	die Krankenvisite	le médecin-chef fait des ∼s / une ∼ à domicile
1. la seringue	die Spritze (Instrument)	la canule de la ∼
2. la piqûre	das Spritzen (Vorgang)	le médecin lui a fait une ∼
la radio	1. der Röntgenapparat	passer à la ∼
	2. die Röntgen-aufnahme	le médecin examine la ∼
masser	massieren	∼ la jambe / se faire ∼ le dos
le régime	die Diät	être au ∼ / suivre un ∼
une amélioration	eine Besserung	constater une légère ∼
aller mieux	es geht besser	le malade va mieux / «Je vais mieux, docteur.»
guérir [gerir]	1. gesund werden	le malade guérit / la plaie guérit vite
	2. gesund machen	∼ le malade / ∼ qn d'une maladie
se remettre 22	sich erholen	∼ de sa maladie
la Sécurité sociale	die Krankenver-sicherung	

---

22 se remettre: je me remets, ils se remettent – il se remettait – il s'est remis

L'Homme – Der Mensch

Pharmacie – Apotheke   (→ 173 Geschäft)   **50**

la pharmacie	die Apotheke	cette ~ est ouverte le dimanche
le pharmacien	der Apotheker	le ~ vend des médicaments
une ordonnance	ein Rezept	écrire une ~ / médicament délivré seulement sur ~
ordonner	verordnen	~ un médicament
le médicament	das Medikament	prendre un ~ avant le repas / un ~ efficace (wirksam)
le comprimé	die Tablette	prendre un ~ avec une gorgée d'eau (Schluck)
le cachet	die Pille	avaler un ~
la pommade	die Salbe	frotter la peau avec de la ~

Vêtements – Kleidung

Vêtements – Kleidung   **51**

le vêtement	das Kleidungsstück	les ~s d'homme / les ~s de femme
les habits (m)	die Oberbekleidung	des ~ du dimanche / des ~ de deuil (Trauer)
le linge	die Unterwäsche	le ~ de corps / du ~ sale / mettre du ~ propre
le costume	der Herrenanzug	un ~ sur mesure / un ~ de confection
1. le veston	die Jacke	~ et pantalon
2. la veste	die Jacke (Anzug, Kostüm)	la ~ du costume
le gilet	die Weste	porter un ~
la chemise	1. das Oberhemd	une ~ blanche
	2. das Unterhemd	être en ~
la cravate	die Krawatte	nouer sa ~ / porter une ~
le pantalon	die lange Hose	mettre le ~ / le pli du ~ (Bügelfalte)
la culotte	1. die kurze Hose	le garçon porte une ~
	2. der Damenslip	
le slip	die Unterhose (kurze)	un ~ de bains (Badehose)
le tailleur	das Kostüm	un ~ de chez Chanel
la robe	das Kleid	une ~ longue / une ~ courte / une ~ d'été / une jolie ~ / la ~ de soirée / la ~ lui va bien
la jupe	der Rock	la ~ qui arrive aux genoux / la mini~
le pull-over	der Pullover	le ~ à col roulé / un ~ de laine
le chemisier	die Bluse	un ~ de soie (Seide)
la blouse	der Kittel	la ~ blanche du médecin

L'Homme – Der Mensch

la combinaison	das Unterkleid	la ~ est un sous-vêtement féminin
le jupon	der Unterrock	le ~ de nylon
le soutien-gorge	der Büstenhalter	porter un ~
le col	der Kragen	le ~ de la veste / le ~ roulé
la manche	der Ärmel	des ~s longues / des ~s courtes / une robe sans ~s
la ceinture	der Gürtel	la ~ de cuir / serrer la ~
la poche	die Tasche	les ~s de pantalon / mettre qc dans ses ~s
le bouton	der Knopf	le ~ de culotte
boutonner	zuknöpfen	~ son manteau / ~ sa veste
la fermeture à glissière	der Reißverschluss	ouvrir la ~ / fermer la ~

52 Habiller, déshabiller – Anziehen, ausziehen   (→ 24 Schlafen)

habiller	anziehen	~ un enfant / être bien habillé / savoir s'~
mettre qc [23]	etw. anziehen	~ ses vêtements / ~ la veste / être bien mis
vêtu, vêtue	gekleidet	elle est ~e d'une robe bleue
se couvrir [24]	sich warm anziehen	il s'est bien couvert par ce froid
porter qc	etw. tragen	~ une belle robe / ~ un chapeau
se changer	sich umziehen	~ de vêtements / aller ~
se déshabiller	sich ausziehen	~ pour prendre un bain
ôter	ablegen	~ des vêtements / ~ son chapeau
nu, nue	nackt	tout ~ / les bras ~s / être ~-pieds (barfuß)

53 Bas, chaussures – Strümpfe, Schuhe

le bas	der Strumpf	le ~ de nylon / une paire de ~
la socquette	die kurze Socke	la ~ de laine
la chaussette	die lange Socke	des ~s tricotées / la ~ montante (Knie-strumpf)
le collant	die Strumpfhose	elle préfère le ~ aux bas
1. la chaussure	der Schuh	une paire de ~s / des ~s de cuir
2. le soulier	der Schuh (Halbschuh)	porter des ~s neufs / des ~s de sport
la semelle	1. die Sohle	la ~ de cuir
	2. die Einlage	la ~ orthopédique
le talon	der Absatz	les chaussures à ~s hauts / à ~s plats
la sandale	die Sandale	porter des ~s en été

---

[23] mettre: je mets, nous mettons, ils mettent – il mit – il a mis
[24] se couvrir: je me couvre, nous nous couvrons, ils se couvrent – il se couvrit – il s'est couvert

L'Homme – Der Mensch

la pantoufle	der Hausschuh	mettre ses ~s
la botte	der Stiefel	marcher avec des ~s / mettre les ~s
le cordonnier	der Schuhmacher	le ~ répare les chaussures
le cuir	das Leder	du ~ souple (weich) / des bottes de ~

Chapeau, manteau, sac – Hut, Mantel, Handtasche   54

le chapeau (-x)	der Hut	mettre son ~ / porter un ~ / enlever son ~
le bonnet	die Mütze, die Kappe	le ~ de bain / le ~ de fourrure
le béret	die Baskenmütze	prendre son ~
la casquette	die Schirmmütze	la ~ d'officier
1. le manteau (-x)	der Mantel (allgemein)	le ~ d'hiver / laisser les ~x au vestiaire
2. le pardessus	der Mantel (für Herren)	mettre son ~ / ôter son ~
la fourrure	der Pelz	le manteau de ~ / le col de ~
un imperméable	ein Regenmantel	il pleut, je mets l'~
le foulard	das Halstuch	mettre un ~ autour du cou
le gant	der Handschuh	une paire de ~s / mettre ses ~s
le sac (à main)	die Handtasche	le ~ de cuir
accrocher	aufhängen	~ son manteau au portemanteau

Faire la lessive – Wäsche waschen   (→ 67 Haushalt)   55

la lessive	1. das Waschen	faire la ~ / le jour de la ~
	2. das Waschpulver	un paquet de ~ / la ~ biologique
tremper	einweichen	~ le linge
laver	waschen	~ le linge sale / la machine à ~
suspendre	aufhängen	rincer (spülen) et ~ du linge / la corde à linge
sécher	trocknen	faire ~ le linge / le linge a séché
le fer électrique	das Bügeleisen	donner un coup de ~
repasser	bügeln	~ du linge / ~ la chemise
la blanchisserie	die Wäscherei	faire laver son linge dans une ~
le nettoyage à sec	die chem. Reinigung	

Coudre – Nähen   56

la couture	1. das Nähen	apprendre la ~ / une maison de ~
	2. die Naht	défaire une ~
le tailleur,	der Schneider,	se faire faire un costume chez le ~
la couturière	die Schneiderin	la ~ fait des robes
tailler	zuschneiden	~ une robe
essayer	anprobieren	~ la robe
ample	weit	la robe est trop ~
étroit, étroite	eng	la robe est trop ~e

39

L'Homme – Der Mensch

gêner	zu eng sein, drücken	le pantalon gêne
commode	bequem	un habit ~
coudre [25]	(an)nähen	~ un bouton / la machine à ~
une épingle	eine Stecknadel	attacher deux morceaux de tissu avec des ~s / se piquer avec une ~
une aiguille	eine Nähnadel	enfiler une ~ (einfädeln)
la pointe	die Spitze	la ~ de l'aiguille
pointu, pointue	spitz	l'aiguille est ~e
le fil	der Faden	le ~ à coudre
les ciseaux (m)	die Schere	couper le tissu avec les ~
déchirer	zerreißen	~ son pantalon
le trou	das Loch	avoir un ~ dans le bas / deux ~s
user	abnutzen	~ ses vêtements
usé, usée	abgetragen	porter des pantalons ~s
abîmer	kaputtmachen	ce tissu s'abîme facilement

57 Tissus – Stoffe

le tissu	das Gewebe	un ~ solide / un ~ grossier
tisser	weben	~ du coton / le métier à ~ (Webstuhl)
une étoffe	ein Stoff	une ~ de coton
le drap [dra]	das Tuch	le ~ fin
la toile	das Leinen	la ~ de tente (Zelt)
la soie	die Seide	une belle chemise de ~
le velours	der Samt	une robe de ~ / un pantalon de ~
le coton	die Baumwolle	un tissu de ~
la laine	die Wolle	un pull-over de ~
le lainage	der Wollstoff	le gros ~
tricoter	stricken	~ un pull-over
les tricots (m)	die Strickwaren	des ~ de laine
le nylon	das Nylon	des bas de ~
textil, textile	Textil ...	l'industrie ~e

58 Mode – Mode   (→ 204 Geschmack)

la couture	das Modegewerbe	la haute ~ / la ~ parisienne
le couturier	der Modeschöpfer	Dior était un ~ parisien
la mode	die Mode	la ~ féminine / être habillé à la ~ / être à la ~ / le journal de ~
l'élégance (f)	die Eleganz	s'habiller avec ~
élégant, élégante	elegant	une femme ~e / une robe ~e
le chic	der Schick	s'habiller avec ~
le goût	der Geschmack	s'habiller avec ~ / avoir du ~
aller bien	gut stehen	la robe lui va bien / le bleu lui va bien

---

[25] coudre: je couds, il coud, nous cousons, ils cousent – il cousit – il a cousu

la glace	der Spiegel	se regarder dans la ~
le mannequin [mankε̃]	das Mannequin	le ~ présente des modèles
la toilette	Kleidung, Schmuck, Frisur, Make-up	admirer la ~ élégante d'une dame

Parure – Schmuck   (→ 20 Gliedmaßen)   **59**

la parure	der Schmuck	une ~ de diamants
le bijou (-x)	das Schmuckstück	porter des ~x
la bague	der Ring	porter une ~ au doigt
une alliance	ein Trauring	porter une ~ au doigt
le bracelet	das Armband	porter un ~ au poignet (Handgelenk)
le collier	die Halskette	un ~ de perles
la pierre précieuse	der Edelstein	le diamant est une ~
le diamant	der Diamant	des boucles (Ohrringe) de ~s
le rubis	der Rubin	le ~ est rouge
le saphir	der Saphir	le ~ est une pierre précieuse bleue
l'or (m)	das Gold	un bracelet en ~
doré, dorée	vergoldet	le cadre ~ d'un tableau
l'argent (m)	das Silber	une cuiller d'~
la bijouterie	das Juweliergeschäft	aller dans une ~

Habiter – Wohnen

Domicile – Wohnort   **60**

le domicile	der Wohnort	son ~ est à Paris
habiter	wohnen	~ (à) Paris / ~ en ville / ~ en banlieue
demeurer	sich aufhalten	aller ~ à Paris
la ville	die Stadt	la ~ de Paris / la grande ~ / la petite ~ / le centre-~
le quartier	der Stadtteil	le ~ nord / le ~ des affaires
la cité	die Altstadt	l'Ile de la Cité (à Paris)
le monument	1. die Sehenswürdigkeit 2. das Denkmal	visiter les ~s de la ville le ~ historique
la porte	das Stadttor	la P~ de Vincennes (à Paris)
la tour	der Turm	la ~ Eiffel / la ~ est haute
la banlieue	der Vorort	habiter en ~ / les trains de ~
les environs (m)	die Umgebung	chercher une maison dans les ~ de Paris
le village	das Dorf	un ~ de montagne

Maison – Haus   **61**

le bâtiment	das Gebäude	un ~ public / construire un ~
1. la maison	das Haus	la ~ de campagne / le numéro de la ~
2. l'immeuble (m)	das Haus (mehrstöckig)	un ~ de huit étages

L'Homme – Der Mensch

les H. L. M.	die Sozialwohnungen	construire des ~
la résidence	die Zweitwohnung	avoir une ~ à la campagne
secondaire		
la villa	das Landhaus, die Villa	avoir une ~ sur la Côte d'Azur
la façade	die Fassade	la ~ de la cathédrale / la ~ d'un magasin
la colonne	die Säule	une façade ornée de ~s
le balcon	der Balkon	être assis sur le ~
la terrasse	die Terrasse	s'asseoir à la ~
le rez-de-chaussée [redʃose]	das Erdgeschoss	habiter au ~ / un appartement au ~
la cave	der Keller	descendre à la ~ / garder le vin à la ~
le sous-sol	die Kellerwohnung	habiter au ~
un étage	ein Stockwerk	le premier ~ / habiter au premier ~
un escalier	eine Treppe	monter l'~ / descendre l'~ / un ~ roulant
la marche	die Stufe	«Attention, il y a une ~.»
un ascenseur	ein Fahrstuhl	l'~ monte les personnes
le grenier	der Boden (= Speicher)	monter les vieux meubles au ~
la poutre	der Balken	les ~s soutiennent le toit
le toit	das Dach	le ~ pointu / le ~ plat
la tuile	der Dachziegel	un toit couvert de ~s
la cour	der Hof	les fenêtres donnent sur la ~

62 Porte, fenêtre – Tür, Fenster

l'ouverture (f)	1. das Öffnen	l'~ des magasins
	2. die Öffnung (Tür, Fenster)	une maison avec beaucoup d'~s
la porte	die Tür	la ~ d'entrée / le seuil (Schwelle) de la ~ / claquer la ~
ouvrir [26]	öffnen	~ la porte / une porte ouverte
fermer	schließen	«Fermez la porte, s.-v.-p.» / ~ la porte à clef
la clef [kle] (ou: clé)	der Schlüssel	introduire la ~ dans la serrure / la ~ est sur la porte (steckt in der Tür) / la porte est fermée à ~
la serrure	das Schloss	la ~ de sûreté
le serrurier	der Schlosser	le ~ répare les serrures
la poignée de la porte	der Türgriff	appuyer sur la ~
la plaque	das Namensschild	la ~ indique le nom «Dubois»
frapper	klopfen	~ à la porte
sonner	klingeln, schellen	~ à la porte / «On sonne.»
la sonnerie	die Klingel	appuyer sur la ~

---

* = Habitations à loyer modéré [aʃɔləm]

[26] ouvrir: j'ouvre, nous ouvrons, ils ouvrent – il ouvrit – il a ouvert

L'Homme – Der Mensch

La maison:

la fumée (1)
la cheminée (2)
le tableau (3)
la radiateur (4)
l'armoire (5)
le rayon (6)
le fauteuil (7)
le coussin (8)
le canapé (9)
la chaise (10)
la table (11)
le poêle (12)
le rideau (13)
la fenêtre (14)
la porte (15)
la poignée (16)
la clef (17)

L'Homme – Der Mensch

une entrée	ein Eingang	la porte d'~ / l'~ principale
entrer	hereinkommen	~ dans la maison
la sortie	der Ausgang	la ~ de secours (Notausgang)
sortir [27]	1. hinausgehen	~ de la chambre / il est sorti de chez lui
	2. ausgehen	~ avec son ami
la fenêtre	das Fenster	ouvrir la ~ / fermer la ~ / la ~ donne
		sur la rue / regarder par la ~
la vitre	die Fensterscheibe	nettoyer la ~ / casser la ~
le volet	der Fensterladen	fermer les ~s
le rideau (-x)	die Gardine	tirer les ~x / poser le ~ (aufhängen)

63 Appartement – Wohnung

un appartement	eine Wohnung	un ~ confortable au troisième étage
le logement	die Unterkunft	chercher un ~
le studio	das Appartement (ein Zimmer)	~ à louer
le couloir	der Flur	le salon donne sur le ~
la pièce	das Zimmer	un appartement de trois ~s
la chambre	das Schlafzimmer	aller dans la ~
le salon	der Salon	recevoir un visiteur au ~
la salle	der Raum	la ~ à manger / la ~ de séjour
le bureau (-x)	das Arbeitszimmer	être dans son ~
la cuisine	die Küche	préparer le repas dans la ~
la salle de bains	das Badezimmer	nettoyer la ~

64 Installation – Einrichtung

l'installation (f)	die Einrichtung	l'~ de l'appartement
garnir	ausstatten	~ un appartement de meubles
le mur	die Wand	les quatre ~s
tendre	tapezieren	~ un mur de papier peint / la salle est tendue de papier jaune
le tableau (-x)	das Bild	décorer le salon de ~x
le cadre	der Rahmen	le ~ doré (Goldrahmen) / le ~ baroque
accrocher	aufhängen	~ le tableau
décorer	dekorieren	~ la salle de nombreux tableaux
le plancher	der Fußboden	salir le ~ / balayer le ~
le tapis	der Teppich	le ~ de Perse
les carreaux (m)	die Fliesen	les murs de la salle de bains sont recouverts de ~
le coin	die Ecke	dans un ~ de la chambre
le plafond	die Decke	le ~ est trop bas / le ~ est haut

---

[27] sortir: je sors, nous sortons, ils sortent – il sortit – il est sorti

L'Homme – Der Mensch

Meubles – Möbel   65

le meuble	das Möbelstück	un beau ~ / des ~s modernes / des ~s anciens / les ~s de cuisine
la table	der Tisch	la ~ ronde / la ~ carrée / les quatre pieds de la ~
le siège	die Sitzgelegenheit	apporter des ~s
la chaise	der Stuhl	je m'assois sur la ~ / la ~ de cuisine
le fauteuil	der Sessel	le dos du ~ / les bras du ~
le canapé	das Sofa	s'étendre sur le ~ (sich ausstrecken)
le coussin	das Kissen	un canapé garni de ~s
s'asseoir [28]	sich hinsetzen	~ dans le fauteuil
prendre place	Platz nehmen	«Prenez place, monsieur.»
se lever	aufstehen	~ de sa chaise
être debout	stehen	se tenir debout / rester debout
une armoire	ein Schrank	ranger qc dans l'~ / sortir qc de l'~
le placard	der Wandschrank	un ~ de cuisine
le tiroir	die Schublade	ouvrir le ~ / fermer le ~
enfermer	einschließen	~ qc dans le tiroir
le rayon	das Fach, das Brett	les ~s du placard

Chauffage – Heizung   (→ 211 Kaltes Wetter)   66

le chauffage	die Heizung	le ~ central / régler le ~ central
chauffer	heizen, (er-)wärmen	~ l'appartement / se ~ près de la cheminée
le radiateur	der Heizkörper	le ~ électrique
le poêle [pwal]	der Ofen	un ~ à charbon (Kohle) / brûler du bois dans le ~
la fumée	der Rauch	la ~ sort de la cheminée
la cheminée	1. der Schornstein	une ~ d'usine
	2. der Kamin	un vase posé sur la ~

Ménage – Haushalt   (→ 55 Wäsche waschen)   67

le ménage	der Haushalt	faire le ~ / les travaux du ~
ménager, -ère	Haushalts ...	les appareils ~s
la ménagère	die Hausfrau	Mme Dubois est une bonne ~
la femme de ménage	die Putzfrau	la ~ nettoie l'appartement
la bonne	das Dienstmädchen	la ~ à tout faire (Mädchen für alles)
le désordre	die Unordnung	mettre en ~
déranger	durcheinander bringen	«Qui a dérangé mes papiers?»
traîner	herumliegen	les livres traînent sur la table

---

[28] s'asseoir: je m'assois, nous nous assoyons, ils s'assoient – il s'assit – il s'est assis

L'Homme – Der Mensch

ranger	aufräumen	tout est rangé dans sa chambre
l'ordre (m)	die Ordnung	mettre sa chambre en ~ / tout est en ~
la poussière	der Staub	enlever la ~ sur les meubles
sale	schmutzig	avoir les mains ~s / laver le linge ~
salir	schmutzig machen	~ ses vêtements / ~ le plancher
la boue	der Dreck	couvert de ~
la tache	der Fleck	une ~ de graisse (Fett) / faire une ~ sur qc / enlever la ~
tacher	einen Fleck machen	se ~ la chemise
nettoyer	sauber machen	~ la maison / ~ les vitres (Fensterscheiben)
le nettoyage	die Reinigung	le ~ de l'appartement
frotter	wischen, reiben	~ les carreaux / ~ le plancher
essuyer	abwischen	~ la table de cuisine
le torchon	der Lappen	essuyer la table avec un ~
le chiffon	das Staubtuch	enlever la poussière avec un ~
le balai	der Besen	le manche à ~ (Besenstiel)
balayer	fegen	~ la chambre / ~ l'escalier
un aspirateur	ein Staubsauger	passer l'~ sur le tapis
propre	sauber	tenir la maison ~
la propreté	die Sauberkeit	la ~ de la cuisine

68 Construction – Hausbau   (→ 167 Handwerk)

un architecte	ein Architekt	la maison est construite d'après les plans d'un ~ célèbre
le plan	der Plan (= Grundriss)	l'architecte dessine le ~ de la maison
le terrain à bâtir	der Bauplatz	acheter un ~
le maçon	der Maurer	le maître ~ / le ~ bâtit un mur
le menuisier	der Tischler	le ~ fait des meubles
la construction	der Bau	la ~ de la maison
1. bâtir	bauen	~ une maison / ~ avec du ciment
2. construire [29]	bauen (nach Plan)	~ un pont sur la rivière
le mur	die Mauer	un ~ épais / un ~ fait de pierres
la brique	der Ziegelstein	une maison de ~s
la pierre	der Stein	un bloc de ~ / de la ~ à bâtir
le ciment	der Zement	un sac de ~
les matériaux (m)	die Baustoffe	les briques, le ciment sont des ~

69 Propriétaire, locataire – Hausbesitzer, Mieter

le propriétaire	der Hausbesitzer	le ~ loue sa maison
le concierge,	der Hauswart,	la loge du ~ / «Adressez-vous au ~.»
la concierge	die Hauswartsfrau	bavard comme une ~

---

[29] construire: je construis, nous construisons, ils construisent – il construisit – il a construit

L'Homme – Der Mensch

louer	1. vermieten	«À ~.» / chambres à ~
	2. mieten	~ un appartement
la location	das Vermieten	la ~ d'un appartement / le prix de la ~
le locataire	der Mieter	deux ~s habitent dans la maison / le sous-~
le loyer	die Miete	le ~ est cher / payer le ~ de son appartement
s'installer	beziehen, sich niederlassen	~ dans un appartement / ~ chez des amis
occuper	bewohnen	~ un appartement / ~ le premier étage
habiter	(be-)wohnen (ständig)	«Où habitez-vous?» / «J'habite 18, rue du château.» / ~ une belle maison / ~ en ville / ~ chez sa mère
loger	1. wohnen (vorübergehend)	~ dans un hôtel
	2. unterbringen, beherbergen	~ un ami chez soi
être chez soi	zu Hause sein	il est chez lui / il reste chez lui/ il sort de chez lui
le voisin, la voisine	der Nachbar, die Nachbarin	un ~ agréable / être le ~ de qn / gêner ses ~s (stören)
déménager	umziehen	il a déménagé le mois dernier

Incendie – Brand 70

allumer	anzünden	~ le feu / le bois sec s'allume
un incendie	ein Brand	un ~ a éclaté dans la maison / un ~ de forêt / l'~ volontaire
le feu	das Feuer	faire du ~ / mettre le ~ à qc / la maison a pris ~ / être en ~
la flamme	die Flamme	une maison en ~s / les ~s sortent par les fenêtres
brûler	1. brennen	la maison brûle / le bois brûle
	2. verbrennen	deux personnes ont été brûlées vives / ~ ses papiers
le pompier	der Feuerwehrmann	appeler les ~s / les ~s combattent le feu / les ~s ont maîtrisé le feu
éteindre [30]	löschen	~ l'incendie / ~ le feu / le feu s'éteint
les ruines (f)	die Ruinen	les ~ d'un bâtiment / la maison tombe en ~
démolir	abreißen	~ le mur

---

[30] éteindre: j'éteins, nous éteignons, ils éteignent – il éteignit – il a éteint

L'Homme (vie affective et intellectuelle) – Der Mensch (seelischer und geistiger Bereich)

Sentiments – Gefühle

71 Nature – Wesen

la nature	das Wesen	la ~ humaine
le caractère	der Charakter	avoir un bon ~ / un mauvais ~ / un trait de ~ (Charakterzug)
le naturel	das Naturell	il est d'un ~ gai
le tempérament	das Temperament	être gai de ~
une habitude	eine Angewohnheit	avoir l'~ de fumer / une mauvaise ~ / faire qc par ~
s'habituer	sich gewöhnen	~ à faire qc
un usage	eine Sitte (Brauch)	les ~s du pays / on se présente des vœux de bonne année, c'est l'~

72 Sentiment – Gefühl

(→ 131 Zuneigung → 134 Abneigung)

le sentiment	das Gefühl	montrer ses ~s / cacher ses ~s
sentir [1]	fühlen	~ la douleur / ~ son cœur battre
éprouver	empfinden	~ de la joie / ~ de l'amour pour qn
l'humeur (f)	die Laune	être de bonne ~ / la mauvaise ~
l'âme (f)	die Seele	une ~ sensible / aimer qn de tout son ~
le cœur	das Herz	il a un bon ~ / être sans ~ / écouter son ~ et non pas sa raison
la psychologie	1. die Psychologie	la ~ expérimentale
[psikɔlɔʒi]	2. das Seelenleben	la ~ d'une personne
psychologique	psychologisch	l'analyse ~

73 Sentiments agréables, rire – Angenehme Gefühle, lachen

(→ 133 Liebe)

1. content, -e	zufrieden (wunschlos)	être ~ de son sort / le professeur est ~ de l'élève
2. satisfait, -e	zufrieden (befriedigt)	«Êtes-vous ~?» / être ~ de son travail
1. contenter	zufrieden stellen	On ne saurait ~ tout le monde.
2. satisfaire [2]	zufrieden stellen	~ sa curiosité
heureux, -euse	glücklich	«Je suis ~ de vous voir.» / avoir l'air ~ / une vie ~euse / rendre qn ~ / un jour ~

---

[1] sentir: je sens, nous sentons, ils sentent – il sentit – il a senti

[2] satisfaire: je satisfais, nous satisfaisons, vous satisfaites, ils satisfont – il satisfit – il a satisfait – qu'il satisfasse – il satisfera

L'Homme – Der Mensch

le bonheur	das Glück	des souhaits de ∼ / rien ne trouble son ∼ / être fou de ∼ / avoir le ∼ de ...
le plaisir	das Vergnügen	«Avec ∼.» / cela me fait ∼
jouir	sich erfreuen	∼ d'une bonne santé
se réjouir	sich freuen	∼ du succès
la joie	die Freude	causer de la ∼ / exprimer sa ∼ / partager la ∼ de qn
joyeux, joyeuse	fröhlich	un ∼ enfant / «∼ Noël!»
gai, gaie	lustig	un caractère ∼ / un visage ∼
gaiement	lustig (Adverb)	chanter ∼
sourire [3]	lächeln	∼ à qn aimablement / regarder qn en souriant / ∼ ironiquement
le sourire	das Lächeln	un ∼ aimable / un ∼ moqueur / avoir un ∼ aux lèvres
rire [4]	lachen	la plaisanterie me fait ∼ / éclater de ∼
le rire	das Lachen	entendre un éclat de ∼
ridicule	lächerlich	se rendre ∼
plaisanter	scherzen	aimer à ∼ / il n'est pas d'humeur à ∼
la plaisanterie	der Scherz	faire des ∼s sur qc / une mauvaise ∼
s'amuser	sich unterhalten	∼ bien / elle veut ∼
amusant, amusante	1. unterhaltend 2. lustig	une anecdote ∼e / un jeu ∼
1. comique	komisch	une scène ∼ / un film ∼
2. drôle	komisch (Umgangssprache)	un type ∼ / un ∼ de type / une ∼ d'idée

Sentiments désagréables, pleurer – Unlustgefühle, weinen 74

mécontent, -e	unzufrieden	avoir l'air ∼ / être ∼ de qc
malheureux, -euse	unglücklich	se rendre ∼ / être le plus ∼ des hommes
malheureusement	unglücklicherweise	∼, il ne pourra pas venir
le malheur	das Unglück	il lui est arrivé un ∼ / le vendredi porte ∼ / supporter le ∼
le souci	die Sorge	se faire beaucoup de ∼s
la peine	das Leid	supporter ses ∼s avec résignation
la douleur	der Schmerz	causer une vive ∼ à qn / supporter la ∼
triste	traurig	un regard ∼ / avoir l'air ∼ et mélancolique / trouver la vie ∼
la tristesse	die Traurigkeit	avoir de la ∼ / une profonde ∼
pleurer	weinen	j'ai envie de ∼ / se mettre à ∼ / ∼ de douleur

---

[3] sourire: je souris, nous sourions, ils sourient – il sourit – il a souri
[4] rire: je ris, nous rions, ils rient – il rit – il a ri – il riait, nous riions, vous riiez

L'Homme – Der Mensch

la larme	die Träne	verser des ~s / les ~s coulent / sécher ses ~s
se plaindre [5]	klagen	~ de son sort
la plainte	die Klage	pousser des ~s déchirantes (herzzerreißend)
«Hélas ...» [elas]	„Ach ...“	«~, quel malheur.»
«C'est dommage.»	„Schade!“	«Tu ne peux pas venir avec nous? ~.»
désolé, désolée	untröstlich	être ~ de qc / «Je suis ~, madame.»
désespéré, -e	verzweifelt	il est ~ de la mort de sa femme / consoler (trösten) le ~
le désespoir	die Verzweiflung	pousser qn au ~ / un profond ~ / lutter contre le ~ / se suicider de ~ (Selbstmord begehen)

75 Danger – Gefahr

le danger	die Gefahr	s'exposer au ~ / sa vie est en ~ / être hors de ~
dangereux, -euse	gefährlich	une arme ~se / un poison ~ (Gift)
le risque	das Risiko	s'exposer inutilement au ~
menacer	drohen	~ qn de faire qc / ~ de se venger / il m'a menacé de son bâton
la menace	die Drohung	une terrible ~ / avoir peur des ~s
la précaution	die Vorsichtsmaßnahme	prendre des ~s contre qc
avertir	warnen	~ qn d'un danger
prévenir [6]	zuvorkommen, vorbeugen	~ un malheur / ~ un accident
prudent, prudente	vorsichtig	«Soyez ~!» / «Attention!» / «Prenez garde!»
garder	behüten	la mère garde son enfant
protéger	beschützen	~ le faible / ~ la vie de qn
le secours	die Hilfe (bei Gefahr)	demander le ~ de qn / «Au ~!» / venir au ~ de qn
secourir	helfen	~ un blessé
sauver	retten	~ qn qui est en danger de mort / se ~
la sécurité	die Sicherheit	être en ~ / en toute ~ / la ceinture de ~
sûr, sûre	sicher	être en un lieu ~ / «Bien ~.»

76 Peur – Angst

(→ 135 Aufregung, Zorn)

timide	schüchtern	un enfant ~ / parler d'une voix ~
1. embarrassé, -e	verlegen (unschlüssig)	il est ~: il ne sait que faire
2. gêné, gênée	verlegen (in unangenehmer Lage)	se sentir ~ / il paraît ~

---

[5] se plaindre: je me plains, il se plaint, nous nous plaignons, ils se plaignent – il se plaignit – il s'est plaint

[6] prévenir: je préviens, nous prévenons, ils préviennent – il prévint – il a prévenu – il préviendra

L'Homme – Der Mensch

rougir	rot werden	~ de honte (Scham)
la peur	die Angst	l'enfant a ~ du chien / la ~ me prend / la ~ de la mort / faire ~ à qn / «N'aie pas ~!»
la crainte	die Furcht, die Besorgnis	la ~ de se rendre ridicule / la ~ des punitions
peureux, -euse	ängstlich	un enfant ~ / jeter un regard ~
craindre [7]	Angst haben	~ le danger / ~ les ennemis / ~ la mort
effrayer	erschrecken	~ un enfant / s'~ / «Ne vous effrayez pas.»
trembler	zittern	~ de peur
terrible	furchtbar	la guerre est ~ / un danger ~
horrible	entsetzlich	un monstre ~ / un crime ~
une horreur	ein Entsetzen	les ~s de la guerre / «Cela me fait ~.»

Courageux, lâche – Mutig, feige 77

encourager	ermutigen, ermuntern	~ qn à faire qc
le courage	der Mut	montrer du ~ / perdre ~ / «~!»
courageux, -euse	mutig	un homme ~ / un sauveteur ~
1. hardi, -e	kühn (furchtlos)	un garçon ~
2. audacieux, -euse	kühn (leichtsinnig)	être trop ~ devant le danger
l'audace (f)	die Kühnheit	avoir l'~ de faire qc
1. oser	wagen (Mut haben)	il n'ose (pas) parler
2. risquer	wagen (aufs Spiel setzen)	~ sa vie / Qui ne risque rien n'a rien.
le risque	das Wagnis	courir de grands ~s / sans ~
décourager	entmutigen	l'échec l'a découragé / se ~ à la première difficulté
découragé, -e	mutlos	une armée ~e / montrer une attitude ~e
lâche	feige	être ~ devant l'ennemi / tu es un ~

Morale – Moral

Conscience – Gewissen 78

la morale	die Moral	la ~ chrétienne
moral, morale, moraux, morales	moralisch	les valeurs ~es (Werte) / une obligation ~e / les problèmes ~aux
le principe	der Grundsatz	avoir de bons ~s / avoir pour ~ de faire qc

---

[7] craindre: je crains, il craint, nous craignons, ils craignent – il craignit – il a craint

L'Homme – Der Mensch

le devoir	die Pflicht	avoir le ~ d'aider / remplir ses ~s envers qn / c'est mon ~
devoir [8]	1. müssen, sollen	je dois l'aider
	2. verpflichtet sein zu, schulden	on lui doit le respect
la conscience	das Gewissen	la voix de la ~ / avoir la ~ tranquille / avoir mauvaise ~
le remords [rəmɔr]	der Gewissensbiss	j'ai des ~ / sans ~
regretter	bedauern	~ ses paroles dures
se repentir	bereuen	~ d'une faute / «Tu t'en repentiras!»
la honte	die Scham	avoir ~ de ses actes / rougir de ~ / un profond sentiment de ~
honteux, -euse	beschämt, schändlich	il est ~ de mentir

79 Le bien – Das Gute (→ 122 Helfen, schaden)

la vertu	die Tugend	la modestie est une ~
la qualité	die gute Eigenschaft	avoir beaucoup de ~s
le bien	das Gute	faire le ~ / un homme de ~
bon, bonne	gut	un ~ ami / une ~ne action
meilleur, meilleure	besser, beste	ma ~e amie
bien	gut (Adverb)	se conduire ~ / «J'ai cru ~ faire.»
mieux, le mieux	besser, am besten	
la bonté	die Güte	la ~ du cœur / un regard plein de ~
pur, pure	rein	un cœur ~ / l'amour ~
généreux, -euse	edel, großmütig	une action ~se / un pardon ~ / une âme ~se / se montrer ~
sensible	mitfühlend	avoir un cœur ~
la pitié	das Mitleid	avoir ~ du malheureux / sans ~
se dévouer	sich aufopfern	~ pour ses amis
fidèle	treu	un ami ~ / être ~ à son ami / rester ~
loyal, loyale, loyaux, loyales	aufrichtig	un ami ~
honnête	ehrlich, redlich	un citoyen ~ / il est un ~ homme
modeste	bescheiden	être trop ~ / ~ et timide
parfait, parfaite	vollkommen (Adjektiv)	Aucun homme n'est ~.
parfaitement	vollkommen (Adverb)	être ~ heureux
le modèle	das Vorbild	prendre qn pour ~
imiter	nachahmen	~ le modèle
un exemple	ein Beispiel	donner le bon ~ à qn / suivre un ~

80 Le mal – Das Schlechte

| le vice | das Laster | l'oisiveté (Müßiggang) est la mère de tous les ~s / avoir tous les ~s |

---

[8] devoir: je dois, nous devons, ils doivent – il dut – il a dû (due)

L'Homme – Der Mensch

1. le défaut	der Fehler (charakterlich)	chacun a ses ~s / reprocher à qn ses ~s (vorwerfen)
2. la faute	der Fehler (Schuld, Sünde)	commettre une ~ / réparer sa ~
le mal	das Übel, das Schlechte	faire du ~ à qn
mauvais, mauvaise	schlecht	une ~e action / ses intentions sont ~es / être en ~e compagnie
pire	schlimmer	le ~ de tout / la ~ des choses
mal	schlecht (Adverb)	se conduire ~
immoral, immorale, -aux, -ales	unmoralisch	un roman ~
méchant, méchante	böse	~ comme le diable
dur, dure	hartherzig	il est ~ et inhumain
égoïste	egoistisch	un enfant ~
un égoïste	ein Egoist	un grand ~ / l'~ ne pense qu'à soi
orgueilleux, -euse	hochmütig	un caractère ~ / faire l'~
l'orgueil [ɔrgœj] (m)	der Hochmut	l'~ arrogant / être gonflé d'~ (aufgebläht)

Religion – Religion   81

la religion	1. die Religion 2. die Konfession	la ~ chrétienne / la ~ non-chrétienne la ~ catholique / la ~ protestante
religieux, -euse	religiös	un sentiment ~ / une cérémonie ~se
croire [9]	glauben	~ en Dieu / ~ au diable / ~ à l'amour
la foi	der Glaube	la profession de ~ (Glaubensbekenntnis)
le chrétien	der Christ	un bon ~ / mourir en ~
le catholique	der Katholik	un bon ~ / le ~ va à la messe
le protestant	der Protestant	les ~s ne reconnaissent pas l'autorité du pape
la Bible	die Bibel	la sainte ~ / l'Ancien et le Nouveau Testament
le juif	der Jude	un ~ allemand
israélite	jüdisch	la religion ~e
le rabbin	der Rabbiner	un grand ~
l'Islam (m)	der Islam	l'~ est la religion prêchée par Mahomet
islamique	islamisch	la religion ~
le musulman	der Moslem	le ~ professe la religion islamique / la religion musulmane
la mosquée	die Moschee	les musulmans se rassemblent dans la ~
le bouddhiste	der Buddhist	le ~ cherche à atteindre le nirvâna

Dieu, diable – Gott, Teufel   82

Dieu (m)	Gott	le bon ~ / croire en ~ / adorer ~
créer	schaffen	Dieu a créé l'univers

---

[9] croire: je crois, nous croyons, ils croient – il crut – il a cru

L'Homme – Der Mensch

la création	die Schöpfung	la ~ du monde
le Christ [krist]	Christus	Jésus-Christ [ʒezy-kri] / la mort du ~
un ange	ein Engel	l'~ gardien
le saint,	der Heilige,	S~ Denis / la fête d'un ~ (Namenstag)
la sainte	die Heilige	S~ Bernadette
le miracle	das Wunder	les ~s de Lourdes / espérer un ~ / c'est un ~
l'âme (f)	die Seele	l'~ est immortelle (unsterblich)
le ciel	der Himmel	gagner le ~ / «Notre père qui es aux cieux ...»
le paradis [-di]	das Paradies	monter au ~ / gagner le ~
l'enfer (m) [ãfɛr]	die Hölle	les flammes de l'~ / sa vie est un ~
le diable	der Teufel	être tenté par le ~ (versucht) / «D~!» / envoyer qn au ~
le péché	die Sünde	commettre un ~ / confesser ses ~s au prêtre / se repentir de ses ~s

83 Église – Kirche

1. l'Église (f)	die Kirche (Institution)	l'~ catholique
2. l'église (f)	die Kirche (Bauwerk)	aller à l'~ / une petite ~ de village
le temple	die Kirche (prot.)	aller au ~
la cathédrale	die Kathedrale	une ~ gothique
le clocher	der Kirchturm	un ~ gothique
la cloche	die Glocke	les ~s sonnent
la croix	das Kreuz	la ~ sur l'autel (Altar)
prier	beten	~ Dieu / se mettre à genoux pour ~
la prière	das Gebet	le prêtre récite une ~
la messe	die Messe	célébrer la ~ / aller à la ~
le culte	der Gottesdienst (prot.)	assister au ~
Noël (m)	Weihnachten	la fête de ~ / «Joyeux ~.» / le père ~ / l'arbre de ~
le Vendredi saint	der Karfreitag	
Pâques (m)	Ostern	des œufs de ~
la Pentecôte	Pfingsten	à la ~
le pape	der Papst	Sa Sainteté le ~
le cardinal (-aux)	der Kardinal	l'élection du pape par les ~aux
un évêque	ein Bischof	l'~ administre un diocèse
le curé	der Gemeindepfarrer	«Monsieur le ~.»
le prêtre	der Priester	le ~ donne la bénédiction (Segen)
le pasteur	der Pastor (prot.)	un ~ de l'Église réformée
un abbé	ein Abt	le monastère est dirigé par un ~
le monastère	das Kloster	se retirer dans un ~ / un ~ d'hommes

L'Homme – Der Mensch

Penser – Denken

Esprit – Geist   84

la raison	der Verstand, die Vernunft	perdre la ~ / conforme à la ~
raisonnable	vernünftig	une proposition ~ / une décision ~
l'esprit (m)	der Geist	avoir de l'~ / qc me vient à l'~ / la présence d'~
penser	denken	~ à Jacqueline / dire ce que l'on pense
la pensée	der Gedanke, das Denken	déranger qn dans ses ~s
une idée	ein Gedanke, eine Idee	exprimer ses ~s / une ~ profonde
réfléchir	nachdenken	~ à une question / qc donne à ~ / ~ avant de prendre une décision
raisonner	einen Gedankengang entwickeln	~ sur qc / ~ juste / ~ faux
logique	logisch	le raisonnement est ~
songer	nachsinnen	~ à son malheur / ~ à son avenir
l'imagination (f)	die Phantasie	l'~ d'un poète / avoir de l'~
imaginer	sich ausdenken	~ le bonheur / «Imaginez ma surprise.»
se figurer	sich vorstellen	~ une belle maison
rêver	träumen	~ du bonheur
l'intelligence (f)	der Verstand (= Klugheit)	avoir beaucoup d'~ / agir avec ~
intelligent, -e	klug, intelligent	un élève ~ / un étudiant ~
un intellectuel	ein Intellektueller	les ~s et les ouvriers
sage	weise	un vieil homme ~ / devenir ~
le philosophe	der Philosoph	Descartes était un célèbre ~ français
la philosophie	die Philosophie	la ~ marxiste / la ~ existentialiste

Attention, intérêt – Aufmerksamkeit, Interesse   (→ 231 Ordnung) 85

l'attention (f)	die Aufmerksamkeit	écouter avec ~ / «Faites ~!» / «A~!» / qc attire mon ~
l'intérêt (m)	das Interesse	montrer un vif ~ pour qc / éveiller l'~ / prendre ~ à qc
intéresser	interessieren	ce livre m'intéresse / s'~ au sport
intéressant, -e	interessant	un roman ~ / un film ~
curieux, -euse	1. merkwürdig 2. neugierig	une nouvelle ~se un regard ~ / je suis ~ de savoir si ...
remarquable	bemerkenswert	cette ville est ~ par son château
important, -e	wichtig	une question ~e / jouer un rôle ~ / parler d'une affaire ~e
l'importance (f)	die Wichtigkeit	être d'une ~ capitale / attacher de l'~ à qc / cela n'a pas d'~ pour moi / sans ~

55

L'Homme – Der Mensch

principal, -e -aux, -ales	hauptsächlich	le personnage ∼ / la voie ∼e (Hauptstrecke)
le principal	das Wichtigste	le ∼ est de réussir
essentiel, -elle	wesentlich	les points ∼s
ennuyeux, -euse	langweilig	un film ∼ / trouver qc ∼
s'ennuyer	sich langweilen	∼ avec qn / ∼ en voyant l'émission
égal, égale égaux, égales	egal	«Cela m'est ∼.»
indifférent, -e	gleichgültig	parler de choses ∼es / rester ∼
la distraction	1. die Zerstreutheit 2. Ablenkung, Unterhaltung	se tromper par ∼ le cinéma donne de la ∼ / il joue au piano par ∼
distrait, -e	zerstreut	un professeur ∼ / «Ne sois pas ∼.»

86 Problème – Problem

1. la question	die Frage, das Problem	la ∼ se pose / étudier une ∼ / traiter la ∼
2. le problème	die Frage, das Problem	avoir de sérieux ∼s / la portée du ∼ (Bedeutung) / résoudre un ∼ (lösen)
difficile	schwierig	une question ∼ / ∼ à comprendre
la difficulté	die Schwierigkeit	la ∼ d'un problème
compliqué, -e	kompliziert	une question ∼e
facile	leicht	cette question est ∼ / ∼ à résoudre
facilement	leicht (Adverb)	trouver ∼ une solution
la facilité	die Einfachheit	la ∼ de ce travail
simple	einfach	un moyen ∼ / c'est tout ∼
simplement	einfach (Adverb)	s'exprimer ∼
la solution	die Lösung	trouver la ∼ du problème / chercher une ∼ raisonnable / une bonne ∼

87 Opinion – Meinung

une opinion	eine Meinung	avoir une ∼ fondée (begründet) sur qc / dire franchement (freimütig) son ∼ / partager l'∼ de qn / défendre son ∼ / un sondage d'∼ (Meinungsumfrage)
le point de vue	der Standpunkt	adopter un ∼ / dire son ∼
à mon avis	meiner Ansicht nach	à son avis / «Je suis de votre avis.»
croire [10]	glauben	je crois qu'il dit la vérité
penser	meinen	«Moi, personnellement, je pense que …» / «Qu'en pensez-vous?»
estimer	der Ansicht sein	j'estime qu'il viendra encore
trouver	finden (= meinen)	«Comment trouvez-vous ce film?» / «Je trouve que le film est bon.» / il le trouve amusant

[10] croire: je crois, nous croyons, ils croient – il crut – il a cru

L'Homme – Der Mensch

1. considérer comme	halten für	je le considère comme un ami
2. tenir pour [11]	halten für	je tiens le fait pour certain
supposer	vermuten	je suppose qu'il est déjà là
selon	gemäß	~ moi (meines Erachtens) / ~ toute vraisemblance (Wahrscheinlichkeit)

Prouver – Beweisen 88

la preuve	der Beweis	apporter la ~ de qc / faire ~ de qc
prouver	beweisen	~ qc par des raisons
la raison	der Grund	exposer ses ~s / une ~ convaincante (überzeugend) / pour cette ~
un argument	ein Argument	démontrer qc par des ~s / un bon ~
à cause de ...	wegen ...	~ lui / ~ sa maladie
grâce à ...	dank ...	~ votre conseil
car	denn	il ne peut pas venir, ~ il est malade
parce que	weil	je le dis ~ c'est vrai
comme ...	da ... (= weil)	~ l'auto est en panne nous prenons le train
puisque	da ja (bekannter Grund)	je ne suis pas venu puisqu'il était déjà trop tard
1. pour cela	deshalb	j'aime la montagne, c'est ~ que j'y vais tous les ans
2. c'est pourquoi	deshalb	
pourquoi ... ?	warum ... ?	~ a-t-il refusé? / ~ pas? / c'est ~ (deshalb)
défendre	rechtfertigen	~ son opinion / ~ sa décision
la réserve	der Vorbehalt	faire des ~s sur qc / sans ~
une objection	ein Einwand	faire une ~ à qc / répondre à une ~
réfuter	widerlegen	~ un argument / ~ une objection
mais	aber	c'est vrai, ~ je ne peux pas le croire
cependant	jedoch	ton récit semble vraisemblable, il est ~ faux

Avoir raison, avoir tort – Recht haben, Unrecht haben 89

avoir raison	Recht haben	il a raison / donner raison à qn
convaincre [12]	überzeugen	~ qn de qc / se laisser ~ / j'en suis convaincu / ~ par des arguments
admettre [13]	gelten lassen	~ les raisons
approuver	zustimmen	«J'approuve vos idées.»
juste	richtig	trouver cette idée ~
vrai, vraie	wahr	considérer comme ~ / «C'est ~.»
la vérité	die Wahrheit	conforme à la ~ / dire la ~ sur qc
véritable	wahrhaft	un ~ ami

---

11 tenir: je tiens, nous tenons, ils tiennent – il tint – il a tenu – il tiendra
12 convaincre: je convaincs, il convainc, nous convainquons, ils convainquent – il convainquit – il a convaincu
13 admettre: j'admets, nous admettons, ils admettent – il admit – il a admis

L'Homme – Der Mensch

faux, fausse	falsch	une ~sse opinion / «Non, c'est ~!»
avoir tort	Unrecht haben	il se trompe, il a tort
une erreur	ein Irrtum	faire une ~ / corriger une ~
se tromper	sich irren	«Vous vous trompez.» / il s'est trompé / «Si je ne me trompe ...»
le malentendu	das Missverständnis	c'est un ~ / dissiper le ~ (aufklären)

90 Condition, conséquence – Bedingung, Folgerung

la condition	1. die Bedingung	poser une ~ / à ~ que
	2. die Voraussetzung	une ~ nécessaire
si	wenn	je viendrai, ~ je peux (wenn ich kann) / je viendrais, ~ je pouvais (wenn ich könnte)
sinon	andernfalls	«Dépêche-toi, ~ tu seras en retard.»
1. quoique	obwohl, obgleich	il travaille toujours quoiqu'il soit malade
2. bien que	obwohl, obgleich	
malgré	trotz	~ le danger / ~ cela / «Tu es parti ~ moi.» (gegen meinen Willen)
quand même	trotzdem	c'est dangereux, il le fera ~
la conséquence	die Folgerung	tirer la ~ logique de qc pour qc / en ~
par conséquent	folglich	il est trop tard, ~ on ne partira plus
donc	also (= folglich)	il est le chef, il est ~ responsable
de cette façon	auf diese Weise	on pourra le faire ~
ainsi	so	c'est ~ que cela s'est passé

91 Douter – Zweifeln (→ 87 Meinung)

le doute	der Zweifel	éveiller des ~s / avoir un ~ sur qc / sans ~ (sicher)
douter	zweifeln	~ d'une vérité / je doute qu'il vienne
peut-être	vielleicht	~ viendra-t-il encore
possible	möglich	c'est ~ qu'il vienne encore / rendre qc ~
impossible	unmöglich	presque ~ / absolument ~
il arrive que ...	es kommt vor, dass ...	~ le temps change très vite
pouvoir [14]	können (möglich sein)	cela peut causer un dommage / il peut encore arriver / il se peut que ...
1. sembler	scheinen (möglich sein)	il semble que le temps change / il me semble que le temps changera / cet élève semble être intelligent
2. paraître [15]	scheinen (es ist offensichtlich)	il paraît qu'il est déjà trop tard / ce projet me paraît bon
vraisemblable	wahrscheinlich	une hypothèse ~
invraisemblable	unwahrscheinlich	une histoire ~
supposer	vermuten	«Je le suppose, mais je n'en suis pas sûr.»

[14] pouvoir: je peux, nous pouvons, ils peuvent – il put – il a pu – qu'il puisse – il pourra
[15] paraître: il paraît – il parut – il a paru

L'Homme – Der Mensch

Examiner – Prüfen
(→ 234 Unterschied → 270 Messen) **92**

s'assurer	sich vergewissern	～ de la vérité de qc / je vais m'en assurer / ～ si la fenêtre est bien fermée
«N'est-ce pas?»	„Nicht wahr?"	«Tu as compris, ～?»
contrôler	kontrollieren	～ la qualité / ～ un document
vérifier	nachprüfen	～ l'exactitude / ～ une nouvelle
examiner	prüfen	～ une affaire / ～ le pour et le contre
un examen [egzamɛ̃]	eine Kontrolle	un ～ superficiel (oberflächlich) / un ～ détaillé (genau)
étudier	untersuchen	～ un problème
se rendre compte	sich klar werden	～ des difficultés
s'apercevoir [16]	bemerken	～ d'une faute
constater	feststellen	～ une erreur
la réalité	die Wirklichkeit	en ～ / la ～ est tout autre / faire face à la ～
réel, réelle	wirklich	un fait ～
le fait	die Tatsache	c'est un ～ / on ne peut pas nier les ～s

Certitude – Gewissheit
(→ 89 Recht haben, Unrecht haben) **93**

la certitude	die Gewissheit	j'ai la ～ de qc / cela me donne la ～ que ...
certain, certaine	gewiss	oui, j'en suis ～ / il est ～ que ...
certainement	gewiss (Adverb)	il viendra ～ / elle est ～ au courant
sûr, sûre	sicher	«Êtes-vous ～, monsieur?»
sûrement	sicherlich	il est ～ malade
assurément	ganz gewiss	～, c'est vrai
évident, -e	offensichtlich	c'est ～ / un avantage ～ (Vorteil)
évidemment [-amɑ̃]	offensichtlich (Adverb)	il se trompe ～
probable	wahrscheinlich	il est ～ que ... / son arrivée est ～
croire [17]	glauben	je le crois / il refuse de le ～
1. affirmer	versichern	～ qc d'un ton ferme / j'affirme que ce qu'il dit est vrai
2. prétendre	versichern (nachdrücklich behaupten)	il prétend qu'il a raison, mais il se trompe
confirmer	bestätigen	～ une nouvelle
en effet	in der Tat	～, c'est vrai / il a, ～, raison
au fond	im Grunde genommen	～, il n'a pas tort

Expliquer – Erklären
(→ 88 Beweisen) **94**

compliqué, -e	kompliziert	un mécanisme ～ / un plan ～
compliquer	kompliziert machen	il ne faut pas ～ les choses
obscur, obscure	unklar, unverständlich	rester ～ / une phrase ～e

---

16 s'apercevoir: je m'aperçois, nous nous apercevons, ils s'aperçoivent – il s'aperçut – il s'est aperçu
17 croire: je crois, nous croyons, ils croient – il crut – il a cru

L'Homme – Der Mensch

le mystère [mistɛr]	das Geheimnis (unbegreiflich)	éclaircir le ~ / chercher la solution du ~
mystérieux, -euse	rätselhaft	un hasard ~ / une mort ~euse
expliquer	erklären	~ le sens / ~ par un exemple / ~ les raisons / ~ ce qui est compliqué
une explication	eine Erklärung	donner une ~ / une ~ claire
c'est-à-dire	das heißt	nous partons très tôt, ~ à 6 heures du matin
un exemple	ein Beispiel	prendre un ~ pour illustrer qc / donner un ~ / par ~
clair, claire	klar, verständlich	des idées ~es / le style ~
la clarté	die Klarheit	parler avec beaucoup de ~ / la ~ de la langue française
net, nette	deutlich, klar	une écriture ~te / des photos ~tes
nettement	klar (Adverb)	prendre ~ position
comprendre [18]	verstehen	difficile à ~ / faire ~ qc à qn / ~ mal / «Compris?»
saisir	begreifen	~ immédiatement (sofort) / ~ la réalité / «Vous saisissez?»

95 Cause, effet – Ursache, Wirkung
(→ 88 Beweisen → 90 Bedingung, Folgerung)

la cause	die Ursache	être la ~ de ... / rechercher la ~ de qc
à cause de ...	wegen ...	il ne peut pas dormir ~ du bruit
causer	verursachen	~ un malheur à qn
provoquer	hervorrufen	~ une réaction vive / ~ la colère de qn
produire [19]	bewirken	~ un effet sur lui
un effet	eine Wirkung	rester sans ~ / en ~ (wirklich)
la conséquence	die Folge	c'est la ~ de ... / penser aux ~s / des ~ heureuses
dépendre	abhängen	l'effet dépend de la cause / cela dépend ...
le hasard [azar]	der Zufall	un ~ heureux / un pur ~ / par ~

Langue – Sprache

96 Vocabulaire – Wortschatz

la langue	die Sprache	la ~ française / la ~ parlée / la ~ écrite / la ~ maternelle / la ~ étrangère
le vocabulaire	der Wortschatz	le ~ politique / le ~ médical
le mot	1. das Wort	dire un ~ / répéter un ~ / écrire un ~
	2. der Ausspruch	«L'État, c'est moi!», un ~ de Louis XIV
le terme	der Begriff	employer un ~ abstrait / le ~ technique

[18] comprendre: je comprends, nous comprenons, ils comprennent – il comprit – il a compris
[19] produire: il produit, ils produisent – il produisit – il a produit

L'Homme – Der Mensch

le sens	die Bedeutung, der Sinn	le ~ propre du mot / le ~ figuré (übertragene) / expliquer le ~ du mot / comprendre le ~ du mot
définir	definieren	~ un mot
la définition	die Definition	donner la ~ du mot / une ~ obscure
1. vouloir dire	bedeuten	«Que veut dire ce mot?»
2. signifier	bedeuten	«Que signifie ce geste?»
le dictionnaire	das Wörterbuch	chercher un mot dans le ~
traduire	übersetzen	~ la phrase en français
un interprète	ein Dolmetscher	l'~ de l'ambassade (Botschaft)
un traducteur	ein Übersetzer	le ~ du roman

Grammaire – Grammatik 97

la grammaire	die Grammatik	la ~ française / la règle de ~
conjuguer	konjugieren	~ le verbe «aller» au présent
la personne	die Person	la première ~ / la deuxième ~ / la troisième ~
le genre	das Genus (Geschlecht)	le ~ masculin / le ~ féminin
le singulier	der Singular (Einzahl)	la première personne du ~
le pluriel	der Plural (Mehrzahl)	employer un -s au ~

1. le nom	das Nomen	le présent	das Präsens (Gegenwart)
2. le substantif	das Substantiv (Hauptwort)	le futur	das Futur (Zukunft)
un article	ein Artikel (Geschlechtswort)	le passé composé	das Perfekt (vollendete Gegenwart)
un adjectif	ein Adjektiv (Eigenschaftswort)	l'imparfait (m)	das Imperfekt (Vergangenheit)
le pronom	das Pronomen (Fürwort)	le passé simple	das Passé simple (Historische Vergangenheit)
le verbe	das Verb (Zeitwort)		
un infinitif	ein Infinitiv (Grundform)	le plus-que-parfait	das Plusquamperfekt (vollendete Vergangenheit)
le participe	das Partizip (Mittelwort)		
un adverbe	ein Adverb (Umstandswort)	le conditionnel	das Konditional (bedingte Möglichkeit)
la préposition	die Präposition (Verhältniswort)	l'indicatif (m)	der Indikativ (Wirklichkeitsform)
la conjonction	die Konjunktion (Bindewort)	le subjonctif	der Konjunktiv (Möglichkeitsform)
une interjection	eine Interjektion (Empfindungswort)	l'impératif (m)	der Imperativ (Befehlsform)
le temps	das Tempus (Zeit)		

L'Homme – Der Mensch

1. la phrase	der Satz	une ~ interrogative / la ~ est bien construite / l'ordre des mots dans la ~
2. la proposition	der Satz	la ~ principale (Hauptsatz) / la ~ subordonnée (Nebensatz)
le sujet	das Subjekt (Satzgegenstand)	**le complément d'objet** das Objekt (Satzergänzung)
le verbe	das Prädikat (Satzaussage)	**le complément circonstanciel** die adverbiale Bestimmung (Umstandsbestimmung)

98 Parler – Sprechen   (→ 16 Mund)

la parole	das Wort, die Rede	écouter les ~s de qn / adresser la ~ à qn / prendre la ~ / couper la ~ à qn
parler	sprechen	~ à qn de qc / ~ avec qn / ~ vite
s'exprimer	sich ausdrücken	~ clairement
1. une expression	ein Ausdruck	employer une ~ / une ~ courante
2. la formule		une ~ habituelle / une ~ de politesse
la voix	die Stimme	parler à ~ basse / parler à ~ haute
le ton	der Ton	le ~ de la voix / baisser le ~
la prononciation	die Aussprache	avoir une bonne ~ / «Quelle est la ~ de ce mot?»
prononcer	aussprechen	~ un mot / ~ mal les nasales
un accent	1. eine Betonung	mettre l'~ sur le dernier mot de la phrase
	2. ein Akzent	l'~ du Midi (südfranzösische Aussprache)
la liaison	die Bindung	faire la ~ entre deux mots
le geste	die Handbewegung	faire des ~s en parlant / s'exprimer par ~s
crier	schreien	~ très fort / ~ de colère
le cri	der Schrei	pousser des ~s / entendre un ~
s'écrier	ausrufen, losschreien	«Ah, quel scandale», s'écria-t-il.
appeler	rufen	~ qn pour le faire venir
rappeler	zurückrufen	~ qn qui s'en est allé
se taire [20]	still sein, schweigen	il se tait là-dessus / «Tais-toi!»
le silence	das Schweigen	«~!» / garder le ~ / rompre le ~
muet, muette	stumm	un homme ~ / rester ~

99 Question, réponse – Frage, Antwort

s'adresser à qn	sich an jdn wenden	~ au directeur
la question	die Frage	poser une ~ à qn / répondre à la ~

---

[20] se taire: je me tais, il se tait, nous nous taisons, ils se taisent – il se tut – il s'est tu

62

L'Homme – Der Mensch

demander	fragen	~ qc à qn / il lui demande / j'ai demandé à Pierre si ... (ob)
interroger	befragen	~ qn sur ses intentions
qui ...?	wer ...?	~ est-ce? / ~ est là?
1. que ...?	was ...?	~ faites-vous? / «Qu'est-ce qui se passe?»
2. quoi ...?	was ...? (nach Präposition)	De ~ s'agit-il?
quel, quelle ...?	welcher, welche ...?	Q~le est votre opinion?
comment ...?	wie ...?	~ allez-vous? / «~? Je n'ai pas compris.»
où ...?	1. wo ...? 2. wohin ...?	~ es-tu? / D'~ vient-il? (Woher?) ~ va-t-il?
quand ...?	wann ...?	~ viendra-t-il?
pourquoi ...?	warum ...?	~ as-tu fait cela? / ~ pas?
n'est-ce pas?	nicht wahr?	Tu nous aideras, ~?
hein? ['ɛ̃]	1. was? (Umgangsspr.) 2. nicht wahr?	«Qu'est-ce que tu dis, ~?» «C'est vraiment dommage, ~?»
la réponse	die Antwort	donner une ~ à une question / recevoir une ~ à une question / une ~ claire / une ~ positive / une ~ négative
répondre	antworten	je lui réponds franchement (freimütig) / ~ par oui ou par non / ~ à une lettre
renseigner	Auskunft geben	~ qn sur qc
se renseigner	sich erkundigen	~ sur l'horaire des trains
le renseignement	die Auskunft	vouloir des ~s sur qc / donner un ~ précis / le bureau des ~s, à la gare
eh bien ...	nun ...	«~, je vais vous dire la vérité.»

Affirmation, négation – Bejahung, Verneinung 100

(→ 115 Zustimmen, erlauben)

oui	ja	dire ~ / «Vous êtes sûr? — ~.» / «~, d'accord.»
1. bien sûr!	natürlich!	oui, ~
2. naturellement	natürlich	
bien entendu!	gut, einverstanden!	«Tu m'attends? — ~.»
si!	doch!	«Elle n'est pas venue? — ~.» / «Mais ~!»
non	nein	dire ~ / «~, rien à faire.»
nier	verneinen	~ un fait / secouer la tête
ne ... pas	nicht	il n'est pas là / il n'a pas voulu / pas du tout
ne ... point	keineswegs	on ne le connaît point
ne ... plus	nicht mehr	il n'est plus malade
ne ... jamais	niemals	on ne sait jamais

L'Homme – Der Mensch

ne ... rien	nichts	il ne dit rien
aucun, aucune ... ne	kein, keine	il n'a fait aucune faute / sans aucun doute
ne ... ni ... ni	weder ... noch	ni l'un ni l'autre n'est venu
personne ne ...	niemand	personne n'est là / je ne vois personne
1. ne ... que	nur	on n'a que très peu de temps / Pierre ne fait que s'amuser
2. seulement	nur	quelques minutes ~ / non ~ ... mais encore (nicht nur ... sondern auch)
uniquement	einzig und allein	il s'occupe ~ de cette affaire / il pense ~ à son plaisir

101 Informer – Mitteilen

informer	benachrichtigen	~ qn d'un fait
s'informer	sich erkundigen	~ de qc auprès de qn
une information	eine Information	donner des ~s / les ~s à la radio
dire [21]	sagen	~ qc à qn / ~ un mot / je lui dis bonjour / «Bonjour, dit-il.» / il dit qu'il a soif / «Que dites-vous?» / cela va sans ~
communiquer	mitteilen	~ un renseignement / ~ ses sentiments
annoncer	ankündigen, bekannt machen	~ une bonne nouvelle
rapporter	berichten, hinterbringen	~ à qn ce que l'on a vu et entendu
1. le récit	der Bericht (Erzählung)	faire le ~ de qc
2. le rapport	der Bericht (amtlich)	dresser un ~ / un ~ de police / faire un ~ oral
prévenir [22]	1. vorher benachrichtigen 2. warnen	il a prévenu son ami de son arrivée / ~ la police ~ qn d'un danger
raconter	erzählen	~ à qn ce qui s'est passé / ~ des histoires / ~ qc en détail
décrire [23]	beschreiben	~ un paysage / ~ un tableau
le discours	die Rede	faire un ~ / suivre un ~ (zuhören)
la conférence	der Vortrag	faire une ~ / Salle de ~s (Hörsaal)
exposer	darlegen	~ ses idées
résumer	zusammenfassen	~ l'essentiel en peu de mots
bref	kurz gefasst	enfin, ~, rien à faire / en ~
une allusion	eine Anspielung	faire une ~ à qc
conclure [24]	beenden	~ le discours
la conclusion	der Schlussteil	la ~ du discours
ajouter	hinzufügen	~ encore quelques mots / j'ajoute que ...

[21] dire: je dis, nous disons, vous dites, ils disent – il dit – il a dit
[22] prévenir: je préviens, nous prévenons, ils préviennent – il prévint – il a prévenu
[23] décrire: je décris, nous décrivons, ils décrivent – il décrivit – il a décrit
[24] conclure: je conclus, nous concluons, ils concluent – il conclut – il a conclu

en outre	außerdem noch	j'ai acheté un journal et, ~, une carte postale
et, etc.	und, usw.	
répéter	wiederholen	~ la question / ~ la même chose
redire [25]	1. noch einmal sagen	~ toujours la même chose
	2. weitersagen	elle redit tout

Souligner, exagérer – Hervorheben, übertreiben   102
(→ 85 Aufmerksamkeit, Interesse)

insister	den Nachdruck legen	~ sur un détail / «N'insistez pas!»
souligner	hervorheben	~ l'importance de qc / ~ un mot
1. en particulier	besonders, namentlich	je connais toute la famille, ~ Annette
2. notamment	besonders, namentlich	
surtout	vor allem	il aime les voyages, ~ en Italie / «N'oubliez ~ pas votre passeport.»
exagérer	übertreiben	il ne faut rien ~ / sans ~
1. très	sehr (vor Adjektiv)	~ grand / ~ riche / Jacqueline est ~ belle
2. fort	sehr, äußerst (vor Adjektiv)	Jean est ~ intelligent / c'est ~ aimable à vous
3. beaucoup	sehr (beim Verb)	travailler ~ / cela m'intéresse ~ / «Merci ~.»
si ...!	so ...!	il est ~ gentil / «Ce n'est pas ~ facile.»
tellement	so sehr, dermaßen	c'est ~ amusant
trop	zu (sehr)	«Vous êtes ~ aimable.»
énorme	enorm, riesig	un ~ succès / une ~ sottise (Dummheit)
énormément	ungeheuer (Adverb)	il se trompe ~ / souffrir ~
terrible	schrecklich	avoir une faim ~
terriblement	schrecklich (Adverb)	j'ai ~ chaud
extrême	riesig	une joie ~
extrêmement	äußerst (Adverb)	c'est ~ important
tout à fait	ganz und gar	être ~ content
absolument	absolut	ce n'est ~ pas vrai
complètement	vollständig	il est ~ fou / presque ~
entièrement	völlig	c'est ~ différent
formidable	toll, ganz prima	c'est une idée ~ / un film ~
extraordinaire	außergewöhnlich	un livre ~ / un événement ~
étonner	in Erstaunen versetzen	«Cela m'étonne.» / être étonné de qc
«Ah!»	„Ah!"	«~, quelle joie de vous rencontrer.»
«Oh!»	„Oh!"	«~, quelle surprise.»
«Tiens!»	„Sieh an!"	

---

[25] redire: je redis, nous redisons, vous redites, ils redisent – il redit – il a redit

L'Homme – Der Mensch

103 Dire la vérité, mentir – Wahrheit sagen, lügen

(→ 89 Recht haben, Unrecht haben)

la vérité	die Wahrheit	dire la ~ / la pure ~ / conforme à la ~ / en ~ / Toute ~ n'est pas bonne à dire.
vrai, vraie	wahr	qc est tenu pour ~ / «C'est ~?»
sincère	aufrichtig	être ~ avec qn / une réponse ~ / un repentir ~ (Reue)
franc, franche	freimütig	être ~ avec qn / un rire ~
franchement	freimütig (Adverb)	dire ~ son opinion
mentir [26]	lügen	~ à son ami / sans ~
le mensonge	die Lüge	dire des ~s / un grossier ~
le menteur,	der Lügner,	ne pas croire le ~ / c'est un grand ~
la menteuse	die Lügnerin	
le prétexte	der Vorwand	chercher un ~ / trouver un ~ / sous ~ de ... / ce n'est qu'un ~
tromper	täuschen	il nous a trompés / se ~
la ruse	die List	employer une ~ pour ...
rusé, rusée	listig	un renard ~ (Fuchs)

104 Apprendre – Erfahren

(→ 9 Ohr, hören)

la curiosité	die Neugier	avoir de la ~ pour qc / qc inspire de la ~ / la ~ indiscrète
curieux, -euse	neugierig	je suis ~ de savoir si ...
la nouvelle	die Nachricht, die Neuigkeit	recevoir de bonnes ~s / apprendre une ~ importante
apprendre [27]	1. erfahren	~ une nouvelle / ~ le secret
	2. mitteilen	~ qc à qn / on m'a appris que ...
la connaissance	die Kenntnis	prendre ~ de qc / avoir ~ de qc
connaître [28]	kennen	~ son opinion / ~ qn de vue (vom Sehen)
savoir [29]	wissen	~ la vérité / je sais que ... / faire ~ qc à qn
être au courant	auf dem Laufenden sein	~ des événements
ignorer	nicht wissen	~ le nom / j'ignore s'il a reçu la lettre
le secret	das Geheimnis	garder le ~ et ne pas en parler / dire le ~ / confier un ~ à qn
secret, secrète	geheim	tenir ~ètes des choses personnelles / garder qc ~
cacher	verheimlichen	~ ses intentions / ~ sa joie

---

[26] mentir: je mens, nous mentons, ils mentent – il mentit – il a menti
[27] apprendre: j'apprends, nous apprenons, ils apprennent – il apprit – il a appris
[28] connaître: je connais, il connaît, nous connaissons, ils connaissent – il connut – il a connu
[29] savoir: je sais, nous savons, ils savent – il sut – il a su – qu'il sache – il saura – sachant

66

L'Homme – Der Mensch

confier	anvertrauen	~ qc à qn / ~ le secret
révéler	enthüllen, kundtun	~ ses sentiments à qn
deviner	erraten	«Je devine ce que vous pensez.»

Conversation, discussion – Unterhaltung, Diskussion 105
(→ 128 Besuch, Zusammensein)

la conversation	die Unterhaltung	avoir une ~ avec qn
un entretien	ein Gespräch,	avoir un ~ avec qn / un ~ en tête à
	eine Besprechung	tête
s'entretenir [30]	miteinander reden	~ avec qn par téléphone
causer	schwatzen	nous causons ensemble
bavard, bavarde	schwatzhaft	une femme ~e
la discussion	die Diskussion	avoir une ~ avec qn / prendre part à
		une ~ / diriger la ~ / échanger des
		idées pendant une ~
discuter	diskutieren	~ avec qn sur la politique
la parole	das Wort	donner la ~ / prendre la ~ / couper la
		~ à qn
interrompre	unterbrechen	~ un entretien
le sujet	das Thema	le ~ d'un entretien
à propos	hinsichtlich	dire qc ~ de cette affaire / dire qc à
		ce propos

Téléphoner – Telefonieren   (→ 108 Briefwechsel)   106

téléphoner	telefonieren	~ à un ami: «Allô! Qui est à l'appareil?»
le téléphone	das Telefon	le ~ sonne / un coup de ~ (Anruf)
téléphonique	Telefon ...	un appareil ~
le récepteur	der Hörer	appliquer le ~ à l'oreille / raccrocher
		(auflegen)
le numéro de	die Telefonnummer	demander un ~ / chercher un ~ dans
téléphone		l'annuaire de téléphone (Telefonbuch)
la communication	die Verbindung	obtenir la ~ / la ~ fut coupée
le réseau (-x)	das Netz	le ~ téléphonique
la cabine	der öffentliche	chercher une ~
téléphonique	Fernsprecher	
le jeton	die Telefonmünze	acheter des ~s

Écrire – Schreiben   107

écrire [31]	schreiben	~ une lettre / la machine à ~
l'orthographe (f)	die Rechtschreibung	faire une faute d'~ / «Quelle est l'~ de
		ce mot?»

---

[30] s'entretenir: ils s'entretiennent – ils s'entretinrent – ils se sont entretenus
[31] écrire: j'écris, nous écrivons, ils écrivent – il écrivit – il a écrit

L'Homme – Der Mensch

la lettre	der Buchstabe	la ~ majuscule (Großbuchstabe)
un accent	ein Akzent	l'~ aigu / l'~ grave / l'~ circonflexe
le point	der Punkt	le ~ à la fin de la phrase / le ~ sur l'i / le ~ d'interrogation / le ~ d'exclamation / les deux ~s
la virgule	das Komma	mettre une ~ / le point-~
le crayon	der Bleistift	écrire au ~ / le taille-~s
le stylo	der Füller	le ~ à bille (Kugelschreiber) / la plume du ~
l'encre (f)	die Tinte	écrire à l'~ bleue
la règle	das Lineal	une ~ en matière plastique
le trait	der Strich	un ~ de plume / les ~s d'un dessin / «Grand-père» s'écrit avec un ~ d'union
souligner	unterstreichen	~ un mot important
la gomme	der Radiergummi	effacer qc d'un coup de ~
effacer	ausradieren	~ un mot
le papier	das Papier	écrire sur une feuille de ~ (Blatt) / le ~ à lettres / déchirer le ~
le bloc	der Schreibblock	un ~ de papier à lettres
le carnet	das Notizbuch	noter qc sur son ~ / un ~ d'adresses / le ~ de notes du professeur
noter	notieren	~ un numéro de téléphone
la note	die Notiz	prendre des ~s sur qc
inscrire	eintragen	~ le nom sur une liste
le bureau (-x)	1. das Büro 2. der Schreibtisch	le ~ de la Préfecture / un employé de ~ s'installer à son ~
la secrétaire	die Sekretärin	une ~ de direction
la dactylo	die Schreibkraft	la ~ écrit à la machine
la corbeille	der Papierkorb	jeter une lettre dans la ~
la papeterie	das Papiergeschäft	acheter qc à la ~

108 Correspondance – Briefwechsel

(→ 176 Verpackung)

la correspondance	der Briefwechsel	avoir une ~ amicale avec qn / la ~ d'affaires
correspondre	Briefe schreiben	~ avec qn
le correspondant	der Briefschreiber	un ~ français
la lettre	der Brief	écrire une longue ~ / la ~ d'amour / la ~ recommandée (eingeschrieben)
«Monsieur.»	„Sehr geehrter Herr ...“	
agréer	entgegennehmen	«Veuillez ~, Monsieur, l'expression de mes meilleurs sentiments.» (Mit freundlichen Grüßen)
signer	unterschreiben	~ la lettre / ~ le contrat (Vertrag)
la signature	die Unterschrift	mettre sa ~

L'Homme – Der Mensch

Ecrire:

écrire (1)
la machine à écrire (2)
le téléphone (3)
la gomme (4)
le crayon (5)
le stylo (6)
le stylo à bille (7)
la règle (8)
la lettre (9)
l'enveloppe (10)
la carte postale (11)
la boîte aux lettres (12)

L'Homme – Der Mensch

plier	zusammenfalten	~ la lettre
une enveloppe	ein Briefumschlag	mettre la lettre dans l'~ / coller l'~ (zukleben)
le timbre	die Briefmarke	mouiller le ~ (anfeuchten) / coller le ~ sur l'enveloppe / acheter des ~s au bureau de tabac / un ~ rare / une belle collection de ~s
une adresse	eine Adresse	écrire l'~ sur la lettre
adresser	adressieren	~ la lettre à qn
expédier	abschicken	~ un colis (Paket) par la poste
envoyer	schicken	~ une lettre à son ami
la boîte aux lettres	der Briefkasten	mettre la lettre à la ~
le bureau de poste	das Postamt	aller à la poste / Postes et Télécommunications (P. T. T.) / un employé des postes
postal, postale postaux, -ales	Post ...	une carte ~e / le code ~ (Postleitzahl)
un imprimé	eine Drucksache	le tarif réduit des ~s
le télégramme	das Telegramm	envoyer un ~ / recevoir un ~
télégraphier	telegrafieren	~ à qn
le mandat	die Zahlkarte	le ~-poste
le facteur	der Briefträger	attendre le ~ / le ~ distribue les lettres
le courrier	die Post (= Briefsendungen)	le facteur apporte le ~
un ordinateur	ein Computer	travailler à l'~
le minitel	der Bildschirmtext	réserver une place par ~
la télécopie	Telefax	
la photocopie	die Fotokopie	la ~ d'un document

109 Lire – Lesen (→ 11 Auge, sehen)

la lecture	das Lesen	la ~ d'un journal / la ~ de la carte
le lecteur,	der Leser,	le ~ d'un journal / un ~ de romans
la lectrice	die Leserin	savoir ~ et écrire / ~ la lettre / ~ qc
lire [32]	lesen	dans le journal / aimer ~
parcourir [33]	überfliegen	~ le livre
sauter	überschlagen	~ une partie du livre
le texte	der Text	le ~ manuscrit / le ~ imprimé / lire le ~ / traduire le ~
le passage	die Textstelle	citer un beau ~ du roman

[32] lire: je lis, nous lisons, ils lisent – il lut – il a lu

[33] parcourir: je parcours, nous parcourons, ils parcourent – il parcourut – il a parcouru – il parcourra

L'Homme – Der Mensch

Journal – Zeitung (→ 85 Aufmerksamkeit, Interesse → 240 Ereignis) **110**

la presse	die Presse	la grande ~ / Agence France-P~ (A. F. P.) / la ~ locale
le journal (-aux)	die Zeitung	un ~ du matin / un ~ du soir / acheter un ~
s'abonner	abonnieren	~ à un journal
le quotidien	die Tageszeitung	cette nouvelle est dans tous les ~s
un hebdomadaire	eine Wochenzeitung	«Paris-Match», «L'Express» sont des ~s
un illustré	eine Illustrierte	regarder les photos de l'~
la revue	die Zeitschrift	une ~ mensuelle (Monats...) / la ~ de la presse (Presseschau)
le journaliste	der Journalist	un ~ sportif / un ~ à la radio
une interview	ein Interview	donner une ~ / une ~ télévisée
un article	ein Artikel	un ~ politique / lire l'~
le reportage	die Reportage	publier un ~ sensationnel
la suite	die Fortsetzung	à suivre (Fortsetzung folgt)
les faits divers (m)	die Lokalnachrichten	lire les ~
le titre	die Überschrift	le ~ en manchette (Schlagzeile) / le ~ à sensation
une annonce	eine Anzeige	mettre une ~ dans le journal
l'illustration (f)	die Bebilderung	des ~s en couleurs
illustrer	bebildern	~ le texte de photos
une image	ein Bild	les ~s dans un journal

Livre – Buch (→ 205 Literatur) **111**

le livre	das Buch	le ~ de poche / ouvrir le ~ / fermer le ~ / écrire un ~
le volume	der Band	un dictionnaire en deux ~s
la brochure	die Broschüre	une ~ de propagande
une imprimerie	eine Druckerei	envoyer un manuscrit à l'~
imprimer	drucken	~ le livre
relier	einbinden	~ un livre de cuir (Leder)
la couverture	der Einband	le livre a une magnifique ~
la page	die Seite	tourner la ~ / le numéro de la ~ / lire qc à la ~ 15 / la ~ du titre
la table des matières	das Inhaltsverzeichnis	la ~ est placée à la fin du livre
le chapitre	das Kapitel	ce roman se compose de cinq ~s
publier	veröffentlichen	~ un roman
la librairie	die Buchhandlung	~-papeterie
le libraire	der Buchhändler	acheter un livre chez le ~
la bibliothèque	1. die Bibliothek 2. der Bücherschrank	la B~ Nationale / la ~ populaire chercher un livre dans la ~

71

L'Homme – Der Mensch

Projeter, agir – Planen, handeln

112 Prendre une décision – Einen Entschluss fassen (→ 92 Prüfen)

indécis, indécise	unentschlossen	rester ~ / «Je suis ~. Que feriez-vous à ma place?»
incertain, -e	unsicher	il est encore ~
hésiter	zögern	~ à commencer / faire qc sans ~
d'une part ... d'autre part	einerseits ... andererseits	~ cette robe est belle, ~ elle coûte très cher
la possibilité	die Möglichkeit	il n'y a que deux ~s / avoir la ~ de faire qc / choisir la meilleure ~
ou (bien) ... ou (bien)	entweder ... oder	~ il reste, ~ il part
plutôt	lieber	~ rester que partir
il vaut mieux	es ist besser	~ rester que partir
aimer mieux	lieber mögen	j'aime mieux faire un voyage à la mer qu'un voyage dans les montagnes
un amateur	ein Liebhaber	un ~ de fleurs
préférer	vorziehen	~ le vin blanc au vin rouge
le choix	die Auswahl	avoir le ~ / faire un ~ / les possibilités de ~
choisir	wählen	il y a là beaucoup de livres, il faut en ~ un / ~ une bonne solution
décider	entscheiden	~ de faire qc / se ~ à faire qc / être décidé à faire qc / réfléchir avant de se ~
résoudre [34]	beschließen	accomplir ce que l'on a résolu
la décision	die Entscheidung (nach Gründen)	prendre la ~ de faire qc / une ~ motivée / faire connaître sa ~
la résolution	der (feste) Entschluss	prendre la ~ de faire qc / ma ~ est prise

113 Vouloir, faire des projets – Wollen, planen (→ 247 Zukunft)

la volonté	der Wille	exécuter sa ~ / montrer de la bonne ~
vouloir [35]	wollen	je le veux absolument / «Que voulez-vous?» / «Comme vous voulez ...»
avoir envie	Lust haben	~ de voyager
l'ambition (f)	der Ehrgeiz	avoir de l'~ / manquer d'~
la fantaisie	die Laune	agir à sa ~ (nach Lust und Laune)
le caprice	der Einfall	les ~s d'une femme coquette
le désir	der Wunsch	avoir le ~ de voyager / réaliser ses ~s

---

[34] résoudre: je résous, il résout, nous résolvons, ils résolvent – il résolut – il a résolu
[35] vouloir: je veux, nous voulons, ils veulent – il voulut – il a voulu – qu'il veuille – il voudra

désirer	wünschen	«Que désirez-vous?» / ~ faire qc / obtenir ce que l'on désire
envisager	planen	~ de faire qc
le projet	der Plan	faire des ~s / «Quels sont vos ~s?» réaliser ses ~s
une intention	eine Absicht	avoir l'~ de faire qc / déclarer ses ~s
exprès	absichtlich	faire qc ~
le but	das Ziel	fixer le ~ / son ~ est de faire qc / poursuivre son ~ / toucher au ~ / parvenir au ~
le moyen	das Mittel	j'ai trouvé le ~ de faire
1. pour	um zu	il est venu ~ nous aider
2. afin de	um zu (gehobene Sprache)	
1. pour que	damit	il faut se dépêcher ~ tout soit prêt à temps
2. afin que	damit (gehobene Sprache)	
la promesse	das Versprechen	faire une ~ / tenir sa ~ / manquer à sa ~
promettre [36]	versprechen	~ à son ami de venir le voir / ~ à qn une récompense
s'engager	sich verpflichten	~ envers qn à faire qc
la parole d'honneur	das Ehrenwort	donner sa ~
jurer	schwören	«Je vous le jure.» / ~ devant Dieu de faire qc

Proposer, demander – Vorschlagen, verlangen 114

(→ 183 Haben wollen)

proposer	vorschlagen	il m'a proposé une promenade / ~ de faire qc
la proposition	der Vorschlag	faire des ~s / accepter la ~
le conseil	der Rat	je lui demande ~ / donner un ~ sage / suivre le ~
conseiller	raten (= Rat geben)	je lui conseille de rester
recommander	empfehlen	~ un bon médecin
l'influence (f)	der Einfluss	avoir de l'~ sur qn / exercer une grande ~
déterminer	veranlassen	mon ami m'a déterminé à partir
la demande	die Bitte	faire une ~ / accorder la ~
1. demander	bitten, verlangen	je lui demande de rester encore
2. prier	bitten, verlangen (höflich)	je vous prie de me pardonner / «Je vous en prie.» / il se fait ~

---

[36] promettre: je promets, nous promettons, ils promettent – il promit – il a promis

L'Homme – Der Mensch

115 Consentir, permettre – Zustimmen, erlauben

(→ 100 Bejahung, Verneinung)

s'arranger	sich einig werden	~ en amis
convenir [37]	übereinkommen	~ avec qn de qc / ~ d'un lieu de rendez-vous
consentir [38]	zustimmen, einwilligen	«J'y consens.» / ~ au désir de qn
un accord	eine Übereinstimmung	être d'~ avec qn / «D'~.» / se mettre d'~
accepter	annehmen, akzeptieren	~ la proposition / ~ une invitation
volontiers	gern	je le ferai ~ / «V~.» / «Avec plaisir.»
vouloir bien faire qc [39]	bereit sein etw. zu tun	«Je veux bien faire ce que vous me demandez.»
approuver	richtig finden	~ un projet / ~ ce qu'il fait
autoriser	ermächtigen	«Je vous autorise à parler en mon nom.»
permettre [40]	erlauben	«Vous permettez?» / «Permettez-moi de vous présenter M. Dubois.»
la permission	die Erlaubnis	demander la ~ de faire qc / donner la ~
laisser	zulassen	«Laisse-moi tranquille.» / ~ qn entrer
céder	nachgeben	il finit par ~ aux prières
supporter	ertragen	tout ~ de qn / je ne peux pas ~ son insolence (Frechheit)
pouvoir [41]	können, dürfen (Erlaubnis haben)	«Puis-je entrer?» / «Oui, vous pouvez entrer.»

116 Refuser, défendre – Ablehnen, verbieten

(→ 100 Bejahung, Verneinung)

refuser	ablehnen	~ poliment et fermement / ~ la proposition
le refus	die Ablehnung	il dit «non», c'est un ~
s'opposer	sich widersetzen	~ aux volontés de qn
contre	gegen	il est ~ ce projet
défendre	verbieten	~ qc à qn / il est défendu de …
la défense	das Verbot	«~ de fumer» / «~ d'entrer» / «~ d'afficher» (Zettel ankleben verboten!)
interdire [42]	untersagen	~ qc à qn / ~ formellement / «Stationnement interdit» / il est interdit de …
empêcher	verhindern	~ un crime / ~ qn de s'enfuir

---

[37] convenir: je conviens, nous convenons, ils conviennent – il convint – ils sont convenus – il conviendra

[38] consentir: je consens, nous consentons, ils consentent – il consentit – il a consenti

[39] vouloir: je veux, nous voulons, ils veulent – il voulut – il a voulu – il voudra

[40] permettre: je permets, nous permettons, ils permettent – il permit – il a permis

[41] pouvoir: je peux, nous pouvons, ils peuvent – il put – il a pu – il pourra – puis-je?

[42] interdire: j'interdis, nous interdisons, vous interdites, ils interdisent – il interdit – il a interdit

74

L'Homme – Der Mensch

Ordonner – Anordnen (→ 146 Soldaten → 161 Arbeitgeber, Betriebsleitung) 117

le chef	der Chef	le ~ d'entreprise / le ~ de bureau / le médecin-~ / le ~ de cuisine
commander	1. Befehlsgewalt haben	~ en chef / ~ le régiment
	2. befehlen	~ aux soldats de ...
le maître	der Herr (= Gebieter)	être le ~ / le ~ et le valet (Knecht) / on ne peut pas servir deux ~s
ordonner	anordnen	~ à qn de faire qc / «Je le veux, je vous l'ordonne.»
un ordre	ein Befehl	donner l'~ de ... / exécuter l'~
exiger	verlangen	~ l'obéissance de qn
forcer	zwingen	~ qn à faire qc / être forcé de faire qc
forcément	notwendigerweise	il le fera ~
donc ...!	doch ...!	«Taisez-vous ~!»
faire [43]	veranlassen	~ venir le médecin
obliger	nötigen	les circonstances m'obligent à ...
obligatoire	Pflicht ...	le service militaire ~ / sens ~
il faut [44]	es ist nötig	~ qu'on le sache / il me faut travailler
nécessaire	notwendig	il est ~ qu'il vienne
la nécessité	die Notwendigkeit	c'est une ~ absolue / par ~
les instructions (f)	die Anweisungen	donner à qn des ~ détaillées
la tâche	die Aufgabe	accomplir une ~ difficile
charger	beauftragen	il est chargé de faire ce travail / se ~ de qc
désigner	bestimmen (für)	~ qn pour un travail
avoir à [45]	müssen	il a encore à régler les détails

Obéir – Gehorchen 118

obéir	gehorchen	~ au maître / ~ à un supérieur (Vorgesetzten)
obéissant, -e	gehorsam	un enfant ~
observer	beachten	~ le règlement / ~ les règles du jeu
suivre [46]	befolgen	~ les instructions
se plier	sich beugen	~ à la volonté de qn
se soumettre [47]	sich unterwerfen	~ aux lois / ~ à un ordre
se résigner	resignieren	~ à l'inévitable (Unvermeidbares)
subir	auf sich nehmen	~ les conséquences / ~ son destin

---

[43] faire: je fais, nous faisons, vous faites, ils font – il fit – il a fait – il fera
[44] falloir: il faut – il fallut – il a fallu – il faudra
[45] avoir: j'ai, tu as, il a, nous avons, vous avez, ils ont – il avait – il a eu – il eut – qu'il ait – il aura
[46] suivre: je suis, nous suivons, ils suivent – il suivit – il a suivi
[47] se soumettre: je me soumets, nous nous soumettons, ils se soumettent – il se soumit – il s'est soumis

L'Homme – Der Mensch

119 Agir – Handeln

(→ 242 Zeitliche Reihenfolge)

faire [48]	machen, tun	avoir beaucoup à ~ / ~ son travail
agir	handeln (= tätig sein)	parler et ~ / le moment d'~ est venu
1. une action	eine Tat	accomplir une bonne ~
2. un acte	eine Tat (nicht alltägliche)	un ~ de courage / un ~ de bonne volonté
une occupation	eine Tätigkeit	chercher une ~ / avoir de nombreuses ~s
s'occuper	sich beschäftigen	~ d'un travail / «Je m'en occuperai.»
se consacrer	sich widmen (einer geistigen Arbeit)	~ à un projet / ~ à l'étude
une affaire	eine Angelegenheit	c'est une ~ importante / se tirer d'~
préparer	vorbereiten	~ un examen / ~ un travail
la préparation	die Vorbereitung	la ~ d'un voyage / la ~ d'un travail
être prêt, -e	bereit sein	~ à commencer / se tenir prêt
1. commencer	anfangen	~ un travail / ~ à travailler / ~ par faire qc (zuerst etw. tun)
2. se mettre à	anfangen	~ l'œuvre / ~ manger / ~ travailler
le commencement	der Anfang	du ~ à la fin
entreprendre [49]	unternehmen	~ une affaire / ~ un voyage
un essai	ein Versuch	faire un ~
1. essayer	versuchen	~ de parvenir à un résultat
2. tenter	versuchen (etw. sehr Schwieriges)	~ l'impossible / ~ de battre un record
tâcher	sich bemühen	~ de travailler mieux encore
avancer	vorankommen	~ dans son travail
être en train	dabei sein	~ de travailler / le linge est en train de sécher
1. finir	aufhören (enden)	~ une affaire / «Finissez!» / ~ par faire qc (schließlich etw. tun)
2. cesser	aufhören (einstellen)	~ de travailler / le bruit a cessé
terminer	beenden	~ une discussion / ~ le repas par une tasse de café
achever	vollenden	~ un ouvrage

120 S'efforcer, se reposer – Sich anstrengen, sich ausruhen

(→ 24 Schlafen)

se dépêcher	sich beeilen	«Dépêchez-vous.»
être pressé	es eilig haben	je suis pressé, je ne peux pas attendre

---

[48] faire: je fais, nous faisons, vous faites, ils font – il fit – il a fait – il fera
[49] entreprendre: j'entreprends, nous entreprenons, ils entreprennent – il entreprit – il a entrepris

L'Homme – Der Mensch

s'efforcer	sich anstrengen	~ de soulever la lourde valise
un effort	eine Anstrengung	un ~ physique / «Faites un petit ~.» / sans ~
la peine	die Mühe	se donner de la ~ / ce travail coûte beaucoup de ~ / «Cela ne vaut pas la ~.»
pénible	mühsam	un travail ~
avoir du mal	Mühe haben	on a bien du mal à faire cela / se donner du mal
la fatigue	die Ermüdung	supporter la ~
fatiguer	müde machen	le travail me fatigue / se ~ à faire qc
fatigué, -e	müde	je ne peux plus, je suis ~
épuisé, épuisée	erschöpft	~ d'un long effort
interrompre [50]	unterbrechen	~ son travail / ~ un jeu
remettre [51]	aufschieben	~ qc de jour en jour / ~ qc à plus tard
abandonner	aufgeben	~ un projet / ~ son poste
renoncer	aufgeben, verzichten	~ à une habitude / ~ avec regret
se reposer	sich ausruhen	~ d'une fatigue / il s'est reposé une demi-heure
le repos	1. die Ruhe	laisser qn en ~
	2. die Erholung	prendre du ~ / se donner un moment de ~
reprendre [52]	wieder aufnehmen	~ son travail
recommencer	neu beginnen	~ à faire qc / ~ un travail
continuer	weitermachen	~ ses travaux / ~ de (à) travailler

Participer – Teilnehmen   (→ 128 Besuch, Zusammensein)   121

assister	dabei sein	~ à la réunion
intervenir [53]	eingreifen	~ dans une discussion
participer	teilnehmen	~ au jeu / ~ à un travail
prendre part [54]	mitbeteiligt sein	~ à une action / ~ à une expédition
avec	mit	l'un ~ l'autre
ensemble	zusammen	faire qc ~ / les enfants jouent ~
commun, commune	gemeinsam	un effort ~ / avoir un but ~ / l'intérêt ~
la communauté	die Gemeinsamkeit	la ~ d'idées
collectif, -ive	gemeinschaftlich	un travail ~ / une entreprise collective

---

50 interrompre: j'interromps, il interrompt, nous interrompons, ils interrompent – il interrompit – il a interrompu
51 remettre: je remets, nous remettons, ils remettent – il remit – il a remis
52 reprendre: je reprends, nous reprenons, ils reprennent – il reprit – il a repris
53 intervenir: j'interviens, nous intervenons, ils interviennent – il intervint – il est intervenu – il interviendra
54 prendre: je prends, nous prenons, ils prennent – il prit – il a pris

L'Homme – Der Mensch

le groupe	die Gruppe	un ~ de trois hommes qui travaillent ensemble
une équipe	ein Team	le travail en ~
la solidarité	die Solidarität	la ~ de la classe ouvrière
la fraternité	die Brüderlichkeit	«Liberté, égalité, ~.»
l'union (f)	die Einigkeit	l'~ fait la force
l'unité (f)	die Einheit	l'~ de points de vue
même	gleich	être du ~ avis / avoir les ~s intérêts

122 Aider, nuire – Helfen, schaden

aider	helfen	«Viens m'~.» / j'aide mon ami dans son travail
1. une aide	eine Hilfe	une ~ précieuse / avoir besoin d'~ / appeler qn à l'~ / venir en ~ à qn / faire qc avec l'~ de qn
2. le secours	die Hilfe (bei Gefahr)	«Au ~!» / venir au ~ de qn
le concours	die Unterstützung	offrir son ~ à qn / prêter son ~ / faire qc avec le ~ de ...
favoriser	begünstigen	~ un candidat
la faveur	die Gunst	parler en ~ de qn
favorable	günstig	le temps est ~ pour le voyage
un avantage	ein Vorteil	se procurer des ~s / profiter des ~s
profiter	Nutzen ziehen	~ de l'aide de qn
utile	nützlich	être ~ à qn, à qc / chercher à se rendre ~
nécessaire	notwendig	cela m'est ~ / avoir l'argent ~ pour acheter qc
indispensable	unentbehrlich	une aide ~ / les choses ~s
nuire [55]	schaden	chercher à ~ à qn
déranger	stören	«Excusez-moi de vous ~.»
gêner	behindern	~ qn dans ses projets
se mêler	sich einmischen	il se mêle de ce qui ne le regarde pas
inutile	nutzlos	une activité ~ / c'est complètement ~
un inconvénient	ein Nachteil	cela entraîne des ~s (mit sich bringen)
le dommage	der Schaden	causer un ~ / subir un ~
gâter	verderben	~ une affaire
empêcher	verhindern	~ qn d'agir
un obstacle	ein Hindernis	faire ~ à qn / rencontrer beaucoup d'~s / se heurter à un ~ (stoßen) / surmonter l'~
éviter	vermeiden, ausweichen	~ un obstacle / ~ un danger / ~ un conflit

---

[55] nuire: je nuis, nous nuisons, ils nuisent – il nuisit – il a nui

L'Homme – Der Mensch

23 Succès, échec – Erfolg, Misserfolg   (→ 157 Prüfungen)

1. accomplir	ausführen (erfüllen)	~ sa tâche / ~ un devoir / entreprendre et ~
2. exécuter	ausführen (Befehl, Plan)	~ un ordre / ~ ce que l'on a décidé
3. effectuer	ausführen (etw. Schwieriges, Umständliches)	~ une expérience / ~ une manœuvre
réaliser	verwirklichen	~ une intention / ~ un projet
la réalisation	die Durchführung	la ~ du projet est difficile
le résultat	das Ergebnis	le ~ du travail / parvenir à un ~ / obtenir les meilleurs ~s
le succès	der Erfolg	avoir un grand ~ / être content de son ~ / remporter un ~ / sans ~
réussir	Erfolg haben	~ dans son travail / tout lui réussit
efficace	wirksam	un moyen ~ / un médicament ~
un échec [eʃɛk]	ein Misserfolg	un ~ complet / supporter l'~
échouer	keinen Erfolg haben	tous ses efforts ont échoué / il a échoué dans son travail
ne pas aboutir	nicht zum Ziel kommen	il n'a pas abouti dans son travail
vain, vaine	vergeblich	faire de ~s efforts / faire qc en ~
refaire [56]	noch einmal machen	ce travail est à ~

---

[56] refaire: je refais, nous refaisons, vous refaites, ils refont – il refit – il a refait – il refera

79

Société – Gesellschaft

L'Individu / la société – Der Einzelne / die Gesellschaft

124 L'homme, les gens – Der Mensch, die Leute (→ 4 Personalien)

un homme	ein Mensch	les droits de l'∼ / nul ∼ n'est parfait
humain, humaine	menschlich	un être ∼ / la nature ∼e
l'humanité (f)	die Menschheit	l'∼ civilisée
la personne	die Person	venir en ∼ / trois ∼s sont blessées / une ∼ âgée
personnel, -elle	persönlich	l'intérêt ∼ / se faire une opinion ∼le / une lettre ∼le
un individu	ein Individuum	arrêter un ∼ suspect (verdächtig)
individuel, -elle	individuell	la liberté ∼le
le type	der Kerl	«Tu connais ce ∼?»
les gens (m/f)	die Leute	les bonnes ∼ / des ∼ curieux / connaître beaucoup de ∼
la foule	die Menschenmenge	venir en ∼ / la ∼ dans la rue
la masse	die Masse	la ∼ du peuple

125 Réputation – Ansehen (→ 123 Erfolg, Misserfolg - 130 Umgangsformen)

la société	die Gesellschaft	l'homme et la ∼ / la ∼ dans laquelle on vit / la haute ∼
le rang	die Stellung, der Stand	le ∼ que l'on a dans la société / le ∼ social
la situation	die Verhältnisse	la ∼ financière / avoir une belle ∼
le rôle	die Rolle	jouer un grand ∼ dans …
la réputation	das Ansehen, der Ruf	compromettre sa ∼ / la ∼ du spécialiste
estimer	schätzen, achten	∼ un employé
considérer	ansehen (als)	∼ qn comme un héros
apprécier	zu schätzen wissen	∼ les services de qn / ∼ le bon vin
respecter	respektieren	∼ ses parents / se faire ∼ de qn
le respect [rɛspɛ]	der Respekt	devoir le ∼ à qn / manquer de ∼ à qn / inspirer le ∼ à qn
l'autorité (f)	die Autorität	jouir de l'∼
le personnage	die Persönlichkeit	un ∼ important / un ∼ influent
le mérite	das Verdienst	un homme de ∼
mériter	ein Anrecht haben	∼ des louanges (Lob) / ∼ une récompense
l'honneur (m)	die Ehre	un homme d'∼ / faire ∼ à qn / la parole d'∼
honorer	ehren	∼ son père et sa mère

Société – Gesellschaft

fier [fjɛr], fière	stolz	devenir ~ / être ~ de ses enfants
grand, grande	groß	un ~ homme / un ~ artiste
célèbre	berühmt	un auteur ~ / devenir ~
fameux, -euse	1. bekannt	une région ~se pour ses vins
	2. berüchtigt	un ~ imbécile
populaire	populär, beliebt	un ministre ~

Vie privée – Privatleben

Mariage – Ehe (→ 5 Leben, Lebenslauf) 126

le célibataire	der Junggeselle	il est encore ~ / rester ~ / la ~
se fiancer	sich verloben	Jacques s'est fiancé avec Jacqueline
le fiancé,	der Verlobte,	sortir (ausgehen) avec son ~ / les deux
la fiancée	die Verlobte	~s vont au bal
marier qn	jdn verheiraten	le père a marié sa fille à un avocat
le faire-part	die Anzeige	recevoir un ~
le mariage	die Ehe, die Heirat,	le ~ civil (standesamtlich) / le ~ aura
	die Hochzeit	lieu demain / le témoin de ~
se marier avec qn	jdn heiraten	une fille en âge de ~ / il s'est marié
		avec Mlle Dupont / ~ par amour
épouser qn	sich mit jdm vermählen	il a épousé Mlle Dupont
une alliance	ein Trauring	porter une ~ au doigt
le mari	der Ehemann	«Mon ~.»
la femme [fam]	die Ehefrau	offrir un bouquet à sa ~
l'époux, l'épouse	der Gatte, die Gattin	les deux ~
le gendre	der Schwiegersohn	Mme Dubois parle avec plaisir de son
		futur ~
la belle-fille	1. die Schwiegertochter	la ~ est la femme du fils
	2. die Stieftochter	
le beau-fils	1. der Stiefsohn	le ~ s'entend mal avec sa belle-mère
	2. der Schwiegersohn	
le beau-père	1. der Schwiegervater	le ~ donne une dot à sa fille (Mitgift)
	2. der Stiefvater	
la belle-mère	1. die Schwiegermutter	la ~ aime son gendre
	2. die Stiefmutter	une méchante ~
les beaux-parents (m)	die Schwiegereltern	les ~ et leurs beaux-enfants
le beau-frère	der Schwager	le ~ est le mari de la sœur
la belle-sœur	die Schwägerin	la ~ est la femme du frère
divorcer	sich scheiden lassen	~ d'avec qn / ils ont divorcé
le divorce	die Ehescheidung	demander le ~ / le juge prononce le ~

Société – Gesellschaft

127 Famille – Familie

la famille	die Familie	une ~ nombreuse / la vie de ~
familial, -e	Familien ...	la maison ~e / allocations ~es
-aux, -ales		(Kindergeld)
le père	der Vater	le ~ élève les enfants (erzieht)
le papa	der Papa	«Mon ~ ...» / «Cher ~ ...»
paternel, -elle	väterlich	l'autorité ~le / le grand-père ~
la mère	die Mutter	être ~ de deux enfants
la maman	die Mama	«Ma chère ~ ...»
maternel, -elle	mütterlich	l'amour ~
les parents (m)	die Eltern	de bons ~ / obéir à ses ~
un enfant	ein Kind	avoir un ~ / aimer ses ~s
adopter	adoptieren	~ un enfant
le fils [fis]	der Sohn	le ~ naturel (unehelich)
la fille	die Tochter	marier sa ~ avec un médecin
les jumeaux	die Zwillinge	mon frère jumeau / ma sœur jumelle
le frère	der Bruder	le ~ aîné (ältere) / le ~ cadet (jüngste)
la sœur	die Schwester	Brigitte est la ~ de Denise / mes frères et mes ~s (meine Geschwister)
le parent	der Verwandte	avoir beaucoup de ~s / des ~s éloignés
descendre	abstammen	~ d'une famille noble
les grands-parents	die Großeltern	
le grand-père	der Großvater	
la grand-mère	die Großmutter	
les petits-enfants	die Enkelkinder	
le petit-fils	der Enkel	
la petite-fille	die Enkelin	

un oncle	ein Onkel
la tante	die Tante
le neveu (-x)	der Neffe
la nièce	die Nichte
le cousin	der Vetter
la cousine	die Kusine

128 Visite, réunion – Besuch, Zusammensein

une invitation	eine Einladung	accepter une ~ au bal
inviter	einladen	~ à dîner / être invité chez qn
le rendez-vous	die Verabredung	avoir un ~ avec qn / un ~ d'amoureux / un ~ d'affaires / le médecin reçoit sur ~
aller voir [1]	besuchen gehen	je vais le voir à l'hôpital
venir voir [2]	besuchen kommen	il est venu me voir
visiter	besichtigen	~ une cathédrale
la visite	der Besuch	faire une ~ à qn / rendre ~ à qn / recevoir la ~ de qn / la carte de ·~
fréquenter	oft besuchen	~ un café / ~ ses collègues
la réunion	die Zusammenkunft	organiser une ~ / participer à la ~

---

[1] aller: je vais, tu vas, il va, nous allons, vous allez, ils vont – il alla – il est allé – qu'il aille – il ira

[2] venir: je viens, nous venons, ils viennent – il vint – il est venu – il viendra

Société – Gesellschaft

réunir	versammeln	~ tous ses amis chez soi / se ~ avec ses amis
la fête	das Fest	une ~ de famille / donner une ~ pour qn / la salle de ~ / le jour de ~
fêter	feiern	avoir qc à ~ / ~ Noël
la compagnie	die Gesellschaft	tenir ~ à qn / être en bonne ~
grouper	gruppieren	se ~ autour de la table
rassembler	zusammenbringen	toute la famille se rassemble dans la salle à manger
ensemble	zusammen	nous sommes ~ / nous parlons ~ / faire qc ~
avec	mit	déjeuner ~ qn / être ~ ses amis
assister	zugegen sein	~ à la discussion / ~ à la messe
la présence	die Anwesenheit	en ~ du président
présent, présente	anwesend	être ~ / les personnes ~es
l'absence (f)	die Abwesenheit	en l'~ du directeur
absent, absente	abwesend	il est ~ de chez lui
seul, seule	allein	être tout ~ / se promener ~
la solitude	die Einsamkeit	aimer la ~ / une ~ insupportable

Saluer – Begrüßen, sich verabschieden   129

arriver	kommen	~ chez qn / «Nous voilà arrivés!»
rencontrer	treffen	~ un ami dans la rue / se ~
la rencontre	das Treffen	une ~ inattendue
1. recevoir [3]	empfangen	~ qn chez soi / ~ ses amis
2. accueillir [akœjir]		être bien accueilli / ~ les visiteurs
saluer	1. begrüßen	~ qn poliment (höflich)
	2. sich verabschieden	
le salut	der Gruß	répondre au ~ de qn / «S~, les co-pains.»
bonjour	guten Tag	«~, monsieur, comment allez-vous?»
bonsoir	guten Abend	«~, madame.» / «~ à tous.»
amener	mitbringen	~ un ami chez ses parents
présenter	vorstellen	~ à ses amis le nouveau venu / «Enchanté, monsieur.» (Sehr erfreut.)
ramener	wieder mitbringen	~ un ami
partir [4]	aufbrechen	saluer et ~ / il est parti de chez lui
quitter	verlassen	~ la maison / ~ sa femme
se séparer	sich trennen	~ de ses amis / l'heure est venue de ~
dire adieu [5]	auf Wiedersehen sagen	il nous a dit adieu et il est parti
les adieux (m)	der Abschied	il fait ses ~
au revoir	auf Wiedersehen	«~, monsieur.» / «~ à vous tous.»

[3] recevoir: je reçois, nous recevons, ils reçoivent – il reçut – il a reçu
[4] partir: je pars, nous partons, ils partent – il partit – il est parti
[5] dire: je dis, nous disons, vous dites, ils disent – il dit – il a dit

Société – Gesellschaft

130 Manières – Umgangsformen (→ 125 Ansehen)

les manières (f)	das Benehmen	avoir de bonnes ~ / des ~ distinguées (vornehm)
se conduire [6]	sich benehmen	~ bien / ~ mal / il sait ~ en société
se comporter	sich verhalten	la façon de ~ avec qn
élever	erziehen	être bien élevé / mal élevé / ~ ses enfants
l'attitude (f)	das Verhalten	prendre une ~ ferme / garder une ~ réservée
la politesse	die Höflichkeit	une formule de ~ / par ~
poli, polie	höflich	être ~ avec qn / des manières ~es / refuser ~ment
louer	loben	~ la beauté du salon / ~ le repas
aimable	liebenswürdig, freundlich	être ~ avec qn / une jeune fille jolie et ~ / «Vous êtes trop ~.»
gentil, gentille	nett	être ~ avec qn / «C'est très ~ à vous.» / «Sois ~ et donne-moi le journal.»
doux, douce	sanft	un enfant très ~ / un regard ~
la douceur	die Freundlichkeit	traiter qn avec ~
charmant, -e	reizend	une femme ~e
mignon, -onne	lieb, lieblich	un petit enfant ~ / une jeune fille ~ne / «Sois ~.»
gracieux, -euse	anmutig	un sourire ~
la grâce	die Anmut	elle danse avec ~
plaire [7]	gefallen	elle plaît par sa grâce / chercher à ~ / «... s'il vous plaît.»
agréable	angenehm	avoir des manières ~s / les Dupont sont des gens ~s
l'adresse (f)	die Gewandtheit	se conduire avec ~
adroit, adroite	gewandt	donner une réponse ~e
distingué, -e	vornehm	une dame ~e / une famille ~e
impoli, impolie	unhöflich	être ~ envers qn
familier, -ière	vertraut, vertraulich	le milieu lui est ~ / être trop ~ avec les collègues
insolent, -e	frech, unverschämt	être ~ envers qn / c'est un ~ / répondre sur un ton ~
grossier, -ière	plump, grob	il est ~ dans ses manières / dire des mots ~s / une plaisanterie ~ière
commun, commune	gewöhnlich, ordinär	parler d'une façon ~e
rude	roh	avoir des manières ~s et gauches (linkisch)

---

[6] se conduire: je me conduis, nous nous conduisons, ils se conduisent – il se conduisit – il s'est conduit

[7] plaire: je plais, il plaît, nous plaisons, ils plaisent – il plut – il a plu

[8] connaître: je connais, il connaît, nous connaissons, ils connaissent – il connut – il a connu

Société – Gesellschaft

Sympathie – Zuneigung

131

la connaissance	die Bekanntschaft	faire ~ avec qn / «Je suis heureux de faire votre ~.» / c'est qn de ma ~
connaître [8]	kennen	je le connais de vue / se ~ depuis longtemps
les rapports (m)	das (gute) Verhältnis	des ~ d'amitié / les ~ entre parents et enfants
les relations (f)	die Beziehungen	nouer des ~ avec qn / avoir des ~
la sympathie [sɛ̃pati]	die Sympathie	j'ai beaucoup de ~ pour lui
sympathique	sympathisch	trouver qn ~ / une personne ~
s'entendre	sich verstehen	les deux frères s'entendent bien / ~ mal
la compréhension	das Verständnis	désirer un peu de ~ / trouver de la ~
la confiance	das Vertrauen	«J'ai ~ en vous.» / inspirer de la ~ / gagner la ~ de qn
se confier	Vertrauen haben	~ à qn
compter sur qn	sich verlassen auf	«Comptez sur moi.»
le camarade	der Kamerad	être gentil avec ses ~s
le copain	der Kumpel	«Salut, les ~s.» (Hallo, Freunde!)
le compagnon	der Gefährte	le ~ de jeu

Amitié – Freundschaft

132

une amitié	eine Freundschaft	une ~ étroite / se lier d'~ avec qn
un ami,	ein Freund,	devenir ~s / un ~ fidèle / avoir beaucoup d'~s / il est mon meilleur ~ / un vieil ~ de famille
une amie	eine Freundin	ma chère ~
amical, amicale -aux, -ales	freundschaftlich	donner à qn un conseil ~
plaire [9]	gefallen	chercher à ~ à qn
admirer	bewundern	~ la beauté
admirable	wundervoll	c'est ~ / avoir un visage ~
l'admiration (f)	die Bewunderung	avoir beaucoup d'~ pour qn
l'affection (f)	die Zuneigung	avoir une grande ~ pour qn
affectueux, -euse	liebevoll, geneigt	être ~ envers qn
sortir [10]	ausgehen	~ avec son flirt / ~ beaucoup

Amour – Liebe

(→ 126 Ehe)

133

| l'amour (m) | die Liebe | le véritable ~ / l'~ pur / éprouver de l'~ pour qn / son premier ~ / une déclaration d'~ / le chagrin d'~ / l'~ maternel |

---

[9] plaire: je plais, il plaît, nous plaisons, ils plaisent – il plut – il a plu
[10] sortir: je sors, nous sortons, ils sortent – il sortit – il est sorti

Société – Gesellschaft

aimer	lieben	«Je t'aime, je t'adore.» / ~ qn de tout son cœur / ~ son prochain (Nächsten)
amoureux, -euse	verliebt	elle est très ~se de lui / tomber ~ / un couple d'~
l'amant (m)	der Geliebte	être dans les bras de son ~ / une amante
cher [ʃɛr], chère	lieb	«Mon ~ ami.» / «Ma chère Colette.»
embrasser	küssen	~ qn sur la bouche / ~ tendrement
le baiser	der Kuss	le premier ~ / donner un ~
la tendresse	die Zärtlichkeit	aimer qn avec ~
tendre	zärtlich	l'amour ~ / ses ~s caresses (Liebkosungen)
la passion	die Leidenschaft	aimer avec ~ / une ~ violente
passionné, -e	leidenschaftlich	l'amour ~
la jalousie	die Eifersucht	la ~ tourmente l'amant (quält)
jaloux, jalouse	eifersüchtig	être ~ de qn / une femme ~se

134 Aversion – Abneigung

(→ 136 Beschimpfen, beleidigen)

l'aversion (f)	die Abneigung	prendre qn en ~ / avoir de l'~ pour qn
être mal	sich nicht verstehen	~ avec qn
mépriser	verachten	~ qn / ~ les étrangers
le mépris	die Verachtung	montrer du ~ / regarder qn avec ~
se brouiller	sich verkrachen	~ avec son ami
détester	verabscheuen	«Va-t'en, je te déteste.» / ~ ces gens
la haine	der Hass	avoir de la ~ pour qn / agir par ~
haïr [11] ['air]	hassen	~ ses ennemis / se ~
le dégoût	der Ekel	ressentir du ~ pour ... / inspirer du ~
la rupture	der Bruch	la ~ des relations / la ~ entre un homme et une femme
trahir	verraten	~ son ami

135 Émotion, colère – Aufregung, Zorn

(→ 76 Angst)

une inquiétude	eine Unruhe	un sujet d'~ / sans ~
inquiéter	beunruhigen	cette nouvelle m'a inquiété / les soucis l'inquiètent / s'~ de qc / «Ne vous inquiétez pas.»
inquiet, -iète	beunruhigt	être ~ de qc / un esprit ~
nerveux, -euse	nervös	cela me rend ~ / être ~
s'énerver	nervös werden	«Ne nous énervons pas.»
émouvoir [12]	aufregen	s'~ d'une bagatelle / un film émouvant
ému, émue	aufgeregt, gerührt	être très ~ / parler d'une voix ~e
une émotion	eine Aufregung	causer une grande ~ / trembler d'~ / parler avec ~ / dissimuler son ~ (verbergen)

---

[11] haïr: je hais, il hait, nous haïssons, ils haïssent – il haït – il a haï
[12] émouvoir: j'émeus, nous émouvons, ils émeuvent – il émut – il a ému – il émouvra

Société – Gesellschaft

éclater	ausbrechen in	~ de rire / ~ en sanglots (aufschluchzen)
réagir	reagieren	~ aux reproches (Vorwürfe) / ~ aux menaces (Drohungen) / ~ avec colère
la réaction	die Reaktion	une vive ~
vif, vive	erregt	parler d'un ton ~
vivement	erregt (Adverb)	discuter ~ / réagir ~
fâché, fâchée	ärgerlich, zornig	être ~ contre qn (sich ärgern) / être ~ avec qn (böse sein) / froncer les sourcils parce qu'on est ~
la colère	der Zorn	se mettre en ~ contre qn / je m'attire sa ~ / être pâle de ~
la fureur	die Wut	être en ~ / un accès de ~ (Wutanfall)
furieux, -euse	wütend	rendre qn ~ / être ~ contre qn / pousser des cris ~
violent, -e	heftig	une ~e colère / il est ~

Insulter, offenser – Beschimpfen, beleidigen   (→ 98 Sprechen) 136

se disputer	sich streiten	~ avec son frère à cause de ...
le reproche	der Vorwurf	faire des ~s graves à qn
reprocher	vorwerfen	~ à qn ses fautes
protester	protestieren	~ contre une injustice
la protestation	der Protest	une ~ violente / une ~ écrite
gronder	beschimpfen (Kind)	~ un enfant désobéissant
un imbécile	ein Dummkopf	«I~!» / faire passer qn pour un ~
un âne	ein Esel	il est un ~
idiot, -e [-jo, -jɔt]	blödsinnig	ce qu'il dit est ~ / trouver qn ~
un idiot	ein Irrer	«I~!» / faire l'~ / prendre qn pour un ~
fou (fol), folle, fous, folles	verrückt	devenir ~ / elle est ~lle / être ~ de colère / «Tu es ~!»
le fou	der Narr	le ~ d'un roi / faire le ~
bête	blöde	~ comme une oie (Gans) / il n'est pas si ~
la bêtise	die Dummheit	dire une ~ / faire une ~
offenser	beleidigen	~ qn par des paroles blessantes
blesser	verletzen	«Je n'avais pas l'intention de vous ~.»
se moquer	verspotten	~ de qn / ~ de sa maladresse
l'honneur (m)	die Ehre	blesser l'~ de qn
se venger	sich rächen	~ d'une injure (Beleidigung) / ~ sur qn
regretter	Leid tun, bedauern	~ ses paroles dures
s'excuser	sich entschuldigen	«Excusez-moi, monsieur.» / ~ de son retard
pardonner	verzeihen	je vous pardonne / ~ une offense
le pardon	die Verzeihung	demander ~ / «~, monsieur.»

87

Société – Gesellschaft

137 Violence – Gewalttätigkeit (→ 150 Verbrecher)

se quereller	sich zanken	~ avec qn
se battre [13]	sich schlagen, sich prügeln	~ avec qn / les deux garçons se battent / ~ en duel
gifler	Ohrfeige geben	~ un enfant
la gifle	die Ohrfeige	donner une ~ / une paire de ~s
le coup	der Schlag	donner un ~ de poing (Faust) / recevoir un ~ de pied
lutter	ringen	~ contre qn
la lutte	der (Ring)kampf	la ~ libre / la ~ pour la vie
le bâton	der Stock	donner un coup de ~
1. frapper	schlagen	~ un enfant avec un bâton
2. taper	schlagen (Umgangssprache)	~ sur la table
brutal, brutale, brutaux, brutales	brutal	un homme ~ sans pitié (Mitleid) / être ~ avec qn
cruel, cruelle	grausam	être ~ avec qn / il est ~: il n'a pas de cœur / un tyran ~

138 Se calmer – Sich beruhigen

1. calmer	beruhigen (Aufregung)	«Calmez-vous, monsieur.» / ~ la douleur
2. rassurer	beruhigen (Angst)	«Ça me rassure.» / le médecin m'a rassuré
se contenir [14]	sich zusammennehmen	avoir de la peine à ~
1. calme	ruhig (nicht aufgeregt)	rester ~
2. tranquille [-il]	ruhig (vom Temperament her)	un enfant ~ / «Laisse-moi ~.»
tranquillement	ruhig (Adverb)	boire ~ son vin
supporter	ertragen	~ un malheur avec patience
la patience	die Geduld	«Ma ~ est à bout.» / perdre ~ / prendre ~
patient, -e	geduldig	«Soyez ~.»
paisible	friedlich	un homme ~ / avoir un caractère ~
l'indifférence (f)	die Gleichgültigkeit	apprendre qc avec ~ / hausser les épaules
indifférent, -e	gleichgültig	cela le laisse ~ / parler de choses ~es
froid, froide	kühl	il est resté ~ / parler d'un ton ~ / jeter un regard ~ à qn / le sang-~
1. sérieux, -euse	ernst (nicht heiter)	montrer un visage ~ / prendre qc au ~ / une affaire ~se
2. grave	ernst (würdevoll)	un personnage ~ / le juge est ~
sévère	streng	le père est ~ pour son fils

---

13 se battre: nous nous battons, ils se battent – ils se battirent – ils se sont battus
14 se contenir: je me contiens, nous nous contenons, ils se contiennent – il s'est contenu

Société – Gesellschaft

Vie publique – Öffentliches Leben

État – Staat   139

le peuple	das Volk	le ~ français / le ~ de Paris
peupler	bevölkern	une ville peuplée
la population	die Bevölkerung	la ~ de la France / la ~ active
un habitant	ein Einwohner	la France a une population de 50 millions d'~s
le citoyen	der Bürger	le ~ français / les devoirs du ~
le pays [pɛi]	das Land	les ~ d'Europe / le ~ natal / les ~ sous-développés (Entwicklungsländer)
la patrie	das Vaterland	l'amour de la ~ / mort pour la ~
la nation	die Nation	l'Organisation des N~s Unies (O.N.U.)
national, -e, nationaux, -ales	national	la fête ~e: le 14 juillet / la route ~e / l'équipe ~e de football
officiel, -elle	Staats ...	une visite ~ le
un État	ein Staat	un ~ démocratique / le chef d'~ / les affaires de l'~
la fédération	der Bundesstaat	les États-Unis constituent une ~
la capitale	die Hauptstadt	Paris est la ~ de la France
la province	die Provinz	la Normandie est une ~ / une petite ville de ~
la région	die Gegend	les ~s de France / la ~ parisienne
régional, -e, régionaux, -ales	Landes-, Bezirks-	un concours ~ / une coutume ~e / une danse ~e
le lieu	der Ort	le ~ de naissance / le ~ de travail
local, locale, locaux, locales	örtlich	les produits ~aux / le journal ~
la zone	die Zone	la ~ démilitarisée / la ~ d'occupation
le territoire	das Gebiet	le ~ national / les anciens ~s coloniaux
le drapeau (-x)	die Fahne	le ~ tricolore / le ~ français est bleu, blanc, rouge / hisser le ~

Étranger – Ausland   (→ 213 Erde)   140

la frontière	die Grenze	la ~ franco-allemande / passer la ~
le passeport	der Pass	le contrôle des ~s
la nationalité	die Staatsangehörigkeit	avoir la ~ française / prendre la ~ allemande
la douane [dwan]	der Zoll	les barrières de la ~ / passer à la ~ / payer la ~
le douanier	der Zollbeamte	le ~ demande: «Avez-vous quelque chose à déclarer?»

Société – Gesellschaft

l'étranger (m)	1. das Ausland	voyager à l'~ / partir pour l'~
	2. der Ausländer	beaucoup d' ~s viennent à Paris
étranger, -ère	ausländisch	acheter un journal ~ / les affaires ~ères / des touristes ~s
une ambassade	eine Botschaft	l'~ de France à Rome
un ambassadeur	ein Botschafter	l'~ de France
le consulat	das Konsulat.	le ~ général de France à Munich
le consul	der Konsul	le ~ général
international, -e, -aux, -ales	international	un congrès ~ / les championnats ~aux (Meisterschaften)
les relations (f)	die Beziehungen	les ~ internationales / les ~ franco-allemandes
le traité	der Vertrag	le ~ de paix / le ~ de commerce / négocier un ~ / signer un ~
conclure [15]	abschließen	~ un pacte de non-agression
le Marché Commun	der Gemeinsame Markt	la France est membre du ~

141 Régimes – Regierungsformen

le régime	die Regierungsform	le ~ démocratique / l'Ancien R~ (avant 1789)
le système	das System	le ~ politique / le ~ capitaliste
la monarchie [-ʃi]	die Monarchie	la ~ absolue / la ~ constitutionnelle
le roi	der König	le ~ d'Angleterre / la couronne du ~ / le R~-Soleil (Louis XIV)
le prince	der Prinz, der Fürst	la cour d'un ~ / le règne du ~
la reine	die Königin	la ~ d'Angleterre / la ~ Marie-Antoinette
la princesse	die Prinzessin	belle comme une ~
succéder	nachfolgen	le dauphin (Kronprinz) succède à son père
le château (-x)	das Schloss	le ~ de Versailles / les ~x de la Loire
le palais	der Palast	le ~ de l'Élysée
la révolution	die Revolution	la ~ de 1789 / la ~ éclate
le coup d'État	der Staatsstreich	le ~ de Napoléon en 1799
un empereur	ein Kaiser	Napoléon Ier ~ des Français
un empire	ein Kaiserreich	le Second ~ (Napoléon III) / l'~ allemand
la république	die Republik	la ~ française / la ~ Fédérale d'Allemagne (R.F.A.) / la ~ populaire / «Vive la ~.»
républicain, -e	... der Republik	la garde ~e / la constitution ~e
la constitution	die Verfassung	la ~ républicaine
la démocratie [-si]	die Demokratie	la ~ populaire

---

[15] conclure: je conclus, nous concluons, ils concluent – il conclut – il a conclu

90

Société – Gesellschaft

Gouvernement – Regierung

142

le gouvernement	die Regierung	le ~ français / former un ~ / faire tomber le ~
gouverner	regieren	~ un État / ~ un pays
le pouvoir	die Macht	arriver au ~ / avoir le ~
le président	der Präsident	le ~ de la République
le ministre	der Minister	le Premier ~ / le ~ des affaires étrangères / le ~ de l'Intérieur / le ~ des Finances / le conseil des ~s / nommer un ~
le ministère	das Ministerium	le ~ de l'Éducation nationale
la politique	die Politik	la ~ extérieure / la ~ de paix / la ~ de neutralité / la ~ de coexistence / la ~ de détente (Entspannung)
politique	politisch	un homme ~ / les institutions ~s / la vie ~
la crise	die Krise	une ~ économique / une ~ gouvernementale
la réforme	die Reform	exiger des ~s politiques
les finances	die Finanzen	l'administration des ~
le budget	der Staatshaushalt	le ~ est en équilibre / le ~ règle les dépenses et les recettes de l'État
les impôts (m)	die Steuern	augmenter les ~ / réduire les ~
la taxe	die Abgabe	la ~ sur la valeur ajoutée = T.V.A. (Mehrwertsteuer)
le déficit	das Defizit	un ~ de 50 millions de francs
la conférence de presse	die Pressekonferenz	tenir une ~ / assister à une ~
le communiqué	das Kommuniqué	le porte-parole du gouvernement a lu un ~ officiel aux journalistes

Parlement – Parlament

143

le Parlement	das Parlament	être membre du ~ / le ~ a voté la loi / le ~ a adopté la loi
l'Assemblée nationale	die Nationalversammlung	le Palais-Bourbon est le siège de l'~
le Sénat	der Senat	le ~ est élu pour 9 ans
le député	der Abgeordnete	être ~ à l'Assemblée nationale
la majorité	die Mehrheit	la ~ absolue / obtenir la ~ aux élections
l'opposition (f)	die Opposition	les partis de l'~
la séance	die Sitzung	la ~ du Parlement / «La ~ est ouverte.» / «La ~ est levée.» / présider la ~
l'ordre du jour (m)	die Tagesordnung	la question est à l'~
la commission	der Ausschuss	la ~ parlementaire

91

Société – Gesellschaft

la loi	das Gesetz	le projet de ~ / la ~ a été votée / la ~ est en vigueur / observer la ~ / violer la ~ (verletzen)
le code	das Gesetzbuch	le ~ Civil / le ~ de la route
un article	ein Paragraph	les ~s d'une loi / les ~s d'un contrat
l'égalité (f)	die Gleichheit	l'~ devant la loi
le droit	das Recht	les ~s de l'homme / étudier le ~
le contrat	der Vertrag	signer un ~

144 Élections, partis – Wahlen, Parteien   (→ 87 Meinung)

les élections (f)	die Wahl	les ~ des députés / les ~ municipales / les ~ législatives / les ~ présidentielles
électoral, -e -aux, -es	Wahl ...	ouvrir la campagne ~e / la liste ~e / une affiche ~e
un électeur, une électrice	ein Wähler, eine Wählerin	l'~ donne sa voix à un parti / le candidat s'adresse aux ~s
le référendum [-ɔm]	der Volksentscheid	un ~ consultatif / organiser un ~
le vote	die Abstimmung	le droit de ~ / le bureau de ~ / le ~ par correspondance (Briefwahl)
voter	abstimmen, wählen	~ pour un candidat / ~ blanc (sich der Stimme enthalten)
s'abstenir	sich der Stimme enthalten	de nombreux électeurs se sont abstenus
le bulletin (de vote)	der Stimmzettel	mettre son ~ dans l'urne
un isoloir	eine Wahlkabine	aller dans l'~
élire, élu	wählen, gewählt	le candidat est élu / élire qn pour quatre ans
le candidat	der Kandidat	être ~ aux élections
le mandat	das Mandat	le ~ parlementaire
le parti	die Partei	le ~ socialiste / le ~ communiste / entrer dans un ~ / les membres du ~
le socialisme	der Sozialismus	le ~ de Marx / le ~ démocratique
social, -e, sociaux, sociales	sozial	les couches ~es (Schichten) / les conflits ~aux
le communisme	der Kommunismus	le ~ russe / le ~ léniniste
le communiste	der Kommunist	être ~
le comité	das Komitee	élire un ~
le congrès	der Kongress	le ~ de parti (Parteitag) / un ~ de médecins a lieu / un ~ international
la classe	die Klasse	la ~ ouvrière / la lutte des ~s (Klassenkampf)
le bourgeois	der Bourgeois	un petit-~
bourgeois, -e	bürgerlich	la classe ~e / un quartier ~

92

Société – Gesellschaft

Administration – Verwaltung   145

l'administration (f)	die Verwaltung	l'~ des départements / l'~ publique
le département	das Departement (= Regierungsbezirk)	le ~ de la Seine-et-Oise
le préfet	der Präfekt	le sous-~
la préfecture	die Präfektur	la sous-~ / la ~ de police (à Paris)
un arrondissement	ein Arrondissement (= Kreis)	le Vᵉ ~ de Paris
le chef-lieu	die Kreisstadt	le ~ de département / le ~ d'arrondissement
la commune	die Gemeinde	administer la ~
municipal, -e, -aux, -ales	Gemeinde ...	le conseiller ~ / le conseil ~ / les élections ~es
le maire	der Bürgermeister	«Monsieur le ~.»
1. la mairie	das Rathaus	la ~ d'un arrondissement parisien / un employé de ~
2. l'hôtel de ville	das Rathaus (Großstadt)	l'~ de Paris
les autorités (f)	die Behörden	les ~ civiles / les ~ militaires
le fonctionnaire	der Beamte	un haut ~ / être ~
le service	1. der Dienst	le fonctionnaire commence son ~ à 8 heures
	2. die Dienststelle	le ~ des passeports / le chef de ~
l'état civil (m)	1. der Personenstand	
	2. das Standesamt	un officier d'~ (Standesbeamter)
le document	die Urkunde	un ~ précieux
le formulaire	das Formular	remplir un ~
la liste	die Liste	dresser une ~ alphabétique
déclarer	angeben (Erklärung abgeben)	~ ses revenus (Einkommen)
la déclaration	die Erklärung	faire sa ~ d'impôts

Militaires – Soldaten   (→ 117 Anordnen)   146

1. le militaire	der Soldat (Gegens.: Zivilist)	un ~ de métier (Berufssoldat)
2. le soldat	der Soldat	un simple ~ / le ~ d'élite
militaire	Militär ...	les forces ~s / un avion ~
une armée	eine Armee	l'~ française / l'~ de l'air
la troupe	die Truppe	le moral de la ~
la marine	die Marine	la ~ de guerre / un officier de ~
le général (-x)	der General	le ~ commande l'armée

un officier	ein Offizier		la division	die Division
le colonel	der Oberst		le régiment	das Regiment
le lieutenant	der Oberleutnant		la compagnie	die Kompanie
le sous-officier	der Unteroffizier		la section	der Zug

93

Société – Gesellschaft

un uniforme	eine Uniform	l'~ d'officier / porter un ~
la revue	die Parade	la ~ du 14 Juillet / le général passe l'armée en ~
la manœuvre	das Manöver	l'armée fait des ~s
la garde	die Wache	le soldat monte la ~ (hält)
le service militaire	der Militärdienst	le ~ obligatoire
le civil	der Zivilist	s'habiller en ~

147 Armement – Bewaffnung

une arme	eine Waffe	une ~ à feu / les ~s atomiques
le revolver [-ɛr]	der Revolver	le ~ de poche
le fusil [fyzi]	das Gewehr	un ~ de guerre / un ~ de chasse
le canon	die Kanone	un ~ antiaérien / un ~ antichar
charger	laden	~ le fusil
la balle	die Kugel	tirer deux ~s
la bombe	die Bombe	lancer des ~s / la ~ atomique
la fusée	die Rakete	la rampe de lancement de ~s
la munition	die Munition	les ~s d'artillerie
1. tirer	schießen (Gewehr)	~ un coup de revolver
2. faire feu	schießen (Kanone)	«Feu!»
le coup	der Schuss	un ~ de fusil
le but	das Ziel	viser le ~ / atteindre le ~ / manquer le ~
exploser	explodieren	la bombe explose
une explosion	eine Explosion	faire ~ / une ~ nucléaire
1. le blindé	der Panzer	le combat de ~s / les ~s ont percé le front
2. le char		
le chasseur	das Jagdflugzeug	le ~ à réaction (Düsenjäger)
un hélicoptère	ein Hubschrauber	abattre un ~ (abschießen)
le parachute	der Fallschirm	le saut en ~
le sous-marin	das Unterseeboot	le ~ plonge / le ~ atomique
la base	der Stützpunkt	une ~ militaire / une ~ navale / une ~ aérienne / les avions ont regagné leur ~

148 Guerre – Krieg   (→ 77 Mutig, feige)

la guerre [gɛːr]	der Krieg	déclarer la ~ / faire la ~ / gagner la ~ / perdre la ~ / la Seconde G~ mondiale / la ~ civile (Bürgerkrieg)
un ennemi	ein Feind	combattre l'~ / se défendre contre les ~s
ennemi, ennemie	feindlich	l'armée ~e / le territoire ~
le combat	der Kampf	un ~ aérien / un ~ offensif

94

Société – Gesellschaft

la bataille	die Schlacht	le champ de ~ / la ~ de la Marne
combattre [16]	kämpfen, bekämpfen	~ pour la patrie / ~ les ennemis
attaquer	angreifen	~ l'armée ennemie
se défendre	sich verteidigen	~ contre l'ennemi
la défense	die Verteidigung	la ~ nationale / le ministre de la ~
la résistance	der Widerstand	une ~ vive / la ~ passive
résister	Widerstand leisten	~ à l'ennemi
le front	die Front	les combattants du ~ / être sur le ~
la retraite	der Rückzug	battre en ~ / couper les voies de ~
la fuite	die Flucht	prendre la ~
fuir [17]	fliehen	~ après la défaite
le réfugié	der Flüchtling (zivil)	le droit d'asile accordé aux ~s
se réfugier	flüchten	~ à l'étranger
détruire [18]	zerstören	~ le pont / ~ la ville
blesser	verletzen	~ grièvement
mutiler	verstümmeln	le soldat a été mutilé
mort, morte	gefallen	~ à la guerre / ~ pour la patrie
la victime	das Opfer	les ~s de la guerre
la défaite	die Niederlage	subir une ~ / la ~ de Waterloo
se rendre [19]	sich ergeben	~ sans conditions / lever les mains
le prisonnier	der Kriegsgefangene	un camp de ~s de guerre
vaincre [20]	siegen, besiegen	~ l'ennemi / ~ la résistance
le vainqueur	der Sieger	le triomphe du ~
la victoire	der Sieg	remporter la ~ / fêter la ~
la paix [pɛː]	der Frieden	le traité de ~ / vivre en ~ / conserver une ~ durable

Oppression, liberté – Unterdrückung, Freiheit 149

la puissance	die Macht	les grandes ~s: les États-Unis, l'U.R.S.S., la Chine
puissant, -e	mächtig	une nation ~e
l'impérialisme (m)	der Imperialismus	les formes politiques et économiques de l'~
impérialiste	imperialistisch	une politique ~
soumettre [21]	unterwerfen	~ un pays pendant la guerre
une occupation	eine Besetzung	l'~ d'un pays / la zone d'~
occuper	besetzen	~ un pays vaincu
supprimer	unterdrücken	~ la liberté
la libération	die Befreiung	la ~ de la France pendant la Seconde Guerre mondiale

---

[16] combattre: je combats, nous combattons, ils combattent – il combattit – il a combattu
[17] fuir: je fuis, nous fuyons, ils fuient – il fuit – il a fui
[18] détruire: je détruis, nous détruisons, ils détruisent – il détruisit – il a détruit
[19] se rendre: je me rends, nous nous rendons, ils se rendent – il se rendit – il s'est rendu
[20] vaincre: je vaincs, il vainc, nous vainquons, ils vainquent – il vainquit – il a vaincu
[21] soumettre: il soumet, ils soumettent – il soumit – il a soumis

Société – Gesellschaft

l'indépendance (f)	die Unabhängigkeit	la guerre d'~ / proclamer l'~
indépendant, -e	unabhängig	une nation ~e
la liberté	die Freiheit	la ~ politique / la ~ de presse / avoir
		la ~ de faire qc / défendre la ~ / «Vive
		la ~!»
libre	frei	l'homme est né ~ / le monde ~

150 Criminel – Verbrecher   (→ 137 Gewalttätigkeit)

le criminel	der Verbrecher	le ~ et ses complices / le ~ a commis
		un meurtre
le crime	das Verbrechen	le mobile du ~ / être la victime d'un
		~ / un ~ politique
le délit	das Vergehen	prendre qn en flagrant ~ (auf frischer
		Tat)
commettre [22]	begehen	~ un crime
le vol	der Diebstahl	le ~ d'une voiture / assurance contre
		le ~
le voleur	der Dieb	une bande de ~s / un ~ d'auto / «Au
		~!»
voler	stehlen	~ qc à qn / ~ une auto / ~ de l'argent
le cambrioleur	der Einbrecher	le ~ a pénétré dans la maison / le ~ a
		vidé les tiroirs
enlever	1. wegnehmen	on lui a enlevé son portefeuille
	2. entführen	~ un enfant pour exiger une rançon
		(Lösegeld)
assassiner	ermorden	il est mort assassiné
tuer	umbringen	~ qn à coups de revolver
le poison	das Gift	prendre du ~ / un ~ mortel
empoisonner	vergiften	faire ~ qn / s'~

151 Police – Polizei   (→ 260 Folgen)

la garde	die Wache	le chien de ~ / faire bonne ~
le gardien	der Wächter	le ~ de nuit
la police	die Polizei	appeler la ~ / le poste de ~ / être
		recherché par la ~
policier, -ière	1. Polizei ...	les mesures ~ères / un chien ~
	2. Kriminal ...	le roman ~ / le film ~
le commissaire	der Kommissar	le ~ de police
un inspecteur	ein Inspektor	un ~ de police
1. un agent de police	ein Polizist	l'~ règle la circulation
2. le gardien de la	ein Polizist (Stadt)	
paix		

---

[22] commettre: je commets, nous commettons, ils commettent – il commit – il a commis

96

Société – Gesellschaft

3. le gendarme	ein Polizist (Land)	
une enquête	eine Ermittlung	ouvrir une ~ sur un crime / mener une ~ / la commission d'~
soupçonner	verdächtigen	~ qn d'un crime
le soupçon	der Verdacht	avoir des ~s sur qn / un ~ mal fondé
un indice	ein Indiz	un faible ~ / avoir des ~s sur qc
arrêter	festnehmen	la police a arrêté le voleur / être arrêté pour crime
saisir	beschlagnahmen	~ de l'opium
un interrogatoire	ein Verhör	subir un ~ / l'~ finit par la confession de l'assassin / le procès-verbal d'un ~ (Protokoll)

Tribunal – Gericht (→ 103 Wahrheit sagen, lügen → 88 Beweisen) **152**

le tribunal	das Gericht	la séance du ~ / comparaître devant le ~
la cour d'assises	Schwurgericht	les crimes sont jugés par la ~
le juge	der Richter	le ~ d'instruction (Untersuchungsrichter)
le procureur général	der Staatsanwalt	le réquisitoire du ~ (Anklage)
le procès	der Prozess	le ~ civil / gagner le ~ / perdre le ~
la plainte	die Klage, die Anzeige	porter ~ contre qn
accuser	anklagen	~ qn d'un crime
un accusé	ein Angeklagter	l'~ se défend / l'~ déclare son innocence / l'~ avoue
la défense	die Verteidigung	dire qc pour sa ~
un avocat [avɔka]	ein Rechtsanwalt	l'~ défend l'accusé / l'~ plaide la cause / avoir un bon ~
justifier	rechtfertigen	se ~ d'une accusation
excuser	entschuldigen	~ qn de qc / l'avocat excuse son client
avouer	gestehen	l'assassin a fini par ~ le crime
nier	leugnen	~ un fait / l'accusé nie tout
le témoin	der Zeuge	être ~ de l'accident / interroger le ~ / les déclarations des ~s
témoigner	bezeugen	~ dans une affaire / ~ de l'innocence de qn
jurer	schwören	le témoin lève la main droite et jure de dire toute la vérité
le serment	der Eid	le témoin prête ~ / le faux ~
la preuve	der Beweis	donner qc comme ~ / fournir des ~s / on n'a aucune ~ contre lui

Jugement – Urteil (→ 143 Parlament) **153**

la justice	1. die Justiz	le Palais de ~
	2. die Gerechtigkeit	faire ~ à qn / rendre la ~
juste	gerecht	être ~ pour qn

Société – Gesellschaft

l'injustice (f)	die Ungerechtigkeit	se révolter contre l'~
injuste	ungerecht	un jugement ~
1. le jugement	das Urteil	le tribunal rend son ~
2. un arrêt	das Urteil (letzter Instanz)	l'~ de la cour d'appel
juger	urteilen	~ un accusé / ~ sans parti pris (unvoreingenommen)
innocent, -e	unschuldig	le tribunal a reconnu que l'accusé est ~
non coupable	nicht schuldig	déclarer qn ~
coupable	schuldig	être ~ d'un crime / se sentir ~
punir	bestrafen (für)	~ qn d'un crime / ~ le coupable
condamner [kõdane]	verurteilen (zu)	~ qn à payer une amende (Geldstrafe) / ~ à la prison à vie
la peine	die Strafe	une ~ grave / prononcer une ~ / la ~ de mort
enfermer	einsperren	~ un prisonnier
la prison	das Gefängnis	mettre le voleur en ~ / passer dix ans en ~ / un gardien de ~
le prisonnier	der Strafgefangene	le ~ a été mis en liberté après dix ans
être exécuté	hingerichtet werden	l'assassin est exécuté
pendre	aufhängen	être pendu / faire ~ qn (jd. an den Galgen bringen)
un appel	eine Berufung	faire ~ / la cour d'~
la grâce	die Begnadigung	accorder la ~ à un condamné

Activités professionnelles, loisirs –
Arbeitswelt, Freizeit

Enseignement – Schulwesen

École – Schule
154

l'enseignement (m)	das Schulwesen	l'~ public / l'~ primaire / l'~ professionnel / l'~ du second degré
l'éducation (f)	die Erziehung	le Ministère de l'~ nationale / faire l'~ d'un enfant / manquer d'~
une école	eine Schule	~ de garçons / ~ de filles / ~ mixte / l'~ confessionnelle / envoyer un enfant à l'~ / aller à l'~ / l'~ maternelle (Kindergarten)
scolaire	Schul ...	l'année ~ / le système ~
le lycée	das Gymnasium (ab Klasse 11)	être élève dans un ~
le collège	die Sekundarschule	le ~ d'enseignement secondaire
la classe	die Klasse	les ~s supérieures / la (~ de) première / le camarade de ~ / la salle de ~
le tableau (noir)	die Wandtafel	écrire qc au ~ / effacer le ~ avec l'éponge
le cours	die Schulstunde	un ~ de français / donner des ~
la leçon	die Lektion (Unterrichtsstoff einer Schulstunde)	apprendre la ~ / répéter la ~ / donner une ~ particulière
la matière	das Fach	la ~ écrite / les ~s d'examen / une ~ à option (Wahlfach)
le programme	der Lehrplan	étudier le ~ de quatrième
le règlement	die Schulordnung	observer le ~ de l'école
la récréation	die Pause	la cour de ~
les vacances (f)	die Ferien	partir en ~ / être en ~ / passer ses ~ au bord de la mer
la rentrée des classes	der Schuljahresbeginn	

Maître – Lehrer
155

le maître (d'école)	der Lehrer	un bon ~ / le ~ est sévère / la ~sse
le professeur	der Studienrat	le ~ de français / une femme ~
un instituteur, une institutrice	ein Volksschullehrer, eine Volksschullehrerin	l'~ enseigne dans une école primaire
un inspecteur	ein Schulrat	un ~ primaire / un ~ général des lycées et collèges

Activités professionnelles, loisirs – Arbeitswelt, Freizeit

enseigner	untérrichten	~ les mathématiques / ~ une langue étrangère
l'enseignement (m)	der Schulunterricht	l'~ des langues vivantes
expliquer	erklären	~ la leçon / donner un exemple pour ~
une explication	eine Erklärung	donner une ~ / une ~ claire
un exercice	eine Übung	un ~ de grammaire / le maître donne un ~ aux élèves
surveiller	beaufsichtigen	~ les élèves
le surveillant	die Aufsicht (Person)	le ~ d'internat

156 Élève – Schüler

un élève	ein Schüler	un bon ~ / un mauvais ~ / un ~ moyen / un ~ intelligent / un ~ doué (begabt) / l'~ est fort en français / l'~ fait des progrès / une ~
le lycéen	der Oberstufenschüler	la ~ne
le collégien	der Sekundarschüler	la ~ne
cultiver	ausbilden	~ son esprit / ~ sa mémoire / se ~
cultivé, cultivée	gebildet	une personne ~e
l'étude (f)	das Lernen	faire ses ~s / se consacrer à l'~ / l'~ de l'histoire / les ~s supérieures (Studium)
apprendre	1. lernen	~ une langue étrangère / ~ à calculer / ~ par cœur (auswendig)
	2. beibringen	le maître apprend à lire à ses élèves
piocher	pauken	~ ses mathématiques / ~ un examen
l'application (f)	der Fleiß	travailler avec ~
appliqué, appliquée	fleißig	un élève ~
paresseux, -euse	faul	un élève ~
le devoir	die schriftliche Hausaufgabe	faire ses ~s /un ~ corrigé (vom Lehrer korrigiert)
la copie	die Reinschrift	remettre les ~s au maître
le cahier	das Heft	le ~ de devoirs / le ~ de français / ranger ses ~s dans la serviette
le carnet	das Notizbuch	noter qc sur son ~
la méthode	das Lehrbuch	une ~ de mathématiques
la conduite	das Betragen	l'élève a une bonne ~
l'attention (f)	die Aufmerksamkeit	faire ~ / écouter avec ~
attentif, attentive	aufmerksam,	un élève ~ / un auditeur ~
distrait, -e	unaufmerksam, zerstreut	être ~ / un élève ~

157 Examens – Prüfungen   (→ 99 Frage, Antwort → 123 Erfolg, Misserfolg)

| une composition | eine Klassenarbeit | une ~ de mathématiques / une ~ française (Aufsatz) |
| la rédaction | der Aufsatz | une ~ sur un sujet donné |

100

Activités professionnelles, loisirs – Arbeitswelt, Freizeit

la faute	der Fehler	une ~ grave / une ~ légère / une ~ d'orthographe / faire deux ~s dans son devoir / corriger les ~s
la note	die Zensur	le professeur donne des ~s / avoir de bonnes ~s en mathématiques
le point	der Punkt	avoir quinze (~s sur vingt) / un bon ~ / un mauvais ~
le prix	der Preis	la distribution des ~ à la fin de l'année scolaire
1. le bulletin scolaire	das Zeugnis (Zwischenzeugnis)	le ~ trimestriel de l'élève
2. le certificat	das Zeugnis (Abschlusszeugnis)	donner un ~ / avoir de bons ~s / le ~ d'aptitude professionnelle
redoubler	sitzen bleiben, wiederholen	~ la classe
passer (dans la classe supérieure)	versetzt werden	~ en troisième
un examen	eine Prüfung	préparer un ~ / passer l'~
une épreuve	ein Prüfungsabschnitt	l'~ écrite: l'écrit / l'~ orale: l'oral (das Mündliche)
le concours	der Wettbewerb	le jury de ~
le candidat	der Prüfling	le ~ se présente à l'examen
la question	die Frage	poser une ~ difficile / une ~ simple
le savoir	das Wissen	avoir un grand ~
savoir [1]	wissen, können	~ la leçon à fond (gründlich)
les connaissances (f)	die Kenntnisse	avoir des ~ solides en histoire
ignorer	nicht wissen	~ une date / ~ un nom / être ignorant en mathématiques
souffler	vorsagen	~ un mot à qn
tricher	mogeln	~ à l'examen
être reçu	bestehen	le candidat est reçu / ~ au bac (Abitur machen)
échouer	durchfallen	~ à l'examen
le baccalauréat	die Reifeprüfung	passer son ~

Université – Universität   158

une université	eine Universität	faire ses études à l'~
une école normale	eine Hochschule	l'~ supérieure
une étude	ein Studium	se consacrer à l'~ de la médecine
un étudiant	ein Student	un ~ en médecine / l'~ reçoit une bourse (Stipendium) / une ~e
étudier	studieren	~ l'histoire
le professeur	der Professor	un ~ de mathématiques / le ~ fait des conférences (Vorlesungen)

[1] savoir: je sais, nous savons, ils savent – il sut – il a su – il saura – qu'il sache – sachant

Activités professionnelles, loisirs – Arbeitswelt, Freizeit

le savant	der Gelehrte	un congrès de ~s
la science	die Wissenschaft	les ~s humaines / les ~s politiques / les ~s physiques et naturelles
scientifique	wissenschaftlich	les recherches ~s
la théorie	die Theorie	la ~ de la relativité / appliquer la ~
la recherche	die Forschung	faire des ~s / la ~ médicale
la découverte	die Entdeckung	une ~ sensationnelle / la ~ de la pénicilline
découvrir [2]	entdecken	~ un microbe
une invention	eine Erfindung	l'~ de qc / une ~ géniale
inventer	erfinden	~ une nouvelle machine
le progrès	der Fortschritt	le ~ scientifique

Métier – Beruf

159 Métier – Beruf   (→ 113 Wollen, planen)

1. la profession	der Beruf	la ~ d'avocat / la ~ libérale / sans ~
2. le métier		un ~ manuel / choisir un ~ / exercer un ~ / apprendre un ~ / changer de ~
professionnel, -elle	Berufs ...	la formation ~le
destiner	bestimmen	~ un jeune homme à la carrière administrative
devenir [3]	werden	~ médecin / ~ maçon (Maurer)
la formation	die Ausbildung	la ~ professionnelle / le stage de ~
un apprenti	ein Lehrling	un ~-maçon / une ~e
le stage	das Praktikum	faire un ~ / un ~ technique
s'exercer	sich üben	~ à faire qc
la pratique	die Praxis	avoir une longue ~
la carrière	die Berufslaufbahn	le choix d'une ~ / faire ~
débuter	anfangen	~ dans un métier / ~ avec mille francs par mois
avancer	aufsteigen	~ dans sa carrière
nommer	ernennen	on le nomme directeur / être nommé à un poste
le poste	der Posten	occuper un ~ élevé

160 Capable, incapable – Fähig, unfähig   (→ 123 Erfolg, Misserfolg)

| 1. savoir [4] | können (gelernt haben) | ~ nager / ~ le français |
| 2. pouvoir [5] | können (in der Lage sein) | il est fatigué: il ne peut plus travailler |

---

[2] découvrir: je découvre, nous découvrons, ils découvrent – il découvrit – il a découvert
[3] devenir: je deviens, nous devenons, ils deviennent – il devint – il est devenu – il deviendra
[4] savoir: je sais, nous savons, ils savent – il sut – il a su – il saura – sachant
[5] pouvoir: je peux (puis-je?), nous pouvons, ils peuvent – il put – il a pu – il pourra

Activités professionnelles, loisirs – Arbeitswelt, Freizeit

l'aptitude (f)	die Fähigkeit, die Befähigung	avoir l'~ au travail / avoir le certificat d'~ professionnelle (C.A.P.)
capable	fähig (Kenntnisse haben)	un homme ~ / être ~ de faire qc / être ~ de tout
habile	tüchtig, gewandt	un artisan ~ / un avocat ~ / être ~ dans son métier
adroit, adroite	geschickt (mit den Händen)	il est très ~ de ses mains
l'adresse (f)	die Geschicklichkeit	un travail qui exige beaucoup d'~
se débrouiller	sich zu helfen wissen	savoir ~ / apprendre à ~
qualifié, qualifiée	qualifiziert	être ~ pour occuper ce poste
l'expérience (f)	die Erfahrung	posséder une longue ~ de son métier / par ~ / profiter de l'~
un expert	ein Sachverständiger	l'avis des ~s
le spécialiste	der Fachmann	être ~ de l'électronique
le soin	die Sorgfalt	faire qc avec ~ / prendre ~ de qc
soigneusement	sorgfältig (Adverb)	examiner qc ~
actif, active	aktiv, rege	un homme ~
l'activité (f)	der Eifer	montrer beaucoup d'~
l'énergie (f) [-ʒi]	die Energie	travailler avec ~ / manquer d'~
énergique	energisch	un chef ~
incapable	unfähig	être ~ de remplir la fonction
maladroit, -e	ungeschickt	un ouvrier ~ / ~ de ses mains
négligent, -e	nachlässig	être ~ dans son travail
paresseux, -euse	faul	un ouvrier ~ / un élève ~
la paresse	die Faulheit	s'abandonner à la ~ / vaincre sa ~
lent, lente	langsam	il est ~ dans tout ce qu'il fait

Employeur, direction – Arbeitgeber, Betriebsleitung   161

(→ 117 Anordnen)

la société anonyme (S. A.)	die Aktiengesellschaft (A. G.)	fonder une ~
la régie	der staatliche Betrieb	la ~ nationale des usines Renault
la compagnie	die Gesellschaft	une ~ commerciale / une ~ d'assurances
un associé	ein Teilhaber	avoir un ~
associer	als Teilhaber nehmen	~ qn à l'entreprise
un industriel	ein Industrieller	un gros ~ / un puissant ~
le fabricant	der Fabrikant	un riche ~
1. le patron	der Arbeitgeber	le ~ d'une usine
2. l'employeur		l'association des ~s
le chef	der Chef	le ~ de l'entreprise / les ordres du ~
le supérieur	der Vorgesetzte	obéir à ses ~s
le directeur	der Direktor	le ~ de l'usine / le ~ général / le bureau du ~
la direction	die Direktion	le comité de ~ (Vorstand)

103

Activités professionnelles, loisirs – Arbeitswelt, Freizeit

les cadres (m)	die leitenden Angestellten	faire partie des ~ / les ~ supérieurs
la responsabilité	die Verantwortung	prendre la ~ de qc / avoir de lourdes ~s / fuir les ~s
responsable	verantwortlich	être ~ de qc / se sentir ~
diriger	leiten	~ une usine / ~ les travaux
régler	regeln	~ une affaire
organiser	organisieren, planen	~ le travail / ~ un programme
une organisation	eine Planung	l'~ de la production
modifier	verändern	~ qc complètement / ~ un arrangement
transformer	umgestalten	~ son lieu de travail / se ~
moderniser	modernisieren	~ une usine / ~ les méthodes de travail
renouveler	1. Personal ersetzen	~ le personnel d'une entreprise
	2. erneuern	~ les machines
équiper	ausrüsten	~ un atelier de machines / ~ un magasin

162 Salarié – Arbeitnehmer

le personnel	das Personal	le ~ d'une entreprise
une équipe	1. eine Schicht	l'~ de jour / l'~ de nuit
	2. ein Team	travailler en ~ / l'esprit d'~
le fonctionnaire	der Beamte	le ~ d'État
un employé	ein Angestellter	un ~ de bureau
1. un ouvrier	ein Arbeiter	un ~ d'usine / un ~ spécialisé / employer des ~s / une ouvrière
2. le travailleur	ein Arbeiter (der viel arbeitet)	il est un bon ~ / un ~ étranger (Gastarbeiter)
3. le manœuvre	ein Arbeiter (ungelernter)	
un artisan	ein Handwerker	le maître maçon est un ~
la main-d'œuvre	die Arbeitskräfte	la rareté de la ~ / le besoin en ~

163 Travail – Arbeit   (→ 119 Handeln → 120 Sich anstrengen, sich ausruhen)

engager	einstellen	~ des ouvriers / ~ des employés
employer	beschäftigen	l'usine emploie deux cents ouvriers
un emploi	eine Stellung	des offres d'~ / chercher un ~ / occuper un ~ / les demandes d'~
la place	der Arbeitsplatz	trouver une bonne ~ / changer de ~
les fonctions (f)	die Aufgaben	entrer en ~ / remplir ses ~ / démissionner de ses ~
le travail (-aux)	die Arbeit	se mettre au ~ / être au ~ / faire son ~ / un ~ bien payé / un ~ difficile / un ~ dur / le vêtement de ~ / cesser le ~
travailler	arbeiten	~ bien / ~ vite / ~ dur / ~ dans un bureau / ~ en usine / ~ à l'atelier

Activités professionnelles, loisirs – Arbeitswelt, Freizeit

le service	der Dienst	l'employé fait son ~ / dix ans de ~
une occupation	eine Beschäftigung	chercher une ~ / avoir de nombreuses ~s / une ~ secondaire (Nebenbeschäftigung)
s'occuper	sich beschäftigen	~ d'un travail
une affaire	eine Angelegenheit	«Je m'occuperai de cette ~.» / une ~ importante
renvoyer	entlassen	~ des employés
le chômeur	der Arbeitslose	le nombre des ~s a augmenté
le chômage	die Arbeitslosigkeit	l'allocation de ~ (Arbeitslosenunterstützung)

Syndicat, grève – Gewerkschaft, Streik   (→ 179 Geld verdienen) 164

le syndicat	die Gewerkschaft	les ~s défendent les intérêts des ouvriers / les ~s français: C. G. T. (Confédération Générale du Travail), C.F.D.T. (Confédération Française Démocratique du Travail), F.O. (Force Ouvrière)
syndical, syndicale, -caux, -cales	gewerkschaftlich	un congrès ~ / les revendications ~les
le délégué	der Delegierte	un ~ syndical
la grève	der Streik	se mettre en ~ / faire ~ / la ~ des postiers / l'ordre de ~ / la ~ générale
le gréviste	der Streikende	les ~s ont repris le travail
la manifestation	die Demonstration	prendre part à une ~
manifester	demonstrieren	~ dans la rue / ~ contre qc / ~ pour la paix
protester	protestieren	~ contre qc / ~ contre l'injustice
la revendication	die Forderung	les ~s des syndicats
une augmentation (des salaires)	eine Lohnerhöhung	accorder une ~ de 6 pour cent
les heures de travail	die Arbeitszeit	réduire les ~ (verkürzen)
le congé	der Urlaub	un ~ de dix jours / prolonger le ~

Économie – Wirtschaft

Industrie, production – Industrie, Produktion   165
(→ 161 Arbeitgeber, Betriebsleitung)

l'industrie (f)	die Industrie	l'~ lourde / l'~ métallurgique / l'~ automobile / l'~ pétrolière / l'~ textile / l'~ alimentaire
industriel, -elle	Industrie ...	des produits ~s / la zone ~le
l'économie (f)	die Wirtschaft	le Ministère de l'~ nationale

105

Activités professionnelles, loisirs – Arbeitswelt, Freizeit

économique	Wirtschafts ...	une crise ~ / la situation ~ / les relations ~s franco-allemandes / l'évolution ~
un établissement	ein Betrieb	un ~ industriel / un ~ commercial
établir	gründen, eröffnen	~ une usine
une entreprise	ein Unternehmen	une ~ industrielle / exploiter une ~ (betreiben)
une usine	eine Fabrik	construire une ~ / une ~ de produits chimiques
un atelier	1. eine Werkstatt	l'~ d'un artisan
	2. eine Werkhalle	un ~ de montage
le chantier	1. die Baustelle	travailler sur un ~ / le ~ naval (Werft)
	2. der Lagerplatz	
la production	die Produktion	les moyens de ~ / moderniser la ~
le produit	das Erzeugnis	des ~s de consommation
produire [6]	produzieren	~ des marchandises / l'usine produit des voitures
fabriquer	herstellen	~ des chaussures / ~ des meubles
faire [7]	machen, bauen	~ une maison / ~ des vêtements
le modèle	das Modell	le ~ d'une nouvelle voiture
la série	die Serie	fabriquer en ~
le procédé	das Verfahren	le ~ de fabrication

166 Technique – Technik   (→ 13 Elektrisches Licht)

la technique [tɛknik]	die Technik	la ~ moderne
un ingénieur	ein Ingenieur	un ~ diplômé
le technicien	der Techniker	un ~ de la radio
la machine	die Maschine	mettre la ~ en marche / la ~ est en panne
un appareil	ein Gerät, ein Apparat	un ~ électrique
automatique	automatisch	le téléphone ~
électronique	elektronisch	une machine ~
le mode d'emploi	die Gebrauchsanweisung	lire attentivement le ~
fonctionner	funktionieren	la machine fonctionne bien
le fonctionnement	das Funktionieren	expliquer le ~ de la machine
le mécanisme	der Mechanismus	le ~ de la serrure (Schloß)
mécanique	mechanisch	un escalier ~
monter	montieren	~ le moteur
installer	aufstellen	~ de nouvelles machines
adapter	anpassen, anfügen	~ le robinet au tuyau
l'entretien (m)	die Wartung	l'~ de la machine / les frais d'~ (Wartungskosten)

---

[6] produire: je produis, nous produisons, ils produisent – il produisit – il a produit
[7] faire: je fais, nous faisons, vous faites, ils font – il fit – il a fait – qu'il fasse – il fera

106

graisser	schmieren, ölen	~ les roues
la graisse	das Schmiermittel	utiliser de la ~
réparer	reparieren	faire ~ la machine
la réparation	die Reparatur	en ~ / la ~ coûte cher
remplacer	ersetzen	~ une pièce du moteur
moderniser	modernisieren	~ la maison / ~ l'usine

Artisanat – Handwerk (→ 68 Hausbau) **167**

un artisan	ein Handwerker	le chef-d'œuvre d'un ~ / un maître ~
manuel, -le	Hand ...	un métier ~ / une activité ~le
un atelier	eine Werkstatt	l'~ d'un menuisier / un ~ de serrurerie
un apprenti	ein Lehrling	ce garçon est un ~ maçon
le compagnon	der Geselle	le ~ maçon
le maçon	der Maurer	le ~ bâtit un mur
le menuisier	der Tischler	un ~ d'art / un ~ de bâtiment
le serrurier	der Schlosser	le ~ fait des clefs
le forgeron	der Schmied	le ~ ferre un cheval (beschlagen)
la forge	die Schmiede	travailler à la ~
forger	schmieden	~ un fer à cheval

Outils – Werkzeuge **168**

un outil [uti]	ein Werkzeug	la boîte à ~s / les ~s de maçon
le marteau (-x)	der Hammer	frapper avec le ~ / un coup de ~
le clou (-s)	der Nagel	la tête du ~ / la pointe du ~
enfoncer	einschlagen	~ le clou
arracher	herausziehen	~ un clou avec les tenailles
les tenailles (f)	die Kneifzange	de grandes ~
la pince	die Zange	serrer avec une ~
le tournevis	der Schraubenzieher	un ~ de mécanicien
la vis [vis]	die Schraube	une ~ à bois
un écrou	eine Schraubenmutter	un ~ à six pans / un ~ à oreilles
la clef anglaise	der Schraubenschlüssel	
serrer	festziehen	~ un écrou
percer	stechen, bohren	~ un trou
la hache	das Beil	couper du bois avec une ~ / un coup de ~
la scie [si]	die Säge	la ~ à main / la ~ à bois / la ~ à métaux
scier [sje]	sägen	~ du bois / ~ du métal
la lime	die Feile	polir avec la ~
poli, polie	poliert, geglättet	du marbre ~ / du bois ~
lisse	glatt, eben	la surface ~ du rocher / les pneus ~s sont dangereux

Activités professionnelles, loisirs – Arbeitswelt, Freizeit

le tour	die Drehbank	travailler au ~
le manche	der Stiel, der Griff	le ~ du couteau / le ~ à balai
manier	handhaben	~ adroitement la lime
employer	gebrauchen	~ un outil pour faire qc
se servir [8]	benutzen	~ d'une pince
utiliser	verwenden	~ un appareil
l'utilisation (f)	die Verwendung	l'~ de l'énergie atomique
pratique	praktisch	un appareil ~ / avoir le sens ~
commode	bequem	ce n'est pas ~ à faire

169 Charbonnages, métallurgie – Bergbau, Metallindustrie

les matières premières	die Rohstoffe	transformer des ~ en produits finis
minéral, minérale, -raux, -rales	Mineral ...	l'eau ~e / de l'huile ~e
la mine	das Bergwerk	une ~ de fer / travailler à la ~
la houille ['uj]	die Steinkohle	une veine de ~ (Kohleflöz)
le charbon	die Kohle	le ~ brûle dans le fourneau / le chauffage au ~
le pétrole	das Erdöl	le ~ brut (Rohöl) / la raffinerie de ~
l'essence (f)	das Benzin	un poste d'~ / prendre de l'~ / l'~ sans plomb (bleifrei)
la métallurgie	die Metallindustrie	la ~ du fer
le métal (-aux)	das Metall	affiner les métaux (veredeln)
fondre	schmelzen	~ le fer dans le haut fourneau
le fer	das Eisen	battre le ~ (schmieden) / la protection du ~ contre la rouille (Rost)
l'acier (m)	der Stahl	dur comme l'~
la tôle	das Blech	la ~ ondulée (Wellblech)
le cuivre	das Kupfer	un fil de ~
le plomb [plō]	das Blei	lourd comme du ~ / en ~
l'aluminium [-ɔm] (m)	das Aluminium	des ustensiles de cuisine en ~
le plastique	das Plastik	un seau en matière ~
la pollution	die Umweltverschmutzung	la ~ de la mer / la ~ de l'air

170 Chimie, physique – Chemie, Physik

la chimie [ʃimi]	die Chemie	la ~ organique
le chimiste	der Chemiker	le ~ fait des analyses
chimique	chemisch	l'industrie ~ / les produits ~s
la physique	die Physik	la ~ nucléaire (Atomphysik)
le laboratoire	das Labor	les appareils de ~

---

[8] se servir: je me sers, nous nous servons, ils se servent – il se servit – il s'est servi

Activités professionnelles, loisirs – Arbeitswelt, Freizeit

une expérience	ein Versuch	faire des ~s de chimie
le tube	die Röhre	le ~ à essais (Reagenzglas)
un élément	ein Element	les ~s chimiques
un atome	ein Atom	le noyau central de l'~ (Atomkern)
atomique	Atom ...	la bombe ~ / le réacteur ~
la structure	der Aufbau	la ~ de l'atome
la formule	die Formel	la ~ de l'eau est H_2O
un acide	eine Säure	l'~ carbonique (Kohlensäure) / l'~ chlorhydrique (Salzsäure)
acide	sauer	une pomme ~
la matière	die Materie	l'état solide, liquide, gazeux de la ~
le gaz	das Gas	une usine à ~ / le ~ naturel (Erdgas)
le liquide	die Flüssigkeit	filtrer un ~ / l'air ~
solide	fest	l'état ~
dur, dure	hart	l'acier ~ / ~ comme la pierre
mou (mol), molle, mous, molles	weich	la cire molle (Wachs)
souple	geschmeidig	le cuir ~ (Leder)
fragile	zerbrechlich	~ comme du verre
casser	zerbrechen	~ une assiette
briser	zerschlagen	~ une vitre
fondre	schmelzen, verhütten	~ un métal

Commerce – Handel 171

le commerce	der Handel	la maison de ~ / faire du ~ avec l'étranger / la chambre de ~
commercial, -e, -aux, -ales	Handels ...	une société ~e / les affaires ~es / les relations ~es
une affaire	ein Geschäft (= Vorgang)	les ~s vont bien / une bonne ~ / conclure une ~ / un homme d'~s
la foire	die Messe	la ~ internationale de Paris
exposer	ausstellen	~ des machines / ~ des produits
1. la publicité	die Werbung	faire de la ~ / la ~ de la presse / la ~ par affiches / la ~ télévisée
2. la réclame		
publicitaire	Werbe ...	une annonce ~
une affiche	ein Plakat	coller une ~ / une ~ électorale
un échantillon	eine Probe	donner un ~ / offrir des ~s gratuits
fournir	beliefern	~ un magasin en marchandises
exporter	exportieren	~ du vin et du fromage
l'exportation (f)	der Export	une marchandise d'~ / l'augmentation des ~s
importer	importieren	~ du coton, du café, du thé
l'importation (f)	der Import	un produit d'~ / la balance des ~s et des exportations

Activités professionnelles, loisirs – Arbeitswelt, Freizeit

| le marché | der Markt (Absatzgebiet) | le ~ mondial / le ~ Commun |

172 Commerçant, client – Kaufmann, Kunde

(→ 183 Haben wollen   → 185 Bekommen)

le commerçant	der Geschäftsmann	un riche ~
le marchand	der Kaufmann (für bestimmte Waren)	le ~ de poissons / le ~ de journaux / le ~ de vins
le représentant	der Vertreter	le ~ de commerce / le ~ va chez les clients
le gérant	der Geschäftsführer	le ~ du magasin / le ~ de l'hôtel
le chef de rayon	der Abteilungsleiter	s'adresser au ~
le vendeur,	der Verkäufer,	le ~ dit: «Que désirez-vous?»
la vendeuse	die Verkäuferin	une ~ de grand magasin
vendre [9]	verkaufen	~ qc à qn / ~ en gros / ~ au détail
la vente	der Verkauf	le prix de ~ / mettre en ~ / service après-~ (Kundendienst)
le service	die Bedienung	le libre-~ (Selbstbedienung)
servir [10]	bedienen	~ les clients
le client	der Kunde	un magasin plein de ~s
un acheteur	ein Käufer, Einkäufer	les ~s d'un grand magasin
la clientèle	die Kundschaft	la ~ d'un marchand / avoir une grosse ~
faire les courses	einkaufen gehen	aller ~ dans les magasins
faire la queue	Schlange stehen	~ à la porte d'un magasin / ~ devant le guichet
acheter	kaufen	~ un kilo d'oranges / ~ une robe neuve / ~ cher / ~ bon marché / ~ à crédit
un achat	ein Kauf	faire un bon ~
commander	bestellen	~ du vin au marchand
livrer	ins Haus liefern	~ le vin

173 Magasin – Geschäft   (→ 37 Lebensmittelgeschäfte)

1. le magasin	das Geschäft (=Laden)	le ~ libre-service / le grand ~ (Kaufhaus) / le ~ ouvre à 9 heures
2. la boutique	das Geschäft (klein)	une très petite ~ / l'enseigne de la ~ (Reklameschild)
le centre commercial	das Einkaufszentrum	aller au ~
le marché	der Markt	la place du ~ / le super~
la halle	die Halle	la ~ aux vins / les ~s (Großmarkthalle)
un étalage	eine Auslage	les ~s d'un grand magasin / voir qc à l'~

---

[9] vendre: je vends, nous vendons, ils vendent – il vendit – il a vendu
[10] servir: je sers, nous servons, ils servent – il servit – il a servi

Activités professionnelles, loisirs – Arbeitswelt, Freizeit

la vitrine	das Schaufenster	regarder les ~s / les articles exposés en ~ / la ~ d'un bijoutier
une offre	ein Angebot	une ~ exceptionnelle
1. le choix	die Auswahl	un ~ d'articles / avoir un grand ~ de ...
2. la gamme	die Auswahl (Serie)	offrir toute une ~ de produits
le rayon	die Abteilung	les ~s d'un grand magasin / aller au ~ des jouets
le comptoir	der Ladentisch	la vendeuse est derrière le ~
la caisse	die Kasse	passer à la ~ / payer à la ~ / le ticket de ~

Marchandise – Ware   (→ 165 Industrie, Produktion)   **174**

la marchandise	die Ware	la liste de ~s / la ~ de marque / offrir une ~ / vendre une ~ / fournir des ~s
un article	ein Artikel	des ~s de ménage / des ~s de luxe
neuf, neuve	neu (ungebraucht)	une robe ~ve / des souliers ~s
moderne	modern	tout le luxe ~
la qualité	die Qualität	une marchandise de bonne ~ / de mauvaise ~ / éprouver la ~ du vin
bon, bonne	gut	une ~ne voiture
excellent, -e	vorzüglich	ce vin est ~
améliorer	verbessern	~ un produit
la garantie	die Garantie	un bon de ~
garantir	Garantie geben	ce poste de télévision est garanti pour un an
les soldes (m)	1. die Ramschware	un magasin de ~
	2. der Schlussverkauf	les jours de ~

Poids – Gewicht   (→ 266 Menge)   **175**

la balance	die Waage	mettre des poids (Gewichte) sur la ~ / l'aiguille de la ~ indique le poids
peser	1. abwiegen	~ qc avec la balance
	2. wiegen (Gewicht haben)	la lettre pèse 20 grammes
lourd, lourde	schwer	une valise ~e / peser ~
léger, légère	leicht	~ comme une plume (Feder)
le poids [pwa]	das Gewicht	«Quel est le ~ de la boîte?» / le ~ net / les unités de ~
le gramme	das Gramm	cinq cents ~s
la livre	das Pfund	une demi-~ de café / une ~ de beurre
le kilo	das Kilo	un ~ et demi / un ~ de farine
la tonne	die Tonne	un camion de 5 ~s (Fünftonner)

Activités professionnelles, loisirs – Arbeitswelt, Freizeit

176 Emballage – Verpackung

la caisse	die Kiste	la ～ contient des marchandises / charger les ～s sur le camion
la boîte	1. die Schachtel	une ～ d'allumettes
	2. die Dose	la ～ de conserve / une ～ de sardines
le couvercle	der Deckel	enlever le ～ / mettre le ～
le sac (de papier)	die Tüte	mettre le sucre dans un ～
1. le paquet	das Paket (Packung)	un ～ de lessive / un ～ de café / un ～ de cigarettes / défaire le ～
2. le colis	das Paket	le ～ postal / envoyer un ～
le carton	der Karton	un ～ à chaussures / ranger qc dans le ～
envelopper	einpacken	～ qc dans du papier
la ficelle	der Bindfaden	un bout de ～ / une ～ solide
tendre	festziehen	～ la ficelle
lier	binden	～ ensemble
nouer	knoten	～ la ficelle
le nœud [nø]	der Knoten	faire un ～ / défaire le ～
la colle	der Klebstoff	la ～ de bureau
coller	kleben	～ un timbre sur la lettre

177 Prix – Preis

(→ 268 Zahlen)

le prix [pri]	der Preis	le ～ de l'article / le ～ au kilo / demander le ～ / le ～ net / payer le ～
augmenter	erhöhen	～ les prix / le beurre a augmenté
la hausse	der Anstieg	la ～ des prix
baisser	ermäßigen	～ le prix des produits techniques
la baisse	das Sinken	la ～ des prix
réduire	ermäßigen	～ les impôts
la réduction	der Preisnachlass	faire à qn une ～ sur le prix
la valeur	der Wert	ce tableau de Picasso a une grande ～ / la ～ d'un bijou / sans ～
valoir [11]	wert sein	～ cher / cela vaut son prix
précieux, -euse	wertvoll	un timbre ～ / une pierre ～se
coûter	kosten	«Combien coûte cette robe?» / «La robe coûte deux cents francs.»
cher [ʃɛːr], chère	teuer	la robe est chère / la robe coûte cher
bon marché	billig	c'est un pull-over très ～
économique	nicht kostspielig	une voiture ～
gratuit, gratuite	gratis	un échantillon ～
1. la facture	die Rechnung	faire la ～ / acquitter (quittieren) la ～
2. la note		la ～ d'hôtel / une ～ élevée
3. le compte	die Rechnung (in Wendungen)	il achète pour son ～ / «Mettez cela sur mon ～.»

---

[11] valoir: il vaut, ils valent – il valut – il a valu – il vaudra

Activités professionnelles, loisirs – Arbeitswelt, Freizeit

payer	bezahlen	~ cher / ~ le double / «Ça fait combien?»
le paiement	die Zahlung	faire un ~ / le ~ par chèque
régler	begleichen	~ une facture
le règlement	die Begleichung einer Schuld	le ~ d'une dette
au comptant	gegen bar	acheter ~
la dépense	die Geldausgabe	une ~ de deux mille francs / faire de grosses ~s
dépenser	ausgeben	~ de l'argent pour qc / ~ trop / avoir très peu d'argent à ~
les frais [frɛː]	die Unkosten	les ~ de fabrication / les ~ de transport / les faux-~ (Nebenkosten)

Argent – Geld   178

l'argent (m)	das Geld	l'~ de poche / compter son ~ / avoir beaucoup d'~ / dépenser son ~
changer	1. Geld wechseln (in Kleingeld)	~ un billet de mille francs
	2. Geld umwechseln	~ des marks contre des francs
le bureau de change	die Wechselstube	aller au ~
la somme	der Betrag	dépenser une ~ d'argent / toucher une grosse ~
le franc	der Franc	le ~ suisse / le ~ belge / mille ~s / payer 10 F
le centime	der Centime	une pièce de cinquante ~s
le sou	der Sou („Sechser")	n'avoir pas le ~
le billet de banque	die Banknote	un billet de cent francs
la monnaie	1. das Kleingeld	
	2. das Wechselgeld	rendre la ~ sur dix francs
	3. die Währung	la circulation de la ~ / le cours de la ~
1. le porte-monnaie	das Portemonnaie	un ~ de cuir
2. la bourse	das Portemonnaie	«La ~ ou la vie!»
le portefeuille	die Brieftasche	un ~ bien garni (mit viel Geld)
le coffre-fort	der Geldschrank	mettre les objets précieux dans le ~

Gagner de l'argent – Geld verdienen   (→ 159 Beruf → 163 Arbeit) 179

gagner	verdienen	~ de l'argent / ~ dix mille francs par mois / ~ de quoi vivre
le salarié	der Lohnempfänger	un simple ~
le salaire	die Bezahlung	le montant du ~ (Höhe) / recevoir son ~ / obtenir une augmentation de ~
la paye [pɛj]	der Lohn	le jour de ~ / recevoir une haute ~ / le bulletin de ~ (Lohnstreifen)

113

Activités professionnelles, loisirs – Arbeitswelt, Freizeit

le traitement	das Gehalt	le ~ des fonctionnaires
le revenu	das Einkommen	avoir un gros ~ / payer les impôts sur le ~ / un ~ supplémentaire (Nebenverdienst)
la pension	die Rente	une ~ de l'État / avoir droit à une ~ / verser une ~ à qn
les ressources (f)	die Mittel (= Geld zum Leben)	avoir de maigres ~ / être sans ~
la recette	der Umsatz	faire de belles ~s / compter la ~
rapporter	einbringen	ce magasin rapporte beaucoup
le bénéfice	der Reingewinn	le ~ net / les ~s commerciaux
les impôts (m)	die Steuern	payer les ~ sur le revenu / la déclaration d'~
la taxe	die Abgabe, die Gebühr	la ~ sur les appareils de télévision / la ~ sur la valeur ajoutée (Mehrwertsteuer)

180 Banque – Bank

la banque	die Bank	déposer son argent à la ~ / la ~ de France
la caisse d'épargne	die Sparkasse	la ~ postale (Postsparkasse)
une agence	eine Zweigstelle	l'~ de la banque
le compte	das Konto	avoir un ~ en banque / le numéro de ~
le chèque	der Scheck	une formule de ~ / donner un ~ / payer par ~ / le ~ de voyage
épargner	sparen	~ de l'argent / ~ dix mille francs
les économies (f)	die Ersparnisse	faire des ~ / avoir des ~
la fortune	das Vermögen	faire ~ / il a une grande ~
1. le capital (-aux)	das Kapital	le ~ et les intérêts / investir son ~ / le ~ d'une société
2. les fonds (m)		manquer de ~ / être en ~
le crédit	der Kredit	un ~ bancaire / un ~ à long terme / faire ~ / acheter à ~ / la carte de ~
prêter	verleihen	~ de l'argent / ~ à 7% (sept pour cent)
les intérêts (m)	die Zinsen	payer les ~ / verser les ~ (auszahlen)
le pourcentage	der Prozentsatz	
les dettes (f)	die Schulden	faire des ~ / avoir des ~
rembourser	zurückzahlen	~ une somme d'argent à la banque

181 Richesse – Reichtum

avoir [12]	haben	~ de l'argent / ~ une belle maison
disposer	verfügen	~ d'une voiture
la disposition	die Verfügung	avoir qc à sa ~ / mettre qc à la ~ de qn
posséder	besitzen	~ des terres / ~ une voiture

---

[12] avoir: j'ai, tu as, il a, nous avons, vous avez, ils ont – il avait – il eut – il a eu – qu'il ait – il aura – ayant

114

Activités professionnelles, loisirs – Arbeitswelt, Freizeit

1. appartenir [13]	gehören	~ à qn / la voiture lui appartient
2. être à		le livre est à moi
la propriété	der Besitz	la ~ privée / la ~ de l'État
le propriétaire	der Besitzer	être le ~ d'une maison
propre	eigen	mon ~ argent / voir qc de ses ~s yeux
privé, -e	privat	la propriété ~e
de	von	la maison ~ M. Dupont / la fille ~ M. Dupont

mon, ma, mes	mein, meine	le mien, la mienne	der meine, die meine
ton, ta, tes	dein, deine	le tien, la tienne	der deine, die deine
son, sa, ses	1. sein, seine	le sien, la sienne	1. der seine, die seine
	2. ihr, ihre		2. der ihre, die ihre
notre, nos	unser, unsere	le nôtre, la nôtre	der unsere, die unsere
votre, vos	euer, euere	le vôtre, la vôtre	der eure, die eure
leur, leurs	ihr, ihre	le leur, la leur	der ihre, die ihre

l'avoir (m)	die Habe	dépenser son ~
le bien	das Gut	avoir du ~ / perdre ses ~s
riche	reich	un homme ~ / devenir ~ / être très ~
la richesse	der Reichtum	accumuler des ~s (häufen)
matériel, -elle	materiell	le confort ~ / avoir des soucis ~s
le luxe	der Luxus	vivre dans le ~ / aimer le ~
luxueux, -euse	luxuriös	un hôtel ~
le confort	der Komfort	aimer son ~ / un appartement de grand ~

confortable	bequem	un fauteuil ~
généreux, -euse	großzügig	se montrer ~
dépenser	ausgeben	~ de l'argent / ~ trop
gaspiller	vergeuden	~ son argent
l'économie (f)	die Sparsamkeit	vivre avec ~
avare	geizig	un père ~ / être ~ / c'est un ~

Pauvreté – Armut   182

pauvre	arm	devenir ~ / des gens ~s
la pauvreté	die Armut	vivre dans la ~
la misère	das Elend	réduire qn à la ~ (stürzen)
misérable	elend	mener une existence ~
le mendiant	der Bettler	donner de l'argent à un ~
manquer	entbehren	~ d'argent / ~ de pain
sans	ohne	~ argent / ~ ressources
les dettes (f)	die Schulden	faire des ~ / payer ses ~
devoir [14]	schulden	~ cent mille francs à qn

---

[13] appartenir: il appartient, ils appartiennent – il appartenait – il a appartenu
[14] devoir: je dois, nous devons, ils doivent – il dut – il a dû (due)

Activités professionnelles, loisirs – Arbeitswelt, Freizeit

| se passer | verzichten | ~ d'un plaisir |
| se priver | sich versagen | ~ de tout / ~ du nécessaire |

183 Vouloir – Haben wollen   (→ 172 Kaufmann, Kunde)

avoir besoin	brauchen	~ d'argent / «J'ai besoin de votre aide.»
vouloir [15]	haben wollen	«Voulez-vous encore du vin?»
demander	bitten	~ de l'argent à son père
la demande	die Bitte	faire une ~ / faire qc à la ~ de qn
le désir	der Wunsch	exprimer un ~
désirer	wünschen	«Que désirez-vous?» / ~ obtenir qc
souhaiter	jdm. etw. wünschen	~ le bonheur / ~ le bonjour / «Je vous souhaite bonne route.» / ~ (de) faire qc
réclamer	fordern (worauf man ein Recht hat)	~ son droit / ~ une augmentation de salaire
exiger	verlangen (mit Nachdruck)	~ l'obéissance / ~ le paiement
nécessaire	notwendig	avoir l'argent ~ pour qc / manquer de tout ce qui est ~

184 Donner – Geben

accorder	gewähren	~ un crédit / ~ des concessions
offrir [16]	anbieten	~ une cigarette / ~ de l'argent à qn
une offre	ein Angebot	faire une ~ / l'~ et la demande
donner	geben	~ de l'argent à son ami / ~ qc en cadeau
le cadeau (-x)	das Geschenk	faire des ~x aux enfants
passer	zureichen	~ qc à qn / «Passez-moi le sel.»
remettre [17]	übergeben	le propriétaire remet les clefs au locataire
confier	anvertrauen	~ à qn son appareil photographique
distribuer	verteilen	~ qc à chacun / ~ les cartes
la distribution	die Verteilung	la ~ des prix (à l'école)
céder	abtreten	l'enfant cède sa place à une vieille dame
laisser	zurücklassen	~ sa valise à la consigne (Gepäckaufbewahrung)
abandonner	aufgeben	~ un projet
se débarrasser	loswerden	~ des choses inutiles

185 Recevoir – Bekommen

| se procurer | sich verschaffen | ~ de l'argent |
| enlever | wegnehmen | ~ à qn son portefeuille |

---

[15] vouloir: je veux, nous voulons, ils veulent – il voulut – il a voulu – qu'il veuille – il voudra
[16] offrir: j'offre, nous offrons, ils offrent – il offrit – il a offert
[17] remettre: je remets, nous remettons, ils remettent – il remit – il a remis

Activités professionnelles, loisirs – Arbeitswelt, Freizeit

prendre [18]	nehmen	~ le livre sur le rayon (aus dem Regal) / ~ le crayon dans la poche (aus der Tasche) / ~ un taxi
1. recevoir [19]	bekommen, erhalten	~ une lettre / ~ un cadeau
2. obtenir [20]	bekommen, erhalten (durch eigenes Bemühen)	~ la première place / ~ la permission
recueillir [21]	sammeln	~ le fruit de ses efforts / ~ des voix
échanger	tauschen	~ des timbres
accepter	annehmen	~ une invitation / ~ l'argent
refuser	ablehnen	~ de faire qc / ~ une permission à qn
repousser	zurückweisen	~ une offre
prêter	verleihen, verborgen	«Prêtez-moi votre stylo.» / ~ sur gage (Pfand)
emprunter	sich etw. ausleihen	~ qc à qn / ~ à son ami une somme d'argent
garder	behalten	~ une copie de la lettre / ~ le secret
rendre [22]	zurückgeben	~ ce que l'on a emprunté
reprendre	zurücknehmen	la mauvaise marchandise
obliger	zu Dank verpflichten	~ son ami en l'aidant
rendre service	einen Dienst erweisen	~ à qn / il m'a rendu service
remercier	danken	«Je vous remercie de votre lettre.» / «Je ne sais pas comment vous ~.»
merci	danke	dire ~ / «~, monsieur.» / «~ bien.»
la récompense	die Belohnung	mériter une ~ / promettre une ~ / donner une ~
reconnaissant, -e	dankbar	être ~ à qn d'un bienfait (Wohltat)
ingrat, -e	undankbar	être ~ envers qn / un enfant ~

Circulation – Verkehr

Rue, route – Straße   186

la rue	die Straße (in der Stadt)	la ~ St.-Honoré à Paris / la grand-~ / une ~ étroite / une ~ à sens unique / une ~ sans issue (Sackgasse)
une avenue	eine Avenue, Allee	l'~ des Champs-Élysées
le boulevard	der Boulevard, die Ringstraße	les grands ~s / le ~ Saint-Michel

---

18 prendre: je prends, nous prenons, ils prennent – il prit – il a pris
19 recevoir: je reçois, nous recevons, ils reçoivent – il reçut – il a reçu – il recevra
20 obtenir: j'obtiens, nous obtenons, ils obtiennent – il obtint – il a obtenu – il obtiendra
21 recueillir: je recueille, nous recueillons, ils recueillent – il recueillit – il a recueilli
22 rendre: je rends, nous rendons, ils rendent – il rendit – il a rendu

Activités professionnelles, loisirs – Arbeitswelt, Freizeit

la chaussée	die Fahrbahn	traverser la ~
le trottoir	der Bürgersteig	marcher sur le ~
la place	der Platz	la ~ du marché / la ~ de la Concorde
1. le croisement	die Kreuzung	s'arrêter au ~
2. le carrefour	die Kreuzung (Platz)	
croiser	kreuzen	deux routes se croisent
le feu rouge	die Ampel	les voitures s'arrêtent au ~
le passage clouté	der Fußgängerüberweg	prendre le ~
la route	die Landstraße	la ~ nationale / la ~ européenne / l'état de la ~ / une bonne ~ / la ~ monte / la ~ descend / se mettre en ~
une autoroute	eine Autobahn	l'~ à péage (gebührenpflichtig)
le chemin	1. der Weg	demander son ~ / indiquer à qn le ~
	2. die Wegstrecke	faire le ~ d'ici à Pau / se tromper de ~
la déviation	die Umleitung	prendre la ~
le détour	der Umweg	faire un ~
le virage	die Kurve	un ~ dangereux
le col	der Pass (im Gebirge)	les ~s des Alpes / le ~ du Simplon
le tunnel	der Tunnel	un ~ routier / le ~ sous la Manche
le réseau (-x)	das Netz	le ~ routier

187 Circulation – Verkehr   (→ 255 Gehen, fahren   → 262 Holen, bringen)

la circulation	der Straßenverkehr	la ~ est intense / un accident de la ~
le trafic	der Verkehr	le ~ routier / le ~ maritime
le piéton	der Fußgänger	les ~s traversent la rue
le passant	der Passant	les ~s se promènent sur les grands boulevards
le véhicule	das Fahrzeug	«Voie interdite à tout ~.»
1. la bicyclette	das Fahrrad	une ~ d'homme / aller à ~
2. le vélo		faire du ~
le cycliste	der Radfahrer	le ~ a été renversé par une voiture
le vélomoteur	das Moped	rouler à ~
la moto [mɔto]	das Motorrad	une grosse ~ / la ~ fait du bruit / aller très vite sur la ~
1. une auto [oto]	ein Auto	se promener en ~ / la file des ~s sur la route / faire de l'~-stop
2. une voiture		une ~ rapide / la ~ de sport
le taxi	das Taxi	appeler un ~ / prendre un ~ pour Orly
un autobus	ein Autobus (Stadtverkehr)	un arrêt d'~ / attendre l'~ / l'~ est complet (besetzt)
un autocar	ein Reisebus	un ~ confortable / faire un voyage en ~ / un car d'excursion
la camionnette	der Lieferwagen	livrer des marchandises avec la ~

Activités professionnelles, loisirs – Arbeitswelt, Freizeit

1. le camion	der Lkw	charger le ~ / décharger le ~
2. le poids lourd	Lkw und Bus	
la remorque	der Anhänger	une ~ de camion / tirer la ~ / prendre en ~

Auto – Auto   188

le phare	der Scheinwerfer	allumer les ~s / éteindre les ~s
le pare-brise	die Windschutzscheibe	les ~ / nettoyer le ~
un essuie-glace	ein Scheibenwischer	faire marcher les ~
le coffre	der Kofferraum	mettre les valises dans le ~
la roue	das Rad	la ~ de secours / changer la ~
le pneu	der Reifen	changer les ~s / le ~ a crevé
le caoutchouc	der Gummi	le pneu est en ~
gonfler	aufpumpen	~ le pneu
le moteur [mɔ-]	der Motor	le ~ à 4 cylindres / un ~ puissant / le ~ diesel / le ~ électrique
l'huile (f)	das Öl	contrôler l'~
l'essence (f)	das Benzin	(~) super / (~) ordinaire / l'~ sans plomb / le poste d'~ / prendre 30 litres d'~ / le réservoir d'~ / le moteur consomme beaucoup d'~
faire le plein	volltanken	«Faites le plein.»
le garage	1. die Reparatur-werkstatt	faire réparer la voiture au ~
	2. die Garage	un ~ particulier / mettre sa voiture au ~ / la sortie de ~
1. le garagiste	der Kraftfahrzeug-mechaniker	le ~ a dépanné la voiture
2. le mécanicien		

Conduire – Fahren   (→ 258 Geschwindigkeit → 259 Richtung) 189

1. le chauffeur	der Fahrer	un ~ de taxi / un ~ prudent
2. le conducteur		le ~ de train
conduire [23]	fahren (= steuern)	~ la voiture / apprendre à ~ à l'auto-école
le permis de conduire	der Führerschein	passer ~
démarrer	starten	monter dans la voiture et ~
l'embrayage (m)	die Kupplung	enfoncer la pédale d'~
le levier de vitesses	die Gangschaltung	le ~ est au point mort (Leerlauf) / mettre la 1ère vitesse
la marche arrière	der Rückwärtsgang	mettre la ~
le rétroviseur	der Rückspiegel	regarder dans le ~
le clignotant	der Blinker	mettre le ~
le volant	das Steuerrad	se mettre au ~ / être au ~

[23] conduire: je conduis, nous conduisons, ils conduisent – il conduisit – il a conduit

Activités professionnelles, loisirs – Arbeitswelt, Freizeit

l'avertisseur (m)	die Hupe	l'usage des ~s est interdit dans les grandes villes
l'accélérateur (m)	das Gaspedal	appuyer sur l'~
rouler	fahren	~ à droite / ~ à 100 km à l'heure / ~ à toute vitesse
1. dépasser	überholen	~ rapidement / interdiction de ~
2. doubler		~ un camion
ralentir	langsamer werden	~ devant le feu rouge
freiner	bremsen	~ pour s'arrêter
le frein [frɛ̃]	die Bremse	le ~ à main / le ~ à disque / appuyer sur le ~ / la pédale de ~
arrêter	anhalten	la voiture s'arrête
le stationnement	das Parken	le parc de ~ / le ~ est réglementé ou interdit
garer	parken	~ sa voiture au bord du trottoir
le disque	die Parkscheibe	«Zone bleue – ~ obligatoire.»

190 Panne, accident – Panne, Unfall   (→ 47 Verletzungen   → 151 Polizei)

la ceinture de sécurité	der Sicherheitsgurt	mettre la ~
la panne	die Panne	avoir une ~ de pneu / l'auto est tombée en ~
éclater	platzen	le pneu a éclaté
déraper	ins Schleudern geraten	la voiture a dérapé sur la chaussée glissante
un accident	ein Unfall	un ~ de la circulation / un ~ corporel / un grave ~ s'est produit / être grièvement blessé dans un ~ / causer un ~ / être responsable de l'~
la collision	der Zusammenstoß	une violente ~ s'est produite entre un camion et un taxi / le camion est entré en ~ avec une auto
les dégâts (m)	der Schaden	causer des ~ / constater les ~
écraser	zerdrücken, überfahren	être écrasé par une auto / une voiture s'écrase contre un arbre
la victime	das Opfer	les ~s de l'accident / être ~ d'un accident
un embouteillage	ein Stau	être pris dans un ~
l'assurance (f)	die Versicherung	une compagnie d'~s / contracter une ~ automobile / la police d'~
s'assurer	sich versichern	~ contre le vol
un assuré	ein Versicherter	les ~s sociaux
une indemnité	eine Entschädigung	recevoir une ~ pour qc

120

Activités professionnelles, loisirs – Arbeitswelt, Freizeit

Transport par rail – Schienenverkehr   191

le métro	die U-Bahn	la bouche de ~ (Eingang)
les chemins de fer	die Eisenbahn (Transportunternehmen)	faire un trajet en chemin de fer
le train	der Zug	le ~ de marchandises / le ~ de banlieue / prendre le ~ / ~ à grande vitesse (T.G.V.)
la locomotive	die Lokomotive	une ~ électrique / la ~ tire les wagons
le mécanicien	der Lokomotivführer	le ~ conduit la locomotive
un omnibus	ein Personenzug	l'~ dessert (halten an) toutes les stations
un express	ein Eilzug	le trajet dure une heure par l'~
le rapide	der Schnellzug	le ~ s'arrête seulement à quelques gares importantes
le wagon	der Eisenbahnwagen	le ~ de voyageurs / le ~-restaurant / le ~-lit / le ~-couchettes (Liegewagen) / le ~ de marchandises
le compartiment	das Abteil	s'installer dans un ~ pour fumeurs / le ~ à couchettes
la place	der Sitzplatz	«Cette ~ est-elle libre?» / occuper une ~ près de la fenêtre
se pencher	sich hinauslehnen	«Ne pas ~ au-dehors.»
le contrôleur	der Kontrolleur	le ~ passe dans les compartiments pour vérifier les billets
le contrôle	die Kontrolle	se présenter au ~
la voie	das Gleis	une ligne à ~ unique / «Défense de traverser les ~s»
le rail [raːj]	die Schiene	rouler sur des ~s / le transport par ~
le signal (-aux)	das Signal	un ~ d'arrêt / respecter le ~
le passage	der Bahnübergang	le ~ à niveau / le ~ souterrain
la barrière	die Schranke	le garde-~

Gare – Bahnhof   (→ 196 Tourismus)   192

la station	die Station	la ~ de métro / la ~ de taxis
la gare	der Bahnhof	l'omnibus entre en ~ / le chef de ~
le terminus	der Kopfbahnhof, die Endstation	«~, tout le monde descend!» / le ~ d'une ligne d'autobus
le guichet	der Schalter	faire la queue au ~
1. le billet	die Fahrkarte	prendre un ~ de seconde classe pour Paris / le ~ d'aller et retour
2. le ticket		le ~ d'autobus / un carnet de ~s / le ~ de métro
le tarif	der Fahrpreis	le ~ en première classe est plus élevé qu'en seconde
les renseignements (m)	die Auskunft	aller au bureau des ~ / donner des ~

Circulation:

l'avion (1)
la locomotive (2)
le wagon (3)
le vélomoteur (4)
la voiture (5)
la bicyclette (6)
la camionnette (7)
la moto (8)
le camion (9)
l'autobus (10)
le métro (11)

Activités professionnelles, loisirs – Arbeitswelt, Freizeit

un horaire	ein Fahrplan	consulter l'~ / l'~ indique les heures d'arrivée et de départ des trains
l'arrivée (f)	die Ankunft	l'~ du train / l'heure d'~
le départ	die Abfahrt	l'heure du ~
le quai [kɛ:]	der Bahnsteig	~ 3 voie 2
attendre	warten	~ l'arrivée du train
l'attente (f)	das Warten	la salle d'~
monter	einsteigen	~ en voiture
«En voiture!»	„Einsteigen bitte!"	«~, s'il vous plaît!»
descendre	aussteigen	~ du train / ~ à Marseille
la correspondance	der Anschluss	manquer la ~ (verpassen)
le réseau (-x)	das Netz	le ~ ferroviaire
le buffet	die Bahnhofsgaststätte	prendre le déjeuner au ~
la consigne	die Gepäckaufbewahrung	laisser sa valise à la ~ / déposer sa valise à la ~ automatique (Schließfach)
les bagages (m)	das Gepäck	les ~ à main / des ~ légers / les gros ~ / faire enregistrer ses ~ (aufgeben)
la valise	der Koffer	faire la ~ / défaire la ~ / porter la ~
emporter	mitnehmen	~ du linge, des robes

Avion – Flugzeug   193

l'aviation (f)	das Flugwesen	l'~ civile / l'~ militaire
aérien, aérienne	Luft ...	AIR FRANCE est une compagnie ~ne
un avion	ein Flugzeug	un ~ de ligne / un ~ de transport / l'~ supersonique / l'~ monte / l'~ est au-dessus de Lyon / l'~ descend
un hélicoptère	ein Hubschrauber	l'~ décolle verticalement
le pilote [pilɔt]	der Pilot	le co-~ / le ~ d'essai (Testpilot)
une hôtesse de l'air	eine Stewardess	l'~ sert des rafraîchissements aux passagers
décoller	starten	l'avion décolle
voler	fliegen	l'avion vole de Paris à Rome
une aile	ein Flügel	les deux ~s de l'avion
atterrir	landen	l'avion atterrit sur la piste d'atterrissage
un aéroport	ein Flughafen	l'~ de Paris / aller à l'~

Bateau – Schiff   (→ 214 Meer, Strand)   194

la marine	die Marine	la ~ marchande / la ~ de guerre
le bateau (-x)	das Schiff	le ~ de commerce / le ~ de plaisance (Sport) / le ~ de pêche
le paquebot	der Passagierdampfer	aller en Amérique en ~ / un grand ~

Activités professionnelles, loisirs – Arbeitswelt, Freizeit

le navire	das Schiff (groß)	un ~ de commerce / le ~ de guerre
le cargo	das Frachtschiff	le ~ transporte des marchandises
le pétrolier	das Tankschiff	le ~ transporte du pétrole
1. la barque	das Boot	la ~ de pêcheurs
2. le canot		le ~ à rames (Ruder)
une ancre	ein Anker	jeter l'~ / lever l'~
la chaîne	die Kette	une ~ d'ancre
le mât	der Mast	un trois-~s
la voile	das Segel	un bateau à ~s / mettre les ~s / l'école de ~
le pont	das Deck	le ~ avant / le ~ supérieur / le ~ promenade / être sur le ~
la cabine	die Kabine	la ~ de luxe
le passager	der Passagier	les ~ sont à bord / un ~ clandestin (blinder)
le mal de mer	die Seekrankheit	avoir le ~ / souffrir du ~
le passage	die Überfahrt	payer le ~
être à bord	an Bord sein	monter à bord par la passerelle
le capitaine [-tɛn]	der Kapitän (eines Handelsschiffes)	le ~ en second (1. Offizier)
le commandant	der Kommandant	le ~ d'un sous-marin
l'équipage (m)	die Besatzung	un homme d'~
le marin	der Seemann, der Matrose	le costume de ~ / le béret de ~
le naufrage	der Schiffbruch	le navire fait ~ / les survivants du ~
se noyer	ertrinken	~ en mer
sauver	retten	«Sauve qui peut!» / ~ la vie à qn
le sauvetage	die Rettung	le canot de ~ / le gilet de ~ (Rettungsweste)

195 Port – Hafen

le port [pɔːr]	der Hafen	le ~ de Marseille / le ~ maritime / le ~ de pêche / le ~ de plaisance / le bateau entre dans le ~ / le bateau sort du ~
le bassin	das Hafenbecken	les ~s du port
le quai [kɛ]	der Kai	le navire est à ~
la grue	der Kran	une ~ de chargement / une ~ de chantier (Bau)
équiper	ausrüsten	~ le navire
l'équipement (m)	die Ausrüstung	l'~ du navire
le chantier naval	die Werft	visiter un ~ / travailler au ~
le phare	der Leuchtturm	un ~ à feu tournant / allumer le ~ / le gardien de ~
la position	die Position	la ~ du navire / les feux de ~
le pilote [pilɔt]	der Lotse	le ~ monte à bord

Activités professionnelles, loisirs – Arbeitswelt, Freizeit

Tourisme – Tourismus ⠀⠀⠀⠀⠀⠀⠀⠀⠀⠀⠀⠀⠀⠀⠀⠀⠀ 196

une agence de voyages	ein Reisebüro	acheter un billet d'avion dans une ~
le syndicat d'initiative	der Fremdenverkehrs-verein	s'adresser au ~ pour se faire réserver une chambre
le tourisme	der Tourismus	faire du ~
le touriste	der Tourist	les ~s étrangers en France
le voyageur	der Reisende	les ~s pour Paris / le ~ de commerce
voyager	reisen	~ en voiture / ~ en France
le voyage	die Reise	faire un ~ autour du monde / un ~ d'étude / un ~ d'affaires / souhaiter bon ~ / partir en ~ / être en ~
une excursion	ein Ausflug	une ~ en montagne / une ~ dans les environs de la ville
le circuit	die Rundfahrt	un ~ d'autocar
une étape	eine Etappe	fixer les ~s / les ~s du Tour de France
un itinéraire	eine Reiseroute	l'~ passe par Rome
visiter	besichtigen	~ le château de Versailles / ~ les monuments de la ville / ~ le musée
le guide	1. der Fremdenführer	suivre le ~ / le ~ explique tout
	2. der Reiseführer (Buch)	acheter un ~ Michelin / consulter le ~
le souvenir	das Andenken	rapporter des ~s d'Italie

Hôtel, Camping – Hotel, Camping ⠀⠀⠀(→ 42 Restaurant) 197

un hôtel	ein Hotel	descendre à l'~ / un ~ garni / l'~ est complet
la pension	1. die Pension	une ~ familiale
	2. Unterkunft und Verpflegung	le prix de la ~ complète
une auberge	ein Gasthaus	une ~ de jeunesse
la réception	der Empfang	accueillir les voyageurs à la ~
réserver	reservieren	~ une chambre pour une personne
la chambre	das Zimmer	une ~ à deux lits / une ~ avec salle de bains / désirer une ~
le séjour	der Aufenthalt	un ~ à la campagne / un ~ agréable / faire un ~ en France
le pourboire	das Trinkgeld	donner un ~
le terrain de camping	der Campingplatz	faire du camping pendant les vacances
la tente	das Zelt	monter la ~ (aufbauen)
le sac de couchage	der Schlafsack	apporter son ~
le camp	das Lager	le ~ de vacances
camper	lagern, zelten	~ pendant les vacances
la caravane	der Wohnwagen	la ~ est remorquée par une auto

125

Activités professionnelles, loisirs – Arbeitswelt, Freizeit

Loisirs – Freizeit

198 Jeu – Spiel

le loisir	1. die Freizeit	avoir deux heures de ~
	2. die Freizeit-beschäftigung	des ~s qui coûtent cher / les ~s en plein air
la distraction	die Entspannung	il me faut un peu de ~ / les ~s du soir
le jeu (-x)	das Spiel	les ~x d'enfant / participer au ~ / la règle du ~ / le ~ de société
jouer	spielen	l'enfant joue / ~ dans la rue
le jouet	das Spielzeug	un ~ pour garçons / le ~ amuse les enfants
la poupée	die Puppe	la fillette joue avec sa ~
1. la balle	der Ball	jouer à la ~ / envoyer la ~ / recevoir la ~ / la ~ de tennis
2. le ballon	großer Ball	un ~ de football / un ~ de cuir (Leder)
la boule	die Kugel	jouer aux ~s / lancer la ~
la corde à sauter	das Seil	sauter à la ~
les échecs (m)	das Schachspiel	jouer aux ~ / une partie d'~
le jeu de cartes	das Kartenspiel	gagner le ~ / perdre le ~
la carte (à jouer)	die Spielkarte	jouer aux ~s / battre (mischen) les ~s / distribuer les ~s
le roi	der König	le ~ de trèfle (Kreuz)
la dame	die Dame	la ~ de cœur / la ~ de carreau
le valet	der Bube	le ~ de pique
un adversaire	ein Gegner	vaincre l'~
le partenaire	der Partner	le ~ de jeu
gagner	gewinnen	~ le jeu / ~ cent mille francs à la loterie
tricher	mogeln	chercher à ~ / ~ aux cartes

199 Sport – Sport

le sport	der Sport	faire du ~ / le terrain de ~ / un journal de ~ / le ~ d'hiver
sportif, sportive	sportlich	il est un grand ~ / un garçon ~
le champion du monde	der Weltmeister	le ~ de boxe
le record	der Rekord	le ~ du monde
entraîner	trainieren	~ une équipe (Mannschaft) / s'~ à la nage
le stade	das Stadion	le ~ olympique
une épreuve	ein Wettkampf	une ~ de course / une ~ de natation
la course	der Lauf, das Laufen, das Rennen	la ~ sur cent mètres / le champ de ~s / la piste de ~ / la ~ cycliste

Activités professionnelles, loisirs – Arbeitswelt, Freizeit

courir	laufen	~ les cent mètres / il a couru très vite
le saut	der Sprung	le ~ en hauteur / le ~ en longueur / le ~ à la perche (Stab)
sauter	springen	il a sauté 4.50 mètres
le ski [ski]	der Schilauf	faire du ~ / le ~ nautique
nager	schwimmen	~ la brasse (Brust) / ~ le crawl
la piscine [pisin]	das Schwimmbad	aller à la ~
le tennis [-nis]	das Tennisspielen	jouer au ~ / le terrain de ~ / une partie de ~ / le ~ de table

Football – Fußball   200

le football [futbol]	der Fußball	jouer au ~ / le joueur de ~ / le ballon de ~ / le championnat de France de ~
le terrain de football	der Fußballplatz	jouer au ~
le match [matʃ]	das Spiel	le ~ de football / le ~ amical / faire ~ nul (unentschieden spielen)
une équipe	eine Mannschaft	jouer en ~ / une ~ de football

un avant	ein Stürmer		un arrière	ein Verteidiger
l'ailier de droite	der Rechtsaußen		le gardien de but	der Torwart
le demi	der Läufer		l'entraîneur	der Trainer

le but	das Tor	«~!» / envoyer le ballon dans les ~s / gagner par trois ~s à zéro
un arbitre	ein Schiedsrichter	respecter la décision de l'~
siffler	pfeifen	l'arbitre siffle une faute
le sifflet	die Pfeife	un coup de ~
la mi-temps	die Halbzeit	la ~ du match de football / la seconde ~

Danser – Tanzen   (→ 128 Besuch, Zusammensein)   201

danser	tanzen	~ avec qn / le cavalier (Herr) invite la jeune fille à ~ / ~ bien / une soirée dansante
le danseur	der Tänzer	il est bon ~ / des couples de ~s
la danse	der Tanz	les ~s modernes / la musique de ~ / un orchestre de ~ / prendre des leçons de ~ / le pas de ~
le ballet	das Ballett	le ~ de l'opéra
la surprise-partie	die Party	être invité à une ~ / les surprises-parties
le dancing [dɑ̃siɲ]	das Tanzlokal	aller dans un ~
le disque	die Schallplatte	mettre un ~ / ce ~ est numéro un du hit parade français
le microsillon	die LP	acheter un ~
1. le tourne-disque	der Plattenspieler	faire marcher le ~
2. le phono		

127

Activités professionnelles, loisirs – Arbeitswelt, Freizeit

| la cassette | die Kassette | acheter des ~s |
| enregistrer | aufnehmen | ~ de la musique |

202 Musique – Musik   (→ 9 Ohr, hören)

la musique	die Musik	la ~ d'orchestre / faire de la ~ / écouter de la ~ à la radio / la ~ moderne
la note	die Note	les ~s de la gamme (Tonleiter)
le ton	der Ton	donner le ~ / «do», «ré», «mi» ... sont des ~s
la mesure	der Takt	la ~ à quatre temps (4/4-Takt)
le rythme	der Rhythmus	marquer le ~ / battre le ~
composer	komponieren	~ de la musique
la chanson	das Lied	la ~ populaire
chanter	singen	~ une chanson / ~ faux
le chant	der Gesang	apprendre le ~
un air	eine Melodie	l'~ et les paroles de la Marseillaise
un opéra	eine Oper	un ~ de Gounod
1. le concert	das Konzert (Veranstaltung)	la salle de ~
2. le concerto	das Konzert (Musik-stück)	un ~ pour piano et orchestre
la symphonie	die Symphonie	une ~ de Beethoven
le musicien	der Musiker	le ~ joue un morceau de musique
le jeu (-x)	das Spiel	le ~ du pianiste
un orchestre	ein Orchester	un ~ symphonique / l'~ joue, dirigé par ... / le chef d'~
un instrument	ein Instrument	jouer d'un ~ de musique / des ~s à cordes (Saiten)
le violon	die Geige	accorder (stimmen) le ~ / les cordes du ~
la guitare	die Gitarre	s'accompagner de sa ~
la trompette	die Trompete	jouer de la ~
le piano	das Klavier	le ~ à queue (Flügel) / les touches du ~ (Tasten)

203 Art, peinture – Kunst, Malerei   (→ 14 Farben)

l'art (m)	die Kunst	les beaux-~s / une œuvre d'~
un artiste	ein Künstler	un grand ~
le génie	das Genie	le poète a du ~ / Victor Hugo était un ~
la peinture	1. die Malerei	la ~ à l'huile / aimer la ~
	2. die Farbe (Flüssig-keit)	un tube de ~ / la ~ sèche (trocknet)

128

Activités professionnelles, loisirs – Arbeitswelt, Freizeit

le peintre	der Maler	un ~ abstrait / un ~ du dimanche
peindre [24]	1. malen	~ un tableau / ~ un paysage
	2. anstreichen	~ le mur / ~ en bleu
dessiner	zeichnen	~ au crayon
le dessin	die Zeichnung	faire un beau ~ / le carton à ~
un atelier	ein Atelier	le peintre travaille dans son ~
(de peinture)		
le pinceau (-x)	der Pinsel	tremper le ~ dans la peinture
la toile	die Leinwand	la peinture sur ~ / acheter des ~s
le tableau (-x)	das Bild	contempler un ~ / accrocher un ~ au
		mur
le portrait	das Porträt	faire le ~ de qn / un ~ ressemblant /
		un auto-~
le modèle	das Modell	dessiner d'après le ~
le cadre	der Rahmen	un ~ doré (vergoldet)
la sculpture	1. die Bildhauerei	l'art de la ~
	2. die Skulptur	une ~ de marbre (Marmor)
le sculpteur	der Bildhauer	Rodin était un célèbre ~ français
sculpter	1. in Stein hauen	une œuvre sculptée
	2. schnitzen	~ le bois
la statue	die Statue	une ~ grecque
le musée	das Museum	le ~ du Louvre, à Paris
l'exposition (f)	die Ausstellung	une ~ de tableaux

Goût – Geschmack 204

le goût	der Geschmack	le ~ personnel / le bon ~
beau (bel), belle,	schön	un ~ tableau / une belle femme / un ~
beaux, belles		paysage
la beauté	die Schönheit	la ~ physique (äußere) / la ~ parfaite
joli, jolie	hübsch	un ~ tableau / une ~e maison
magnifique	großartig	un château ~
merveilleux, -euse	wunderbar	entendre un chant ~ / un livre ~
la merveille	etwas Wunderbares	faire ~ / à ~
formidable	prima, toll	un film ~
orner	schmücken, verzieren	~ sa chambre de fleurs
laid, laide	hässlich	un visage ~ / un monument ~
affreux, -euse	scheußlich	un chapeau ~ / c'est ~
horrible	schrecklich, grässlich	avoir une ~ écriture
le dégoût	der Ekel	inspirer du ~ / avoir du ~ pour qc

Littérature – Literatur 205

la littérature	die Literatur	l'histoire de la ~ française
classique	klassisch	la littérature ~
un auteur	ein Verfasser	les ~s classiques / l'~ de ce roman

---

[24] peindre: je peins, il peint, nous peignons, ils peignent – il peignit – il a peint

Activités professionnelles, loisirs – Arbeitswelt, Freizeit

un écrivain	ein Schriftsteller	les grands ~s français
le poète	der Dichter	le ~ lyrique
1. un ouvrage	ein Werk (Buch)	publier un ~
2. une œuvre	ein Werk (Gesamt-werk)	l'~ de Corneille / le chef-d'~
le roman	der Roman	un ~ de Balzac / le héros du ~
le roman-feuilleton	der Fortsetzungsroman	le ~ dans un journal
le roman policier	der Kriminalroman	lire volontiers des romans policiers
la bande dessinée	die Bildgeschichte	«Astérix» est une histoire racontée en ~
une histoire	eine Geschichte	raconter une ~ / une ~ pour rire
1. le récit	die Erzählung (Bericht)	faire le ~ de qc
2. le conte	die Erzählung (märchenhaft)	le ~ de fées / les ~s de Mille et une nuits
la fable	die Fabel	les ~s de La Fontaine / la morale de la ~
la poésie	die Dichtung	la ~ lyrique
le poème	das Gedicht	apprendre un ~ par cœur / faire un ~
le vers	der Vers	un ~ de douze syllabes
le style	der Stil	le ~ de l'écrivain / un ~ clair / un ~ obscur
citer	zitieren	~ un vers de La Fontaine

206 Théâtre – Theater

le théâtre	1. das Theater 2. das dramatische Werk	prendre un billet pour aller au ~ le ~ de Corneille
la pièce	das Theaterstück	une ~ en cinq actes
la tragédie	die Tragödie	aller voir une ~ de Racine
tragique	tragisch	un auteur ~ / une scène ~
la comédie	das Lustspiel	les ~s de Molière / la Comédie-Française (Theater in Paris)
comique	komisch	Molière fut un auteur ~
le drame	das Schauspiel, das Drama	un ~ romantique de Victor Hugo
un acte	ein Akt	le premier ~ / le dernier ~
l'action (f)	die Handlung	l'~ se passe à Paris / le lieu de l'~
le personnage	die Person	la liste des ~s / le ~ principal
le spectacle	die Vorstellung	le ~ commence à 18 heures
représenter	aufführen	~ une tragédie
la représentation	die Aufführung	la première ~ (Uraufführung)
jouer	spielen	on joue une tragédie de Corneille
le metteur en scène	der Regisseur	le ~ distribue les rôles
un acteur,	ein Schauspieler,	l'~ joue dans la pièce
une actrice	eine Schauspielerin	
la vedette	der Star	une ~ de cinéma

130

le rôle	die Rolle	avoir le ~ principal dans la pièce / savoir son ~
la scène	1. die Bühne	les décors de la ~ / la ~ représente une rue / l'acteur entre en ~
	2. der Auftritt	la seconde ~ du dernier acte
le rideau (-x)	der Vorhang	lever le ~ / baisser le ~
la salle	der Zuschauerraum	la ~ est pleine
le parterre	das Parterre	prendre place au ~
le rang	der Rang	le premier ~
le spectateur,	der Zuschauer,	les ~s assistent au spectacle
la spectatrice	die Zuschauerin	
le public	das Publikum	un ~ curieux / le ~ applaudit / le ~ siffle la pièce
la critique	die Kritik	faire la ~ de la pièce / une bonne ~
critiquer	kritisieren	~ la pièce

Cinéma, télévision, vidéo – Kino, Fernsehen, Video   207

le cinéma	das Kino	aller au ~
une ouvreuse	eine Platzanweiserin	donner un pourboire à l'~
le film	der Film	voir un bon ~ / un ~ policier / un ~ interdit aux moins de treize ans / tourner un ~
les actualités (f)	die Wochenschau	voir les ~
un écran	eine Leinwand, der Bildschirm	un ~ de projection
la télévision	das Fernsehen	regarder la ~ / un poste de ~
télévisé, -e	Fernseh ...	le journal ~ (Tagesschau)
la chaîne	das Programm	la 1e ~ / la 2e ~
une émission	eine Sendung	une ~ musicale / une ~ en direct (Live)
la radio	das Radio	un auditeur de la ~ / écouter de la musique à la ~ / le poste de ~
le transistor	das Kofferradio	acheter un ~
la caméra vidéo	die Videokamera	acheter une ~
le magnétoscope	der Videorekorder	avoir un ~
la cassette	die Kassette	la ~ vidéo
un ordinateur	ein Computer	acheter des disquettes de jeux pour l'~

Photographie – Fotografie   208

la photographie	die Fotografie	la ~ en couleurs
photographier	fotografieren	~ l'Arc de Triomphe / se faire ~
un appareil photographique	ein Fotoapparat	emmener son ~
un objectif	ein Objektiv	les lentilles de l'~ (Linsen)
le viseur	der Sucher	le ~ d'une caméra

Activités professionnelles, loisirs – Arbeitswelt, Freizeit

L'audio-visuel:

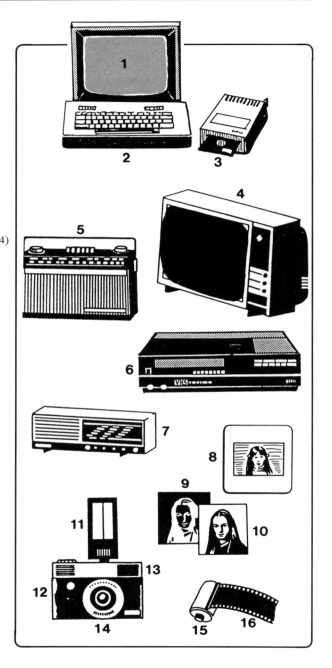

l'écran (1)
l'ordinateur (2)
la disquette (3)
le poste de télévision (4)
le transistor (5)
le magnétoscope (6)
le poste de radio (7)
la diapositive (8)
l'épreuve négative (9)
l'épreuve positive (10)
le flash (11)
l'appareil photographique (12)
le viseur (13)
l'objectif (14)
la cartouche (15)
la pellicule (16)

Activités professionnelles, loisirs – Arbeitswelt, Freizeit

1. le film	der Film	la cartouche du ~ / la sensibilité du ~ / mettre le ~ dans l'appareil / exposer le ~ / enlever le ~ de l'appareil / développer le ~
2. la pellicule	der Film (für Fotoapparat)	acheter une ~
le flash [flaʃ]	das Blitzlicht	prendre une photo avec un ~
la photo [fɔto]	das Foto	la ~ est réussie / la ~ est nette / une ~ d'identité
une épreuve	ein Abzug	l'~ négative / tirer des ~s positives
la vue	die Aufnahme	une ~ de l'Arc de Triomphe
la diapositive	das Dia(positiv)	projeter des ~s
une image	ein Bild	une ~ nette (scharf)

133

Nature – Umwelt

Temps – Wetter

209 Beau temps – Schönes Wetter (→ 212 Himmel → 239 Jahr)

le temps	das Wetter	le beau ∼ / le mauvais ∼ / le ∼ est variable / le changement de ∼
le bulletin météorologique	der Wetterbericht	le ∼ annonce du beau temps
il fait beau	es ist schönes Wetter	le ciel est bleu: ∼
la chaleur	die Wärme, die Hitze	une ∼ insupportable
chaud, chaude	warm, heiß	il fait ∼ / le temps est ∼ / j'ai ∼ / une journée ∼e / un été ∼
1. transpirer	schwitzen	∼ à grosses gouttes
2. suer		∼ de fatigue
l'air (m)	die Luft	l'∼ frais du matin / l'∼ pur des montagnes / un courant d'∼
le soleil	die Sonne	le ∼ se lève / le ∼ se couche / le lever du ∼ / le coucher du ∼
briller	scheinen	le soleil brille
la température	die Temperatur	la ∼ maximale / la ∼ est en hausse – en baisse
le thermomètre	das Thermometer	le ∼ indique la température / le ∼ monte – descend
le degré	der Grad	il fait 25° à l'ombre
la pression	der Luftdruck	la ∼ atmosphérique / la haute ∼ / la basse ∼
le climat [klima]	das Klima	le ∼ chaud / le ∼ humide

210 Mauvais temps – Schlechtes Wetter

1. le brouillard	der Nebel	le ∼ épais / le ∼ se lève / le ∼ se dissipe
2. la brume	der Nebel (über dem Wasser)	
la pluie	der Regen	la ∼ tombe / la ∼ s'arrête
une averse	ein Schauer	il y a quelques ∼s
pleuvoir [1]	regnen	il pleut toute la journée
la goutte	der Tropfen	les ∼s de pluie
le nuage	die Wolke	un gros ∼ / un ∼ orageux / le ciel est couvert de ∼s
un orage	ein Gewitter	l'∼ approche / un violent ∼ s'abat sur la ville

---

[1] pleuvoir: il pleut – il plut – il a plu – il pleuvra

Nature – Umwelt

un éclair	ein Blitz, ein Wetterleuchten	l'~ illumine le ciel
le tonnerre	der Donner	un coup de ~ / le ~ gronde (rollt) / entendre le ~ / avoir peur du ~
la foudre	der Blitzschlag (von Donner begleitet)	la ~ est tombée sur la maison / tué par la ~
le vent	der Wind	un ~ frais souffle avec violence / les ~s seront faibles / le ~ vient du secteur ouest
la tempête	der Sturm	la violence de la ~
la grêle	der Hagel	une averse de ~
tremper	durchnässen	être trempé par l'orage
mouillé, mouillée	naß	faire sécher ses vêtements ~s
le parapluie	der Regenschirm	ouvrir son ~ / fermer son ~
un imperméable	ein Regenmantel	mettre l'~ pour ne pas être mouillé
s'abriter	sich unterstellen	~ de la pluie
un abri	ein Unterstand	se mettre à l'~ de la pluie

Temps froid – Kaltes Wetter   (→ 46 Sich erkälten)   211

froid, froide	kalt	il fait ~ / un hiver ~ / j'ai ~ / trembler de ~
la neige	der Schnee	la ~ tombe / un flocon de ~ / la ~ couvre la terre / lancer une boule de ~ / un bonhomme de ~
neiger	schneien	il neige
une avalanche	eine Lawine	être emporté par une ~
geler	frieren, zufrieren	il gèle / le lac gèle
la glace	das Eis	le lac est couvert de ~
le verglas [vɛrgla]	das Glatteis	un accident dû au ~
glacé, glacée	eiskalt, gefroren	l'eau ~e / un vent ~
fondre	schmelzen	la neige fond au soleil / la glace a fondu

Géographie – Geographie

Ciel – Himmel   212

le ciel	der Himmel	le ~ est clair / un ~ gris / un ~ couvert
l'atmosphère (f)	die Atmosphäre	la haute ~
l'espace (m)	der Weltraum	lancer une fusée dans l'~
le monde	die Welt	l'origine du ~
le soleil	die Sonne	l'éclipse de ~ (Sonnenfinsternis) / les planètes gravitent autour du ~
la lune	der Mond	la pleine ~ / la ~ brille dans la nuit

Nature – Umwelt

une étoile	ein Stern	les ~s fixes / observer les ~s / les ~s brillent au ciel
le satellite	der Satellit	le premier ~ artificiel, le «Spoutnik», a été lancé en 1957
le vaisseau cosmique	das Raumschiff	les cosmonautes qui sont à bord du ~ / le ~ se pose sur la lune
la fusée	die Rakete	la ~ lunaire Saturne

213 Terre – Erde

(→ 139 Staat → 140 Ausland)

la terre	die Erde	la planète ~ / la ~ tourne autour du soleil
le globe [glɔb]	1. die Erdkugel	la surface du ~
	2. der Globus	offrir un ~ à un garçon
la géographie	die Erdkunde	étudier la ~ / la ~ de la France
la carte	die Landkarte	chercher le nom de la ville sur la ~
le plan	der Stadtplan	acheter un ~ de Paris
le continent	der Erdteil	les cinq ~s
l'Europe (f)	Europa	l'~ occidentale (West-) / l'~ orientale (Ost-)
occidental, -e, -aux, -les	westlich	les pays occidentaux
la France	Frankreich	la ~ est un pays de l'Europe occidentale
le Français	der Franzose	le ~ moyen / la Française
français, -e	französisch	la langue ~e / la nationalité ~e
la Suisse	die Schweiz	la ~ romande (französische)
la Belgique	Belgien	les Flamands et les Wallons habitent la ~
belge	belgisch	la frontière franco-~
l'Afrique (f)	Afrika	l'~ noire / un noir d'~ / les pays franco-phones de l'~
l'Amérique (f)	Amerika	l'~ du Nord / l'~ du Sud
le Canada	Kanada	les Franco-Canadiens
l'Asie (f)	Asien	l'~ centrale
l'Orient (m)	der Orient	le Proche-~ / le Moyen-~ / l'Extrême-~
l'Australie (f)	Australien	

214 Mer, plage – Meer, Strand

(→ 194 Schiff)

un océan	ein Ozean	l'~ Atlantique / l'~ Pacifique
la mer	das Meer	la ~ du Nord / la ~ Baltique (Ostsee)
maritime	Meer ..., See ...	un port ~
la marée	Ebbe und Flut	la ~ basse / la ~ haute
l'eau (f)	das Wasser	l'~ douce / l'~ salée / l'~ coule / la surface de l'~
la profondeur	die Tiefe	la rivière a deux mètres de ~
profond, profonde	tief	un lac ~ / l'eau est ~e

Nature – Umwelt

la vague	die Welle	une grosse ~ / les ~s se brisent
l'écume (f)	der Schaum	l'~ de la vague
l'horizon (m)	der Horizont	le lac s'étend jusqu'à l'~ / le soleil disparaît au-dessous de l'~
une île	eine Insel	l'~ de Sainte-Hélène / la presqu'île
la terre ferme	das Festland	mettre le pied sur la ~
1. le bord	die Küste, das Ufer	passer ses vacances au ~ de la mer
2. la côte	die Küste, das Ufer (Meer)	cette ville est située sur la ~ / la ~ d'Azur
la falaise	die Steilküste	les ~s au nord de la France
la plage	1. der Strand	une ~ de sable / sur la ~
	2. der Badeort	Canet-Plage
le sable	der Sand	le ~ fin / le grain de ~
se baigner	baden (im offenen Wasser)	il s'est baigné dans la mer / ~ dans la piscine
le bain	das Bad	prendre un ~ chaud (Wanne) / le maillot de ~
1. nager	schwimmen	~ dans le lac
2. flotter	schwimmen (leichter Gegenstand)	un morceau de papier flotte sur l'eau
plonger	tauchen	~ dans l'eau

Lac, fleuve – See, Fluss   (→ 224 Fische)   215

le lac	der See	un ~ tranquille / le ~ Léman (Genfer See) / le ~ du Bourget
un étang	ein Teich	pêcher dans l'~ (fischen)
1. le fleuve	der Fluss (mit Mündung ins Meer)	un large ~ / le lit du ~ / le ~ navigable (schiffbar)
2. la rivière	ein Fluss (Nebenfluss)	le poisson de ~
la source	die Quelle	la ~ du fleuve
jaillir	sprudeln	l'eau jaillit de la source
le ruisseau (-x)	der Bach	le murmure du ~
le torrent	der Sturzbach	un ~ rapide / les ~s des Pyrénées
le cours	der Lauf	le ~ du Rhône / le ~ supérieur / le ~ inférieur
couler	fließen	l'eau coule / la rivière coule
le courant	die Strömung	le ~ rapide de la rivière
une inondation	eine Überschwemmung	une terrible ~
la rive	das Flussufer	la ~ droite / habiter la ~ gauche de la Seine
le pont	die Brücke	les piles du ~ (Pfeiler) / les arches du ~ (Bögen) / le parapet du ~ (Geländer) / «Sur le ~ d'Avignon . . .»
une embouchure	eine Mündung	l'~ de la Loire
se jeter	münden	le Rhône se jette dans la Méditerranée

Nature – Umwelt

| le canal (-aux) | der Kanal | le ~ de Suez |
| le fossé | der Graben | les ~s au bord de la route / creuser un ~ |

216 Campagne – (Flaches) Land (→ 219 Ackerbau → 228 Baum, Wald)

la campagne	das Land	vivre à la ~ / un séjour à la ~
rural, -e, -aux, -es	Land …	la vie ~e / une commune ~e
le paysage	die Landschaft	un beau ~ de montagnes
la nature	die Natur	aimer la ~
l'environnement (m)	die Umwelt	protéger l'~
la pollution	die Umwelt-verschmutzung	lutter contre la ~
la plaine	die Ebene	la ~ du Pô, en Italie
la lande	die Heide	la ~ bretonne
le désert	die Wüste	le ~ du Sahara / le ~ de sable
plat, plate	flach	le pays ~
1. étendu, étendue	ausgedehnt, weit	une vue ~e
2. vaste		une ~ forêt

217 Montagnes – Gebirge (→ 261 Steigen, fallen)

la montagne	der Berg, das Gebirge	la haute ~ / les Pyrénées sont une chaîne de ~s
le volcan	der Vulkan	un ~ éteint (erloschen)
le pied	der Fuß	le ~ de la montagne
le sommet	der Gipfel	le ~ du Mont-Blanc (4807 m) / le ~ neigeux / monter sur le ~
1. l'altitude (f)	die Höhe (über dem Meeresspiegel)	4000 mètres d'~
2. le niveau (-x)	die Höhe (einer Fläche)	au-dessus du ~ de la mer
haut, haute	hoch	le sommet est très ~ / les ~es Alpes
la colline	der Hügel	la belle vue du haut de la ~
la vallée	das Tal	un village au fond de la ~
la gorge	die Schlucht	les ~s du Tarn
la pente	der Abhang	la ~ de la colline / la ~ douce / la ~ raide (steil)
le sentier	der Pfad	suivre le ~ tortueux (gewunden)
la pierre	1. das Gestein	dur comme la ~
	2. der Stein	un chemin plein de ~s
le caillou (-x) [kaju]	der kleine Stein, der Kieselstein	lancer des ~x
le bloc	der Block	un ~ de pierre / un ~ de marbre (Marmor)
le rocher	der Fels	l'immense ~ de Gibraltar
l'alpinisme (m)	der Hochgebirgssport	faire de l'~

138

Nature – Umwelt

Agriculture – Landwirtschaft

Agriculture – Landwirtschaft (→ 222 Haustiere) **218**

l'agriculture (f)	die Landwirtschaft	le Ministère de l'∼
la coopérative	die Genossenschaft	une ∼ agricole
1. le cultivateur	der Landwirt	le ∼ exploite une ferme
2. l'agriculteur		
1. le fermier	der Bauer	un riche ∼
2. le paysan		un vieux ∼
agricole	landwirtschaftlich	un ouvrier ∼ / les machines ∼s / les produits ∼s
exploiter	bewirtschaften	∼ une ferme
une exploitation	ein Betrieb	une ∼ agricole / une petite ∼
la ferme	der Bauernhof	la ∼ modèle
le domaine	das Gut	un ∼ familial
une écurie	ein Pferdestall	mettre les chevaux à l'∼
une étable	ein Stall (Kühe, Schweine)	nettoyer l'∼
le bétail	der Viehbestand	avoir vingt têtes de ∼ / donner à manger au ∼
élever	züchten	∼ des vaches / ∼ des chevaux
l'élevage (m)	die Zucht	l'∼ de moutons
le foin	das Heu	couper le ∼ / les bêtes mangent le ∼
la fourche	die Gabel, die Forke	la ∼ à fumier (Mist)
la brouette	die Schubkarre	transporter le fumier dans la ∼
la charrette	zweirädriger Wagen	conduire une ∼
la grange	die Scheune	mettre la paille dans la ∼
le hangar	der Schuppen	ranger qc dans le ∼ (stellen)
la pompe	die Pumpe	la ∼ à eau
le puits [pyi]	der Brunnen (tiefer)	aller chercher de l'eau au ∼ / un ∼ profond
la fontaine	die Quelle, der Brunnen	la ∼ publique
le seau (-x)	der Eimer	un ∼ plein d'eau

Culture – Ackerbau **219**

la culture	der Ackerbau	la ∼ du blé
cultiver	anbauen, bebauen	∼ du blé / ∼ de la vigne
le champ	das Feld	un ∼ de blé / cultiver le ∼
le sol	der Boden	un ∼ fertile (fruchtbar) / le ∼ est bon pour le blé
creuser	graben	∼ avec une pelle (Spaten)
la pioche	die Spitzhacke	donner un coup de ∼

Nature – Umwelt

piocher	hacken	~ la terre
labourer	pflügen	~ un champ
la charrue	der Pflug	labourer avec la ~
le tracteur	der Traktor	un ~ agricole / une charrue tirée par le ~
l'engrais (m)	der Dünger	mettre de l'~
humide	feucht	un pays ~
sec, sèche	trocken	le sol ~ / le sable ~
le blé	das Korn, der Weizen	semer du ~ (säen) / le ~ lève / le ~ pousse / battre le ~ (dreschen)
le maïs	der Mais	l'épi de ~ (Maiskolben)
1. la récolte	die Ernte	faire la ~ des pommes
2. la moisson	die Ernte (Kornernte)	une riche ~
1. récolter	ernten	~ des pommes
2. moissonner	ernten (Korn ernten)	
le rendement	der Ertrag	le ~ du blé à l'hectare
la paille	das Stroh	le brin de ~ (Halm)
le grain	das Korn (einzelnes)	le ~ de blé
le moulin	die Mühle	le ~ à vent / le ~ à eau
la farine	das Mehl	un sac de ~

220 Viticulture – Weinbau

le vigneron	der Weinbauer	le ~ cultive la vigne
la vigne	1. der Weinberg	les ~s de Bourgogne
	2. der Weinstock	tailler la ~ / les feuilles de ~
le raisin	die Weintraube (einzelne Frucht)	manger du ~ / les ~s blancs / les ~s mûrs / des ~s de table
la grappe	die Traube	une ~ de raisin
les vendanges (f)	die Weinlese	faire des ~
le vin	der Wein	le ~ blanc / le ~ rouge
le tonneau (-x)	die Tonne, das Fass	mettre du vin en ~ / deux ~x de vin
le champagne	der Sekt	boire du ~

Animaux, plantes – Tiere, Pflanzen

221 Animaux – Tiere

1. un animal (-aux)	ein Tier	les chiens, les chats sont des ~aux
2. une bête	ein Tier (Umgangssprache)	
domestique	Haus ...	un animal ~
sauvage	wild	un animal ~ / apprivoiser un animal ~ (zähmen)

140

Nature – Umwelt

le mâle	das Männchen	le ~ couvre la femelle (decken)
la femelle	das Weibchen	la ~ et ses petits
un instinct [ɛ̃stɛ̃]	ein Instinkt	l'~ sexuel / l'~ de conservation (Selbst-erhaltungstrieb)
le museau (-x)	die Schnauze	le ~ du chat
la gueule [gœl]	das Maul	la ~ énorme du lion
la patte	die Pfote, der Lauf,	les quatre ~s du chien / les deux ~s de la poule
la griffe	die Kralle	le chat sort les ~s
griffer	kratzen	le chat m'a griffé
la queue [kø]	der Schwanz	la ~ d'un chat / la ~ d'un coq
les poils (m)	das Fell	caresser les ~ (streicheln)
crever	verenden	la bête a crevé

Animaux domestiques – Haustiere   222

(→ 28 Milch, Eier   → 30 Fleisch, Geflügel)

le chien,	der Hund,	le ~ de berger / le ~ de chasse / «~ méchant.» / le ~ fidèle / dresser le ~ / le ~ fait le beau (macht Männchen)
la chienne	die Hündin	
aboyer [2]	bellen	Chien qui aboie ne mord pas.
mordre	beißen	le chien mord à la jambe
le chat,	die Katze (= Kater),	le ~ miaule / le ~ ronronne / le ~ fait le gros dos
la chatte	die Katze	
le cheval (-aux)	das Pferd	le ~ blanc / le ~ hennit (wiehert) / le ~ rue (schlägt aus) / le ~ tire la char-rette / atteler le ~ / le fer à ~
la jument	die Stute	la ~ et son poulain (Fohlen)
un âne	ein Esel	têtu comme un ~ (störrisch)
la vache	die Kuh	la ~ laitière / traire la ~ (melken)
le veau (-x)	das Kalb	un ~ gras
le taureau (-x)	der Stier	un ~ méchant
les cornes (f)	die Hörner	donner des coups de ~s
le bœuf [bœf]	der Ochse	élever des ~s [bø]
le mouton	das Schaf	un troupeau de ~s / le berger garde les ~s / le ~ bêle (blökt)
un agneau (-x)	ein Lamm	doux comme un ~
la chèvre	die Ziege	la barbe de la ~
le troupeau (-x)	die Herde	un ~ de moutons
1. la prairie	die Weide	les vaches paissent dans les ~s (weiden)
2. le pré	die Weide (klein)	
le cochon	das Schwein	un ~ gras / sale comme un ~ / les ~s grognent (grunzen)

___
2 aboyer: il aboie, ils aboient – il a aboyé

141

Nature – Umwelt

le porc	das Schweinefleisch	manger du ~ / du ~ rôti
le lapin	das Kaninchen	le ~ domestique
le coq	der Hahn	le ~ chante (kräht)
la poule	die Henne, das Huhn	la ~ pond des œufs / la ~ couve (brütet)
le canard	die Ente	le ~ sauvage
le pigeon	die Taube	un ~ voyageur (Brieftaube)
abattre [3]	schlachten	~ un bœuf

223 Animaux sauvages – Wilde Tiere

le gibier	das Wild	chasser le ~
le cerf [sɛr]	der Hirsch	le bois du ~ (Geweih)
la biche	die Hirschkuh	un regard de ~ / ma ~
le chevreuil [-rœj]	das Reh	un ~ gracieux / un ~ rapide
le renard	der Fuchs	le ~ rusé (listig)
le loup	der Wolf	le ~ hurle / une bande de ~s
le lièvre	der Hase	craintif comme un ~
la chasse	die Jagd	être à la ~ / le chien de ~
le chasseur	der Jäger	le ~ tire (schießt)
chasser	jagen	~ le lièvre
la trace	die Spur	suivre à la ~
un écureuil [-rœj]	ein Eichhörnchen	la queue touffue de l'~
le rat [ra]	die Ratte	le piège à ~s / le ~ ronge (nagt)
la souris	die Maus	un trou de ~
le zoo	der Zoo	aller au ~ / ce ~ est très curieux
le lion	der Löwe	le ~ rugit (brüllt)
le tigre	der Tiger	les griffes du ~
un éléphant	ein Elefant	la trompe de l'~ (Rüssel) / les défenses de l'~
le chameau (-x)	das Kamel	ce ~ a deux bosses
le singe	der Affe	laid comme un ~
la girafe	die Giraffe	le cou long de la ~

224 Poissons – Fische

(→ 214 Meer, Strand → 215 See, Fluß)

| le poisson | der Fisch | le ~ de mer / le ~ d'eau douce / la tête et la queue du ~ / les écailles du ~ (Schuppen) |

la truite	die Forelle	le saumon	der Lachs
le hareng [arã]	der Hering	la sole	die Seezunge, die Scholle
la carpe	der Karpfen	une anguille	ein Aal

la pêche	der Fischfang	aller à la ~ / la ~ à la ligne (Angel) / le bateau de ~
le pêcheur	der Fischer	un ~ tranquille au bord de la rivière
pêcher	fischen	~ dans une rivière

---

[3] abattre: il abat, ils abattent – il abattit – il a abattu

142

Nature – Umwelt

Animaux sauvages:

l'oiseau (1)
l'éléphant (2)
la girafe (3)
le chameau (4)
le lion (5)
le tigre (6)
la tortue (7)
le papillon (8)
la cigogne (9)
le scarabée (10)
la mouche (11)
l'escargot (12)
le serprent (13)
la grenouille (14)

Nature – Umwelt

| le filet | das Netz | le ~ de pêche est plein |
| tendre | auswerfen | ~ le filet |

225 Oiseaux – Vögel

un oiseau (-x)	ein Vogel	les ~x chantent / un ~ migrateur (Zug-vogel)
voler	fliegen	les oiseaux volent
s'envoler	wegfliegen	le moineau s'est envolé
le vol	der Flug	observer le ~ des oiseaux migrateurs
une aile	ein Flügel	étendre les ~s / battre des ~s
la plume	die Feder	léger comme une ~
le bec	der Schnabel	le ~ pointu
le nid	das Nest	bâtir un ~ / un ~ d'hirondelle

le moineau (-x)	der Spatz		un aigle	ein Adler
une hirondelle	eine Schwalbe		le corbeau (-x)	der Rabe
le rossignol	die Nachtigall		la cigogne	der Storch
une alouette	die Lerche		le perroquet	der Papagei

226 Insectes, reptiles etc. – Insekten, Reptilien usw.

un insecte	ein Insekt	les ~s nuisibles
la mouche	die Fliege	les ~s volent autour de la lampe / la ~ bourdonne (summt)
une abeille	eine Biene	un essaim d'~s (Schwarm)
piquer	stechen	être piqué par une abeille
la piqûre	der Stich	une ~ de moustique
le miel [mjɛl]	der Honig	doux comme le ~
le moustique	der Moskito, die Stechmücke	le ~ pique avec son stylet et transmet des maladies
la puce	der Floh	le chien a des ~s
une araignée	eine Spinne	une grosse ~ / une toile d'~
le papillon	der Schmetterling	un ~ de nuit
le scarabée	der Käfer	
le ver	der Wurm	le ~ de terre (Regenwurm)
le serpent	die Schlange	le ~ venimeux (giftig) / la morsure du ~ (Biss)
un escargot	eine Schnecke	un ~ dans sa coquille (Schneckenhaus)
la grenouille	der Frosch	la ~ coasse (quakt)
la tortue	die Schildkröte	
le crocodile	das Krokodil	

227 Plante – Pflanze   (→ 230 Blumen)

la plante	die Pflanze	le jardin des P~s
planter	pflanzen	~ des légumes
végétal, végétale, -aux, -es	Pflanzen ...	la graisse ~e

Nature – Umwelt

la feuille	das Blatt	une ~ verte / la ~ tombe
la tige	der Stengel	la ~ porte les feuilles
la sève	der Saft (im Stengel)	
la racine	die Wurzel	prendre ~
1. croître [4]	wachsen	les arbres croissent lentement
2. pousser		faire ~ / l'herbe commence à ~
le fruit	die Frucht	l'arbre porte des ~s
mûr, mûre	reif	un fruit ~
pourrir	faulen	une pomme pourrie / du bois pourri

Arbre, forêt – Baum, Wald   228

un arbre	ein Baum	un ~ fruitier / un grand ~
le tronc	der Stamm	le ~ est gros
l'écorce (f)	1. die Rinde	un morceau d'~
	2. die Schale	l'~ du citron
la branche	der Zweig	la ~ porte des fruits / briser des ~s
le feuillage	das Laubwerk	le ~ de l'arbre
le bûcheron	der Holzfäller	le ~ abat un arbre
scier [sje]	sägen	~ du bois
le bois	das Holz	le ~ vert / du ~ sec / le ~ de chauffage / en ~
la planche	das Brett	une cabane de ~s
1. la forêt	der Wald (groß, mit Wild)	une ~ profonde / la ~ vierge (Urwald) / s'égarer dans la ~ (sich verirren)
2. le bois	der Wald (Erholung)	se promener dans le ~ / le ~ de Boulogne à Paris
le champignon	der Pilz	chercher des ~s / des ~s comestibles (essbar) / des ~s vénéneux (giftig)
le sapin	die Tanne	un ~ de Noël
le pin	die Kiefer	la pomme de ~ (Tannenzapfen)
les aiguilles (f)	die Nadeln	les ~ de pin
le chêne	die Eiche	à l'ombre du vieux ~ / un meuble de ~
le platane	die Platane	
le palmier	die Palme	le ~-dattier

Jardin – Garten   (→ 32 Gemüse → 33 Obst)   229

le jardin	der Garten	le ~ public (Park)
le verger	der Obstgarten	soigner le ~
le potager	der Gemüsegarten	
le parc	der Park (eines Schlosses)	le ~ de Versailles / le ~ national (Nationalpark)
la grille	das Gitter	le parc est entouré d'une ~
la haie	die Hecke	tailler la ~

---

4 croître: il croît, ils croissent – il croissait – il a crû

145

Nature – Umwelt

Les plantes:

le sapin (1)
le pin (2)
la pomme de pin (3)
le champignon (4)
le chêne (5)
la tulipe (6)
le narcisse (7)
la pensée (8)
le lis (9)
l'œillet (10)
le bouquet (11)
le vase (12)
la feuille (13)
la tige (14)
la racine (15)
le pot de fleurs (16)

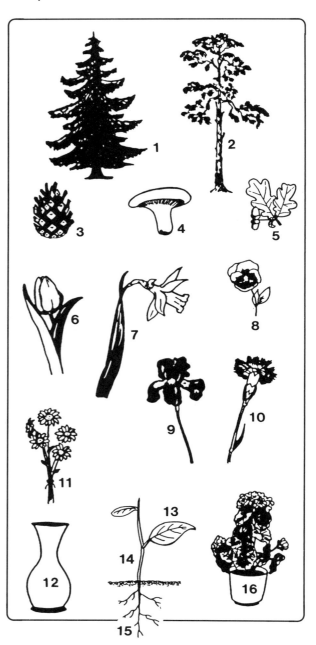

Nature – Umwelt

une allée	eine Allee	les ~s dans un parc
le banc	die Bank	se reposer sur le ~
1. la pelouse	der Rasen	«Ne pas marcher sur la ~.»
2. le gazon	der Rasen	tondre le ~ (mähen)
l'herbe (f)	das Gras	l'~ verte / l'~ sèche / arracher les mauvaises ~s (Unkraut)
le jardinier	der Gärtner	le ~ cultive des fleurs / le ~ soigne le jardin / le ~ bêche le jardin (umgraben)
cultiver	züchten	~ des roses
planter	pflanzen	~ un arbre / ~ des fleurs
semer	säen	~ des fleurs / il sème des légumes
la graine	das Samenkorn	semer des ~s
arroser	begießen	~ les fleurs
la pelle	der Spaten	le manche de la ~ / creuser avec la ~
récolter	ernten	~ des fruits
cueillir[5] [kœjir]	pflücken	~ des fleurs / ~ des fruits
ramasser	aufsammeln	~ des pommes
le panier	der Korb	mettre les carottes dans le ~
arracher	aus der Erde nehmen	~ les pommes de terre

Fleurs – Blumen 230

la fleur	die Blume	la ~ sent bon / le parfum des ~s / un amateur de ~s / le pot de ~s / un parterre de ~s (Beet) / acheter des ~s chez le fleuriste
le bouton	die Knospe	un ~ de rose
le bouquet	der Strauß	un ~ de roses / offrir un ~ à qn
le vase	die Vase	disposer les fleurs dans un ~

la rose	die Rose	la pensée	das Stiefmütterchen
la tulipe	die Tulpe	un œillet	eine Nelke
le narcisse	die Narzisse	le lis [lis]	die Lilie

---

5 cueillir: je cueille, nous cueillons, ils cueillent – il cueillit – il a cueilli – il cueillera

Diviser, mesurer — Einteilen, messen

Ordre — Ordnung

231 Ordre — Ordnung

l'ordre (m)	die Ordnung	mettre en ~ / l'~ alphabetique / l'~ chronologique
la catégorie	die Kategorie	ranger dans une ~
la sorte	die Sorte, die Art	des choses de la même ~ / plusieurs ~s / toutes ~s d'objets
la disposition	die Einteilung	la ~ régulière
régulier, -ière	regelmäßig	un verbe ~
la règle	die Regel	établir une ~ / l'exception confirme la ~
normal, normale, -aux, -es	normal	«C'est tout à fait ~.» / trouver qc ~ / l'ordre ~
ordinaire	üblich	la vie ~ / comme d'~ / le vin ~
général, générale, -aux, -es	allgemein	une règle ~e / la grève ~e / en ~
rare	selten	un timbre ~ / une ~ exception
unique	einzigartig	un cas ~ / une occasion ~
1. exceptionnel, -elle	außergewöhnlich	une chance ~le
2. extraordinaire		
une exception	eine Ausnahme	faire une ~ pour qn / l'~ à la règle / à l'~ de . . . / sans ~
sauf	ausgenommen	~ erreur / perdre tout, ~ l'honneur
spécial, spéciale, -aux, -es	Sonder . . .	rien de ~ / un avion ~ / avoir une formation ~e
spécialement	besonders	
original, -e	originell	avoir des idées ~es
étrange	sonderbar	entendre un bruit ~ / trouver qc ~
bizarre	seltsam	«C'est ~!»

232 Comparer — Vergleichen (→ 92 Prüfen)

1. le rapport	die Beziehung	un ~ logique / par ~ à / avoir un ~ avec
2. la relation		les ~s entre . . . et . . .
relatif, -ive	relativ	la valeur ~ve
se rapporter	sich beziehen	la réponse se rapporte à la question
concerner	betreffen	ce livre concerne les mathématiques / cette affaire vous concerne / en ce qui concerne . . .
quant à	was . . . anbetrifft	~ lui / ~ sa lettre
au sujet de	bezüglich	dire qc ~ . . . / je l'interroge à ce sujet / «Savez-vous qc à ce sujet?»

Diviser, mesurer – Einteilen, messen

à l'égard de	gegenüber	être gentil ~ ses amis / ~ vous
diviser	einteilen	~ en plusieurs classes / ~ en catégories / le livre se divise en chapitres
classer	einordnen	~ par séries / ~ parmi qc
ranger	ordnen	~ des objets en désordre / ~ suivant un ordre
comparer	vergleichen	~ deux choses / ~ un texte avec un autre
la comparaison	der Vergleich	faire une ~ entre ... et ...
comme	wie	riche ~ Crésus / ~ on fait son lit, on se couche / ~ ça
aussi ... que	so ... wie	il est aussi surpris que moi
autant ... que	so sehr ... wie	je le désire autant que vous
plus ... que	mehr ... als	elle est plus belle que sa sœur

Ressemblance – Ähnlichkeit 233

la ressemblance	die Ähnlichkeit	avoir de la ~ avec ... / la ~ entre deux objets
ressembler	ähneln	Pierre ressemble à son père
1. semblable	ähnlich (dem Wesen nach)	dans des circonstances ~s
2. pareil, pareille	ähnlich (fast gleich)	leurs projets étaient ~s
la correspondance	die Übereinstimmung	il y a une ~ étroite entre ... et ...
correspondre	entsprechen	~ à la réalité
le même, la même, les mêmes	derselbe, dieselbe, dieselben	dire toujours la ~ chose
égal, égale, égaux, égales	gleich	être de valeur ~e
également	ebenfalls	j'ai ~ vu le film
l'égalité (f)	die Gleichheit	l'~ devant la loi
aussi	auch	moi ~ / elle aime ~ la musique
tel, telle ... que	so ... wie	un ami ~ lui / agir de telle façon que ...
tel quel	so wie er ist	la nature telle quelle / il reste ~

Différence – Unterschied 234

la différence	der Unterschied	faire une grande ~ entre ... et ... / une ~ importante
différent, -e	unterschiedlich	des opinions ~es
un autre, une autre,	ein anderer, eine andere,	une ~ fois / l'un ou l'~ / c'est ~ chose / d'une part ... d'~ part
les autres	die anderen	
autrement	anders	faire qc ~ / agir ~
distinguer	unterscheiden	~ le vrai du faux / il faut ~ deux choses ...
le contraire	der Gegensatz	au ~ / essayer de prouver le ~
contraire	entgegengesetzt	deux opinions ~s

149

Diviser, mesurer – Einteilen, messen

mais	sondern	il n'est pas riche ∼ pauvre
en revanche	dagegen	il n'est pas riche, ∼ il est aimable
l'opposition (f)	die Gegenüberstellung	l'∼ de deux principes
d'un côté ...	einerseits ...	
de l'autre côté	andererseits ...	
ou	oder	lui ∼ moi / vivre ∼ mourir / tout ∼ rien / ou bien ... ou bien (entweder ... oder)
soit ... soit	sei es ... oder	soit l'un, soit l'autre
1. cependant	jedoch, dennoch	on le dit, c'est ∼ faux
2. pourtant	jedoch, dennoch	«Vous ne comprenez pas? C'est ∼ bien simple.»
3. toutefois	dennoch	
4. quand même	dennoch, trotzdem	
au lieu de	anstatt	rêver ∼ d'agir
tandis que	während (= wohin-gegen)	je travaille ∼ vous vous amusez
la variété	die Verschiedenheit	plusieurs ∼s de bleu
varier	verändern, Abwechs-lung bringen	la bonne ménagère varie les repas
divers, diverse	verschiedenartig	des fleurs ∼es

Temps – Zeit

235 Temps, durée – Zeit, Dauer

le temps [tã]	die Zeit	le ∼ passe / avoir le ∼ / manquer de ∼ / passer son ∼ à faire qc
le délai	die Frist	demander un ∼ de quinze jours / dans un ∼ de quinze jours / sans ∼
la durée	die Dauer	la ∼ des vacances
durer	dauern	l'attente a duré une heure / ∼ long-temps
1. le moment	der Augenblick	«Un ∼.» / «Attendez un ∼.» / au ∼ où ...
2. l'instant (m)	der Augenblick (kurzer Zeitraum)	attendre quelques ∼s / en un ∼
court, courte	kurz	la vie est ∼e
prolonger	verlängern	∼ son séjour à Paris
long, longue	lang (Adjektiv)	une ∼ue maladie / il trouve le temps ∼
longtemps	lange (Adverb)	depuis ∼ / attendre ∼ / durer ∼
toujours	immer	pour ∼ / il est ∼ poli
éternel, éternelle	ewig	Dieu est ∼

150

Diviser, mesurer – Einteilen, messen

Montre – Uhr   236

la montre	1. die Taschenuhr	regarder sa ~ pour savoir l'heure / la ~
	2. die Armbanduhr	indique l'heure / la ~ avance (geht vor) /
		la ~ retarde de deux minutes / mettre la
		~ à l'heure
la pendule	die Standuhr	
une horloge	eine (große) Uhr	l'~ de la gare
le réveil	der Wecker	mettre son ~ à sept heures
une aiguille	ein Zeiger	la petite ~ / la grande ~
sonner	läuten	l'horloge du clocher sonne
régler	regulieren, einstellen	~ une montre
un horloger	ein Uhrmacher	l'~ répare les montres
une heure	eine Stunde	une demi-~ / un quart d'~ / demander
		l'~ / «Quelle ~ est-il?» / il est 8 ~s et
		demie / 8 ~s et quart / 8 ~s moins le
		quart
la minute	die Minute	compter les ~s / dans cinq ~s
la seconde	die Sekunde	«Je reviens dans une ~.»

Jour – Tag   237

1. le jour	der Tag (Zeitangabe)	chaque ~ / un ~ (eines Tages)
2. la journée	der Tag (von morgens bis abends)	au cours de la ~ / toute la ~
le matin	der Morgen (Zeit-angabe)	dimanche ~ / à 8 heures du ~
tôt	früh	se lever ~ / le plus ~ possible
la matinée	der Vormittag	le début de ~ / la fin de ~
midi	1. Mittag	le soleil de ~
	2. 12 Uhr mittags	à ~
un/une après-midi	ein Nachmittag	cet ~ (heute Nachmittag / au cours de l'~ / en fin de l'~
1. le soir	der Abend (Zeit-angabe)	à huit heures du ~ / demain ~ / «Bon-soir, Monsieur.» / ce ~ (heute Abend)
2. la soirée	der Abend (Dauer)	dans la ~
tard	spät	trop ~ / plus ~
la nuit	die Nacht	il fait ~
minuit	Mitternacht	à ~
aujourd'hui	heute	jusqu'à ~
demain	morgen	~ matin / jusqu'à ~
après-demain	übermorgen	attendre jusqu'à ~
le lendemain	am nächsten Tag	le ~ matin / le ~ de mon arrivée / re-mettre qc au ~
hier [ijɛːr]	gestern	~ soir / depuis ~
avant-hier	vorgestern	
la veille	einen Tag vor ...	la ~ du 14 juillet
quotidien, -ienne	täglich (Adjektiv)	notre pain ~ / la vie ~ne

151

Diviser, mesurer – Einteilen, messen

238 Semaine – Woche

la semaine	die Woche	les sept jours de la ~ / la ~ précédente / la ~ prochaine / dans trois ~s
hebdomadaire	wöchentlich	une revue ~
la quinzaine	14 Tage	passer une ~ au bord de la mer
le dimanche	der Sonntag, sonntags	~ prochain / ~ dernier
le lundi	der Montag, montags	le ~ matin / un magasin fermé le ~
le mardi	der Dienstag, dienstags	
le mercredi	der Mittwoch, mittwochs	
le jeudi	der Donnerstag, donnerstags	
le vendredi	der Freitag, freitags	
le samedi	der Samstag, samstags	
le week-end	das Wochenende	passer le ~ chez ses amis

239 Année – Jahr

1. un an	ein Jahr (Zeitangabe)	en deux ~s / depuis cinq ~s / il y a un ~ (vor) / un ~ après / le jour de l'~
2. une année	ein Jahr (Zeitraum)	l'~ scolaire / l'~ prochaine / l'~ dernière
annuel, annuelle	jährlich	une pension ~le / le budget ~
le mois	der Monat	le ~ dernier / le ~ prochain / chaque ~ / la fin du ~ / six ~
mensuel, mensuelle	monatlich	le salaire ~

janvier	Januar	juillet	Juli
février	Februar	août [u:] / [ut]	August
mars [mars]	März	septembre	September
avril	April	octobre	Oktober
mai	Mai	novembre	November
juin	Juni	décembre	Dezember

la date	das Datum	la ~ de naissance / la lettre porte la ~ du 20 mai
la saison	die Jahreszeit	les quatre ~s / la belle ~ / la ~ froide / la ~ des vacances
le printemps	der Frühling	au ~ / une hirondelle ne fait pas le ~
un été	ein Sommer	en ~ / les vacances d'~
un automne [otɔn]	ein Herbst	en ~ / un bel ~
un hiver [ivɛːr]	ein Winter	en ~ / les sports d'~

240 Événement – Ereignis   (→ 110 Zeitung)

se passer	sich ereignen	«Qu'est-ce qu'il se passe?» / la chose s'est passée à l'école
arriver	vorkommen	il arrive que ...
un événement [evɛnmã]	ein Ereignis	un ~ important a lieu / un ~ inattendu

Diviser, mesurer – Einteilen, messen

un incident	ein Vorfall, ein Zwischenfall	sans ~ / provoquer un ~
la situation	die Lage	la ~ politique / la ~ actuelle
les circonstances (f)	die Umstände	cela dépend des ~ / «Que peut-on faire en de telles ~?» / des ~ exceptionnelles
une aventure	ein Abenteuer	raconter une ~ extraordinaire / un film d'~s
1. une occasion	eine Gelegenheit	profiter d'une ~ inespérée / une voiture d'~ (Gebrauchtwagen) / à l'~ de ...
2. une chance	eine (gute) Gelegenheit	avoir de la ~ (Glück haben) / Bonne ~!
le cas	der Fall	un ~ unique / en ce ~ / en tout ~

Rapports de temps – Zeitliche Beziehungen 241

quand ... ?	wann ... ?	«~ arrivera-t-il?»
à	um	~ huit heures / du matin au soir
vers	gegen	~ huit heures / ~ le soir
entre	zwischen	~ 10 et 11 heures
depuis [1]	seit	~ hier / ~ longtemps / ~ que je le connais [1] / ~ l'époque où il était à Paris
dès	von ... an	~ l'enfance / ~ aujourd'hui
à partir de	von ... ab (Zukunft)	~ demain / ~ du 1er mai
jusqu'à	bis	~ huit heures / ~ demain / jusqu'ici / ~ ce qu'il vienne ... [1]
1. pendant	während	~ la nuit / ~ qu'il dormait [1]
2. durant	während (schriftsprachlich)	
au cours de	im Verlaufe von	au cours du voyage
1. quand	als, wenn	on était là ~ il arriva / n'importe ~
2. lorsque	als, wenn (schriftsprachlich)	
comme	gerade als	~ il disait ces mots ...
en même temps	gleichzeitig	tous parlaient ~
avant	vor	~ le déjeuner / ~ de partir / ~ qu'il ne soit trop tard [1]
après	nach	~ le déjeuner / ~ avoir déjeuné / peu de temps ~ / ~ qu'il eut dit cela [1]

Succession dans le temps – Zeitliche Reihenfolge 242

auparavant	zuvor	quelques jours ~ / «Tu peux commencer à manger, mais ~ lave-toi les mains.»
commencer	anfangen	~ à travailler / le spectacle commence
le début	der Anfang	au ~ / depuis le ~ / le ~ de la guerre
d'abord	zuerst	tout ~ / ~ nous préparons le repas, ensuite nous nous mettons à table
puis	dann	et ~ / ~ il a dit ...

---

[1] *depuis que, jusqu'à ce que, pendant que, avant que, après que* sind Konjunktionen und leiten Nebensätze ein. – Nach *jusqu'à ce que* und *avant que* steht der Konjunktiv.

Diviser, mesurer – Einteilen, messen

peu à peu	nach und nach	~ il a compris
continuer	weiter ..., fortsetzen	~ à (de) parler / la pluie continue
la suite	das Folgende, die Fortsetzung	raconter la ~ / lire la ~ / par la ~
ensuite	darauf	et ~? / ~, nous avons joué
1. tout de suite	sofort	je viens ~
2. aussitôt		il a ~ compris / ~ après / ~ qu'il fut parti ...
immédiatement	unverzüglich (Adverb)	partir ~
immédiat, -e	unmittelbar (Adjektiv)	l'aide ~e
bientôt	bald	«A ~.» / il reviendra ~
tout à l'heure	1. soeben, vorhin	il était là ~
	2. bald, nachher	il va venir ~
à peine	kaum	~ fut-il arrivé que ...
1. après quoi	danach	~ il n'a plus rien dit
2. après cela		~ il est parti / vingt ans ~
plus tard	später	un moment ~ / deux jours ~ / d'abord il était fâché, ~ il s'est calmé
enfin	endlich	~, il a répondu / il a ~ reçu la lettre
la fin	das Ende	la ~ du film / la ~ du jour / mettre ~ à qc / à la ~
final, finale	Schluss ...	mettre le point ~ à qc
finir	enden	c'est fini / les vacances finissent / Tout est bien qui finit bien.
au bout de	nach	~ 5 minutes
déjà	schon, bereits	c'est ~ fait / il est ~ trop tard / j'ai ~ vu ce film
(ne ...) pas encore	noch nicht	je n'ai ~ vu le film / Tu l'as fait? – ~.

243 Fréquence – Häufigkeit

toujours	immer	pour ~ / comme ~ / presque ~
sans cesse	ununterbrochen	s'amuser ~
permanent, -e	Dauer ...	un emploi ~
1. en général	meistens, im Allge-	~, on déjeune à une heure
2. généralement	meinen	
fréquent, -e	häufig (Adjektiv)	les accidents sont ~s
fréquemment [-amã]	häufig (Adverb)	il nous rendit ~ visite
régulier, -ière	regelmäßig (Adjektiv)	des visites ~ères
souvent	oft	aller ~ au théâtre
1. quelquefois	manchmal	il est ~ venu
2. parfois	manchmal (gehobene Sprache)	
de temps en temps	von Zeit zu Zeit	~ il va au cinéma
tantôt ... tantôt	bald ... bald	~ il pleut, ~ il fait beau
une fois	einmal	encore ~ / deux fois / trois fois

Diviser, mesurer – Einteilen, messen

de nouveau	wiederum	lire le roman ~
encore	noch	«Est-il ~ là?» / je reste ~ quelques jours
rarement	selten (Adverb)	on le voit ~ ici
rare	selten (Adjektiv)	ses visites sont ~s
(ne ...) jamais	niemals	je ne l'ai ~ vu / on ne sait ~

Passé – Vergangenheit 244

le passé	die Vergangenheit	oublier le ~
autrefois	früher einmal	~ il était riche / les gens d'~
il y a ...	vor ...	~ trois ans / ~ quelque temps / ~ longtemps / ~ dix ans
l'histoire (f)	die Geschichte	étudier l'~ de France
historique	historisch	un événement ~ / un personnage ~
l'origine (f)	der Ursprung	à l'~ / l'~ de la vie
provenir [2]	stammen	un mot qui provient du grec
sauvage	wild	les peuples ~s
la civilisation	die Kultur	la ~ grecque / la ~ occidentale / la ~ française
antique	antik	la Grèce ~ / une statue ~
romain, romaine	römisch	l'Empire ~ / les chiffres ~s
ancien, ancienne	alt, ehemalig	une tradition ~ne
le Moyen Age	das Mittelalter	les rois du ~
le siècle	das Jahrhundert	le XVIIe ~, le XXe ~
la période	der Zeitraum	une ~ de cinq ans
une époque	eine Epoche, ein Zeitalter	une ~ est marquée par un grand événement / l'~ classique de la littérature
une évolution	eine Entwicklung	le cours de l'~ / une ~ lente
la tendance	die Tendenz, die Neigung	avoir ~ à faire qc
la tradition	die Tradition	rester fidèle à la ~
le progrès	der Fortschritt	faire des ~ / le ~ technique / les ~ de la médecine

Mémoire – Gedächtnis 245

la mémoire	das Gedächtnis	garder qc dans la ~ / avoir une bonne ~ / rafraîchir la ~ / à la ~ de ...
retenir [3]	behalten	~ un nom / ~ une date
1. se rappeler	sich erinnern	~ un chiffre / ~ le nom / ~ le visage / «Te rappelles-tu?»
2. se souvenir [4]		je me souviens de lui / ~ de qc
le souvenir	die Erinnerung	raconter des ~s de jeunesse / un ~ vivant / un ~ vague

[2] provenir: il provient, ils proviennent – il est provenu

[3] retenir: je retiens, nous retenons, ils retiennent – il retint – il a retenu – il retiendra

[4] se souvenir: je me souviens, nous nous souvenons, ils se souviennent – il se souvint – il s'est souvenu

Diviser, mesurer – Einteilen, messen

évoquer	in Erinnerung bringen	~ un souvenir
reconnaître [5]	wieder erkennen	~ un ancien camarade
oublier	vergessen	j'ai oublié son nom / ~ son parapluie
échapper	entfallen	son nom m'a échappé
inconnu, inconnue	unbekannt	un acteur ~

246 Présent – Gegenwart

le présent	die Gegenwart	à ~ / jusqu'à ~
l'actualité (f)	die Aktualität	les ~s (Tagesschau)
actuel, actuelle	aktuell, heutig	la mode ~le / un sujet ~
actuellement	heutzutage	
aujourd'hui	heute	«Que fais-tu ~?» / depuis ~
1. maintenant	jetzt (Gegenwart)	~ je lis le livre
2. alors	jetzt (in der Vergangenheit)	~, il ouvrit la porte / jusqu'~
1. en ce moment	in diesem Augenblick (in der Gegenwart)	~ je lis ce livre
2. à ce moment-là	(in der Vergangenheit)	~, il ouvrit la porte
pour le moment	im Augenblick	c'est assez ~
récent, -e	neu (= seit kurzem)	une découverte ~e
récemment [resamã]	kürzlich (Adverb)	je l'ai vu ~ à Paris
nouveau (nouvel),	neu (war vorher	la mode nouvelle / un modèle ~ /
nouvelle,	noch nicht da)	quelque chose de ~ / rien de ~
nouveaux, -elles		
moderne	modern	les temps ~s / la vie ~ / la technique ~

247 Avenir – Zukunft

(→ 113 Wollen, planen)

l'avenir (m)	die Zukunft	dans un proche ~ / à l'~ / songer à l'~
futur, future	zukünftig	les besoins ~s / la vie ~e
1. prochain, -e	nächste	la ~e fois / l'année ~e / dimanche ~
2. suivant, -e	nächste (unmittelbar)	la semaine ~e
prévoir [6]	voraussehen	~ un malheur
la prévision	die Voraussage	les ~s météorologiques / ses ~s se réalisent
d'avance	vorher	je vous l'ai dit ~
prédire [7]	voraussagen	~ l'avenir

248 Attendre, espérer – Warten, hoffen

attendre	warten, erwarten	~ un ami / ~ son retour / ~ longtemps / ~ jusqu'à neuf heures / en attendant (inzwischen)

---

[5] reconnaître: je reconnais, il reconnaît, nous reconnaissons, ils reconnaissent – il reconnut – il a reconnu

[6] prévoir: je prévois, nous prévoyons, ils prévoient – il a prévu

[7] prédire: je prédis, nous prédisons, vous prédisez, ils prédisent – il a prédit

Diviser, mesurer – Einteilen, messen

une attente	ein Warten	la salle d'~ / une heure d'~
fixer	festsetzen	~ l'heure (Zeitpunkt) / ~ la date
à l'heure	pünktlich (Adverb)	arriver ~
exact, exacte	pünktlich (Adjektiv)	l'employé est ~ au bureau
le retard	die Verspätung	être en ~ de dix minutes / s'excuser pour le ~ / sans ~
retarder	aufschieben	~ son départ d'une heure
tard	spät	c'est maintenant trop ~ / arriver trop ~
impatient, -e	ungeduldig	être ~ de faire qc
en avance	zu früh	arriver ~
tôt	früh	il s'est levé ~, à six heures
espérer	hoffen	j'espère que tout ira bien / ~ une récompense (Belohnung)
un espoir	eine Hoffnung	j'ai le ferme ... que ... / dans l'~ de ...
inattendu, -e	unerwartet	une nouvelle ~e / son arrivée ~e
le hasard	der Zufall	un ~ heureux / par ~
1. soudain, -e	plötzlich (Adjektiv)	ressentir une peur ~e / la mort ~e
2. brusque		un changement ~ de la situation
tout à coup	plötzlich (Adverb)	disparaître ~
brusquement	unvermittelt	interrompre ~ un entretien
la surprise	die Überraschung	avoir une bonne ~ / pousser une exclamation de ~ / «Ah!» / «Oh!» / «Tiens!»
surprendre [8]	überraschen	~ un voleur / cette nouvelle inattendue nous a surpris
surpris, surprise	überrascht	être ~ de qc / être agréablement ~

Espace – Raum

Espace – Raum (→ 270 Messen) **249**

l'espace (m)	der Raum	l'~ cosmique / l'~ entre deux objets
la dimension	die Dimension	l'espace a trois ~s: longueur, largeur, hauteur
le volume	der Rauminhalt	le ~ d'un récipient
contenir [9]	enthalten	la bouteille contient du vin
le contenu	der Inhalt	le ~ de la bouteille
creux, creuse	hohl	un arbre ~ / une assiette ~se
1. gros, grosse	dick (voluminös)	une ~se pierre / une ~se valise
2. épais, épaisse	dick (in einer Dimension)	un livre ~ / ~ de cinq centimètres
l'épaisseur (f)	die Dicke	le mur a 10 centimètres d'~
mince	dünn	des tranches ~s (Scheiben)

---

[8] surprendre: je surprends, nous surprenons, ils surprennent – il surprit – il a surpris
[9] contenir: il contient, ils contiennent – il contenait – il a contenu

Diviser, mesurer – Einteilen, messen

fin, fine	hauchdünn, fein	du papier ~
la surface	die Oberfläche	la ~ de la terre / la ~ de l'eau
1. étendu, -e	ausgedehnt, weit	une vue ~e / un circuit ~
2. vaste		la mer ~ / la ~ plaine / une ~ usine
la géométrie	die Geometrie	la ~ dans l'espace
la ligne	die Linie	une ~ droite / une droite / une ~ courbe
la courbe	die Kurve	dessiner une ~
un angle	ein Winkel	la grandeur d'un ~ / l'~ mesure 45°
		(degrés) / un ~ droit / un ~ aigu
la figure	die Figur	la ~ de géométrie / une ~ carrée
le triangle	das Dreieck	
le carré	das Quadrat	
carré, carrée	viereckig	un mètre ~ / la racine ~e (Quadrat-
		wurzel)
le rectangle	das Rechteck	
le cercle	der Kreis	tracer au compas (Zirkel) un ~ / le
		rayon d'un ~ / le demi-~
rond, ronde	rund	la table ~e
le centre	der Mittelpunkt	le ~ du cercle
le secteur	der Sektor, der Bereich	le ~ d'un cercle / vents de ~ ouest
la zone	die Zone	une ~ militaire / la ~ d'influence
tourner	krèisen, drehen	la terre tourne autour du soleil
le cube	der Würfel	

250 Distance – Entfernung   (→ 270 Messen)

la distance	die Entfernung	il y a une ~ de 50 km entre ... et ... /
		«Gardez vos ~s.» (Abstand halten!)
être à ... de ...	entfernt sein von	Lyon est à 468 km de Paris
la longueur	die Länge	la ~ du chemin / les unités de ~
long, longue	lang	un ~ détour / une ~ue distance
court, courte	kurz	le plus ~ chemin / une ~e distance
lointain, -e	fern (Adjektiv)	le Japon est un pays ~ / dans le ~
loin	fern, weit (Adverb)	voyager ~ / «C'est encore ~?» / non ~
		d'ici
1. près	nah (in der Nähe)	~ de Paris / tout ~ d'ici
2. proche	nah (wenige Meter	la maison est toute ~
	weit)	
1. auprès de	neben (dicht bei)	rester ~ qn
2. à côté de	neben (unmittelbar)	elle est assise ~ lui
approcher	heranstellen	~ la chaise de la table
rapprocher	nebeneinander stellen	~ les deux chaises
séparer	trennen	~ qc de qc / ~ deux adversaires
éloigner	entfernen	~ la chaise de la table / s'~
écarter	auseinander ...	~ les jambes / ~ les branches pour pou-
		voir passer

Diviser, mesurer – Einteilen, messen

Position – Standort   251

la position	der Standort	la ~ du navire
le point	der Punkt	le ~ de départ
un endroit	eine Stelle	«A quel ~?» / désigner l'~ sur la carte
	(bestimmter Punkt)	
la place	der Platz (der ein-	occuper beaucoup de ~ / faire ~ à qn /
	genommen wird)	prendre ~ / remettre qc à sa ~
le lieu (-x)	der Ort (in Rede-	le ~ de séjour / le ~ de travail / le ~
	wendungen)	de naissance / la police se rend sur les
		~x / avoir ~ / au ~ de ... (anstatt)
se trouver	sich befinden	~ à Paris / son nom se trouve sur la
		liste
situé, située	gelegen	la mairie est ~e rue de la Libération /
		une villa bien ~e

Où? – Wo? Wohin?   (→ 250 Entfernung)   252

où	1. wo	«~ es-tu?» / je ne sais pas ~ il est
	2. wohin	«~ vas-tu?» / n'importe ~ (irgendwo-hin)
1. à	in, nach	~ Paris / ~ Rome / ~ Cologne / au Danemark / au Canada
2. en		~ France / ~ Italie / ~ Allemagne
ici	hier (wo man selbst ist)	«Viens ~.» / «Reste ~.» / il n'est pas ~
y	hier, hin	«Vas-~.» / j'~ vais / nous ~ avons passé les vacances
là	da, dort	«Qui est ~?» / ~-bas / «Ne va pas ~-bas.»
ailleurs	woanders	aller ~ / elle n'est pas dans la cuisine, elle est ~
partout	überall	je l'ai cherché ~ / là comme ~
quelque part	irgendwo	~ à Paris
autre part	anderswo	chercher ~ / aller ~
nulle part	nirgends	je ne l'ai trouvé ~
devant	vor, vorn	~ moi / ~ la maison
en face de	gegenüber	~ l'église
derrière	hinter, hinten	se cacher ~ le rideau
sur	über, auf	mettre les assiettes ~ la table
au-dessus	über, oberhalb	l'avion est maintenant ~ de Lyon
sous	unter	~ la couverture
au-dessous	unterhalb	Pierre est sur la tour Eiffel, ~ de lui se trouve la ville de Paris
supérieur, -e	obere	la lèvre ~e (Lippe)
inférieur, -e	untere	les étages ~s
dans	in, hinein	être ~ la maison / entrer ~ la maison
à l'intérieur	im Innern	rester ~ de la maison

159

Diviser, mesurer – Einteilen, messen

dedans	drinnen, herein	être ~ / au-~
dehors	draußen, hinaus	rester ~ / aller ~ / au-~
1. à l'extérieur	außerhalb	«Ne restez pas ~.»
2. hors		~ de la ville / «~ d'ici!»
1. parmi	zwischen (vielen)	~ les arbres
2. entre	zwischen (zweien)	~ deux arbres / ~ l'église et la mairie
au milieu	in der Mitte	~ du cercle / ~ de la ville
central, centrale	zentral	ce quartier est ~ (Stadtteil)
le centre	der Mittelpunkt	le ~ du cercle / le ~ industriel / le ~ commercial
par	durch	entrer ~ la porte / regarder ~ la fenêtre / passer ~ Lyon
à travers	mitten durch	passer ~ le bois
traverser	überqueren	le piéton traverse la rue
autour	um	elle regarde ~ d'elle / la clôture ~ du jardin
entourer	umgeben	une clôture entoure le jardin
au-delà	jenseits	~ des frontières / ~ des montagnes

253 Chercher, trouver – Suchen, finden   (→ 11 Auge, sehen)

disparaître [10]	verschwinden	mon stylo a disparu, où est-il?
cacher	verstecken	~ qc dans un lieu secret / ~ ses sentiments
secret, secrète	geheim	un lieu ~ / un document ~
perdre	verlieren	avoir perdu son parapluie / ~ courage
la perte	der Verlust	la ~ du parapluie
chercher	suchen	~ ses lunettes / ~ la vérité
rechercher	suchen, forschen	~ un témoin du crime / ~ les causes
la recherche	die Suche	être à la ~ de qc / les ~s de la police
découvrir [11]	herausbekommen	~ les causes / ~ un secret
trouver	finden	je ne peux pas ~ mon stylo / chercher et ~ un nouvel appartement / ~ un ami
retrouver	wieder finden	~ ses lunettes / ~ son parapluie
apparaître [12]	sichtbar werden (plötzlich)	une voiture apparut au coin de la rue
paraître [13]	erscheinen	~ à la fenêtre / il laisse ~ sa colère

254 Montrer – Zeigen

1. montrer	zeigen	~ qc à qn / ~ du doigt / ~ des photos à son ami / ~ son passeport
2. indiquer	zeigen (genau)	~ à qn le chemin de la gare

---

[10] disparaître: je disparais, il disparaît, nous disparaissons, ils disparaissent – il disparut – il a disparu

[11] découvrir: je découvre, nous découvrons, ils découvrent – il découvrit – il a découvert

[12] apparaître: j'apparais, il apparaît, nous apparaissons, ils apparaissent – il apparut – il a apparu

[13] paraître: je parais, il paraît, nous paraissons, ils paraissent – il parut – il a paru

Diviser, mesurer – Einteilen, messen

présenter	vorzeigen	~ son billet au contrôleur
désigner	hinweisen	~ un détail / ~ une ville sur la carte
signaler	anzeigen (durch ein Zeichen)	~ qc à qn / ~ un changement de direction / ~ un danger
le signe	das Zeichen	c'est un bon ~ / faire un ~ de la main
la marque	die Marke (Erkennungsmarke)	la ~ de fabrique / un produit de ~
marquer	(genau) angeben	la montre marque l'heure / le thermomètre marque la température
ce (cet), cette, ces	dieser, diese, diese	~ monsieur / cet homme / cette dame / ~ dames
celui-ci, celle-ci, ceux-ci, celles-ci	dieser, diese hier, diese hier	voici deux livres, ~ est plus intéressant
ceci, cela	dies hier, das da	~ m'intéresse beaucoup / ~ est ennuyeux
voici	hier ist	«Me ~.» / «~ ma femme.» / «~ votre billet, monsieur.»
voilà	da ist	«~ votre valise, monsieur.» / «~, monsieur.» (Bitte schön!) / les ~ (da sind sie.)

Mouvement – Bewegung

Aller – Gehen, fahren   (→ 20 Gliedmaßen → 187 Verkehr)   255

le mouvement	die Bewegung	faire un ~ / être en ~ / un ~ de la main
se déplacer	sich fortbewegen, reisen	~ en voiture
le trajet	die Fahrt von ... nach	le ~ de la maison au bureau / faire un long ~
le parcours	die Strecke (festgelegter Streckenverlauf)	établir le ~ / effectuer le ~
le cours	der Lauf, der Vorlauf	le ~ de la rivière
une étape	die Teilstrecke	les ~s du tour de France
parcourir [14]	1. Strecke zurücklegen	~ une distance de 100 km
	2. herumfahren, durchstreifen	~ une ville / ~ une région
passer	1. vorbeifahren, vorbeigehen	~ par Strasbourg / laisser ~ le bus
	2. hinüberfahren, hinübergehen	~ la frontière / nous allons ~ dans le salon

---

[14] parcourir: je parcours, nous parcourons, ils parcourent – il parcourut – il a parcouru – il parcourra

Diviser, mesurer – Einteilen, messen

le passage	Durchgang, Durchfahrt	~ interdit / le ~ clouté / être de ~
	Übergang, Überfahrt	
aller [15]	1. gehen	~ à pied / ~ au marché / ~ travailler / «Allons!» / «Va-t'en!» (Geh weg!)
	2. fahren	~ à bicyclette / ~ en voiture / ~ à cheval (reiten) / ~ en bateau
	3. fliegen	~ en avion à Paris
le pas	der Schritt	faire un ~ en avant / marcher d'un ~ lent / faire de grands ~ / ~ à ~
marcher	gehen	~ lentement / ~ dans la rue / «Ne pas ~ sur la pelouse.» / l'enfant apprend à ~
la marche	der Fußmarsch	faire une longue ~
la promenade	1. der Spaziergang	faire une belle ~ dans les bois
	2. die Spazierfahrt	une ~ à vélo / une ~ en voiture
se promener	1. spazieren gehen	~ avec un ami dans le jardin public / ~ une demi-heure
	2. spazieren fahren	
1. conduire [16]	führen (lenken)	~ un aveugle / ~ un enfant à l'école
2. mener	führen (an der Hand, mit Gewalt)	~ à la main / ~ un cheval
emmener	mitnehmen	~ qn au théâtre
accompagner	begleiten	~ qn jusqu'à la porte

256 Partir – Weggehen, losfahren (→ 196 Tourismus)

le départ	1. der Aufbruch	l'heure du ~ / retarder son ~ / au ~ /
	2. die Abfahrt	DÉPART – ARRIVÉE
	3. der Abflug	
partir [17]	1. aufbrechen	être prêt à ~ / au moment de ~ /
	2. abfahren, abreisen	le train part dans cinq minutes / ~
	3. abfliegen	de Paris (von) / ~ pour Paris (nach)
repartir [17]	wieder aufbrechen	quelques heures après, il est reparti
quitter	verlassen	~ la maison / ~ qn
s'en aller [18]	weggehen (ohne Zielangabe)	il s'en est allé tout à l'heure
s'éloigner	sich entfernen	~ de la fenêtre / éloigné de 10 km
se retirer	sich zurückziehen	~ discrètement / ~ des affaires
de	aus, von	~ Paris à Rome / il sort ~ chez lui / venir ~ l'école / «D'où venez-vous?»

---

15 aller: je vais, tu vas, il va, nous allons, vous allez, ils vont – il alla – il est allé – qu'il aille – il ira – va! (vas-y!)

16 conduire: je conduis, nous conduisons, ils conduisent – il conduisit – il a conduit

17 partir: je pars, nous partons, ils partent – il partit – il est parti

18 s'en aller: je m'en vais, tu t'en vas, il s'en va, nous nous en allons, vous vous en allez, ils s'en vont – il s'en alla – il s'en est allé – il s'en ira – va-t'en

Diviser, mesurer – Einteilen, messen

Arriver, retourner – Ankommen, zurückkehren (→ 259 Richtung) **257**

1. se diriger	hingehen, hinfahren (in die Richtung)	~ vers la porte / ~ vers la maison
2. se rendre [19]	hingehen, hinfahren (an einen Ort)	~ à Paris / ~ sur place / ~ chez son ami
s'approcher	sich nähern	~ de la porte / «Approchez-vous.» / ~ du but
se rapprocher	wieder näherkommen	le bruit se rapproche
atteindre [20]	erreichen	~ le but
arriver	ankommen	~ à Paris / je viens d'~ / ~ de bonne heure / ~ tard
l'arrivée (f)	die Ankunft	à l'~ / l'~ du train / l'heure d'~
parvenir [21]	gelangen (mit Anstrengung nach längerer Zeit)	~ au sommet de la montagne
venir [22]	kommen	~ de Paris / «D'où viens-tu?» / il va ~ / ~ à 10 heures / il vient chez moi
1. rester	bleiben (während andere nicht bleiben)	~ à sa place / «Restez ici!» / ~ au lit
2. demeurer	bleiben (längere Zeit)	~ toute la semaine à Paris / ~ deux heures à table
le retour	die Rückkehr, die Rückfahrt	le chemin de ~ / à son ~ / être de ~ / depuis son ~ à Paris
retourner	zurückkehren	~ en Amérique / ~ vers le point de départ / se ~ (sich umdrehen)
revenir [22]	zurückkommen (hierher)	~ ici / il revient de Cologne / ~ du voyage / «Je reviendrai demain.» / il va ~
rentrer	heimkehren	il est rentré chez lui / ~ après les grandes vacances

Vitesse – Geschwindigkeit **258**

la vitesse	die Geschwindigkeit	la ~ d'un avion / augmenter la ~ / rouler à toute ~ / diminuer la ~ / la ~ est limitée à 90 km/h
rapide	schnell (Adjektiv)	un avion ~
1. vite	schnell (Adverb)	«Venez ~.» / la voiture roule ~ / le plus ~ possible
2. rapidement		

---

[19] se rendre: je me rends, nous nous rendons, ils se rendent – il se rendit – il s'est rendu
[20] atteindre: j'atteins, nous atteignons, ils atteignent – il atteignit – il a atteint
[21] parvenir: je parviens, nous parvenons, ils parviennent – il parvint – il est parvenu – il parviendra
[22] venir: je viens, nous venons, ils viennent – il vint – il est venu – il viendra

Diviser, mesurer – Einteilen, messen

se dépêcher	sich beeilen	«Dépêchez-vous.» / ～ pour ne pas arriver trop tard
courir [23]	laufen	se mettre à ～ / ～ à toutes jambes / être hors d'haleine après avoir couru
accourir [23]	herbeigelaufen kommen	il a crié et j'ai accouru pour l'aider
s'élancer	sich stürzen	le chien s'élance sur le voleur
se précipiter	eilen (mit Ungestüm)	～ à la porte / ～ dans la maison en feu pour sauver qn
ralentir	langsamer werden	le train ralentit avant d'entrer en gare
lent, lente	langsam (Adjektiv)	être ～ / marcher d'un pas ～
1. lentement	langsam (Adverb)	marcher ～ / avancer ～
2. doucement	langsam (Umgangssprache)	«Tout ～!»
s'arrêter	stehen bleiben, halten	passer sans ～ / le train s'arrête
arrêter	anhalten	～ la voiture
freiner	bremsen	～ doucement / ～ brutalement
le frein	die Bremse	la pédale de ～ / le ～ à main / donner un coup de ～
halte [alt]	halt	«Halte!» / faire ～
immobile	unbeweglich	rester ～ / un lac ～
ne pas bouger	sich nicht bewegen	«Ne bougez pas!» / il n'ose pas bouger

259 Direction – Richtung   (→ 257 Ankommen, zurückkehren)

la direction	die Richtung	prendre la ～ de Paris / «Regardez dans cette ～.» / changer de ～
vers	in die Richtung von	se diriger ～ la porte / aller ～ la rivière
droit, droite	1. gerade, geradeaus	aller tout ～ / une rue toute ～e
	2. rechte	le côté ～ / l'œil ～
direct, directe	direkt (Adjektiv)	le train ～
directement	direkt (Adverb)	aller ～ à la gare
changer	ändern	～ de direction / le vent a changé
le changement	die Änderung	le ～ de direction
tourner	abbiegen	～ à droite / ～ à gauche
à droite	rechts	rouler ～ / serrer ～ (einordnen) / la priorité ～ (Vorfahrt)
à gauche	links	dépasser une voiture ～
inverse	entgegengesetzt	rouler en sens ～ / venir en sens ～
contre	gegen	mettre l'échelle ～ le mur
le long de	längs, entlang	se promener ～ la rivière
s'orienter	sich orientieren	chercher à ～ dans une forêt obscure

[23] courir: je cours, nous courons, ils courent – il courut – il a couru – il courra

Diviser, mesurer – Einteilen, messen

les points cardinaux (m)	die Himmelsrichtungen	les ~ permettent de s'orienter
le nord [nɔːr]	der Norden	au ~ / vers le ~ / l'Amérique du N~ / le pôle N~ / le ~-ouest
1. le sud [syd]	der Süden	l'Amérique du S~ / le pôle S~
2. le Midi	der Süden (Frankreichs)	le ~ de la France / l'accent du ~
l'est [ɛst] (m)	der Osten	les pays de l'~
l'ouest [wɛst] (m)	der Westen	le vent tourne à l'~
en avant	vorwärts	«~, marche!»
avancer	vorwärts gehen	~ lentement / s'~ vers qn
en arrière	rückwärts, zurück	marcher ~ / faire un pas ~
reculer	zurückfahren, zurückgehen	~ d'un pas / la voiture recule

Suivre – Folgen   260

devant	vor, vorn	il est ~ moi / «Passez ~.»
derrière	hinter	il est ~ moi / l'un ~ l'autre
précéder	vorausgehen	«Je vais vous ~ pour vous montrer le chemin.»
suivre [24]	folgen	«Si vous voulez me ~ par ici.» / ~ qn de loin / ~ une route
suivant	folgend	l'exemple ~ / le chapitre ~
fuir [25]	fliehen	~ devant l'ennemi / s'enfuir
la fuite	die Flucht	prendre la ~
se sauver	davonlaufen	le voleur se sauve / ~ à toutes jambes
poursuivre [24]	verfolgen	~ le voleur / ~ en courant
rejoindre [26]	einholen, wieder begegnen	«Va devant, je te rejoindrai plus tard.»
attraper	ergreifen, fangen	~ une mouche

Monter, tomber – Steigen, fallen   261

en haut	nach oben	regarder ~
monter	steigen	~ sur le toit / il est monté au sommet / la voiture monte la côte / l'avion monte dans le ciel / le chemin monte
grimper	klettern	le garçon a grimpé sur l'arbre
une échelle	eine Leiter	monter sur l'~ / une ~ de cordes
un escalier	eine Treppe	monter l'~ / descendre l'~
descendre	heruntersteigen	il est descendu à la cave
bas	unten	tomber au ~ de l'échelle / de ~ en haut
remonter	wieder hinaufgehen	il a remonté l'escalier
l'équilibre (m)	das Gleichgewicht	garder l'~ / en ~ / perdre l'~

---

24 suivre: je suis, nous suivons, ils suivent – il suivit – il a suivi
25 fuir: je fuis, nous fuyons, ils fuient – il fuit – il a fui
26 rejoindre: je rejoins, nous rejoignons, ils rejoignent – il rejoignit – il a rejoint

Diviser, mesurer – Einteilen, messen

tomber	fallen	il est tombé par terre
glisser	rutschen, ausrutschen	le patineur glisse sur la glace / il a glissé sur une peau de banane / la voiture glisse sur le verglas / la chaussée glissante
se relever	aufstehen	aider qn à ~

262 Aller chercher, apporter – Holen, bringen (→ 171 Handel)

aller chercher [27]	holen	«Va chercher le journal.» / ~ des cigarettes / ~ le médecin
porter	tragen	~ un sac à la main / ~ qc sur l'épaule / ~ qc dans un panier
apporter	bringen	«Apportez-moi des cigarettes.»
rapporter	1. zurückbringen	~ un livre emprunté
	2. mitbringen	~ des souvenirs d'un voyage
1. emporter	mitnehmen (Sache)	~ du linge / ~ des robes
2. emmener	mitnehmen (Person)	~ qn dans sa voiture
faire [28]	einpacken	~ sa valise
défaire [28]	auspacken	~ sa valise
transporter	transportieren	~ des marchandises / ~ en camion
le transport	der Transport	le ~ des bagages / le ~ des marchandises / une entreprise de ~ / les frais de ~ (Kosten)
charger	aufladen, beladen	~ le camion de marchandises / le camion est chargé de ...
le chargement	1. das Verladen	le ~ du camion a été rapide
	2. die Ladung (Güter)	le ~ du navire / le ~ lourd
la charge	die Fracht (Gewicht)	une ~ de trois tonnes
décharger	abladen, entladen	~ le camion / ~ les caisses

263 Tirer, pousser – Ziehen, schieben

remuer	bewegen	~ un meuble / qc est difficile à ~ / ~ le café (umrühren)
1. agiter	schütteln (nach allen Seiten)	~ une bouteille de médicaments / «~ avant de s'en servir.»
2. secouer	schütteln (hin und her)	~ la tête / ~ un arbre fruitier pour en faire tomber les fruits
déplacer	umstellen, verschieben	~ un meuble
pousser	schieben, stoßen	~ qc du pied / ~ une voiture en panne
tirer	ziehen	le tracteur tire une remorque / ~ le chariot / ~ les rideaux
attirer	heranziehen	l'aimant (Magnet) attire le fer
traîner	hinterherziehen	~ une chaise au lieu de la porter

---

[27] aller chercher: je vais chercher, tu vas chercher, il va chercher, nous allons chercher, vous allez chercher, ils vont chercher – il alla chercher – il est allé chercher – il ira chercher
[28] faire: je fais, nous faisons, vous faites, ils font – il fit – il a fait – qu'il fasse – il fera

Diviser, mesurer – Einteilen, messen

introduire [29]	hineinbringen	~ le visiteur au salon
retirer	wegziehen, heraus-ziehen	~ son porte-monnaie de sa poche / ~ la clef de la serrure
sortir [30]	herausnehmen, herausholen	~ la voiture du garage / ~ de l'argent de son porte-monnaie
avancer	nach vorn rücken	~ la chaise / ~ la main
reculer	zurückschieben, zurückfahren	~ la voiture / ~ la chaise

Lever, baisser, jeter – Heben, senken, werfen   (→ 199 Sport)   264

lever	heben	~ qc de par terre / ~ une caisse avec une grue
soulever	hochheben, anheben	~ le couvercle / ~ un meuble
baisser	senken	~ les yeux / ~ le rideau
abaisser	niederschlagen	~ les yeux
monter	hinauftragen, hinauflegen	~ qc au grenier
descendre	herunterholen	j'ai descendu ma valise
remonter	wieder hinauflegen	~ un objet au grenier
étendre	hinlegen, ausbreiten	~ le tapis sur le parquet
lâcher	loslassen	~ le verre
ramasser	aufheben	se baisser pour ~ qc qui est tombé
renverser	umwerfen	~ un verre
relever	aufrichten	~ une chaise qui a été renversée
dresser	errichten, aufbauen	~ un mât (Mast) / ~ la tente
1. jeter	(weg-)werfen	~ des papiers dans le feu / ~ qc par terre
2. lancer	werfen (mit Kraft auf ein Ziel)	~ la balle / ~ des pierres
envoyer	schießen (= werfen)	~ le ballon dans les buts adverses
saisir	ergreifen, festhalten (mit Kraft, schnell)	~ le ballon / ~ qn par le bras
attraper	erwischen, fangen (Geschicklichkeit)	~ une mouche / il a pu ~ la balle
tenir [31]	halten	~ un journal à la main / ~ son parapluie / ~ un enfant par la main

Poser – Hinstellen   265

| mettre [32] | setzen, stellen, legen | ~ les verres sur la table / ~ chaque chose à sa place |
| poser | hinstellen, hinlegen (und dort lassen) | ~ par terre / ~ une échelle contre le mur |

---

29 introduire: j'introduis, nous introduisons, ils introduisent – il introduisit – il a introduit
30 sortir: je sors, nous sortons, ils sortent – il sortit – il a sorti qc
31 tenir: je tiens, nous tenons, ils tiennent – il tint – il a tenu – il tiendra
32 mettre: je mets, nous mettons, ils mettent – il mit – il a mis

Diviser, mesurer – Einteilen, messen

placer	stellen (an eine bestimmte Stelle)	~ le linge dans l'armoire / ~ les conserves sur l'étagère (Regal)
disposer	aufstellen	~ en ligne / ~ les fleurs dans un vase
arranger	(an)ordnen	~ sa coiffure / ~ son appartement
déposer	abstellen, ablegen	~ la lourde valise / ~ son manteau au vestiaire (in der Garderobe)
remettre [32]	wieder hinstellen, hinlegen	~ ses clefs dans sa poche / ~ le livre à sa place
maintenir [33]	festhalten	~ l'échelle / ~ le chien par la laisse
serrer	drücken, festmachen	~ la main à qn / ~ une vis
soutenir [34]	stützen	les murs soutiennent le toit / ~ un blessé
appuyer	lehnen	~ la bicyclette contre le mur / ~ ses coudes sur la table (Ellenbogen)
attacher	festbinden	~ avec une ficelle
détacher	losmachen	~ un chien / ~ la barque
lier	binden	~ des fleurs pour faire un bouquet
accrocher	anhängen (am Haken)	~ un tableau au mur
le crochet	der Haken	le tableau est suspendu par un ~
suspendre	aufhängen	~ un lustre au plafond

Quantité – Quantität

266 Quantité – Menge

la quantité	die Menge	la ~ des marchandises / une petite ~ / une grande ~
beaucoup	viel	posséder ~ de livres / avoir ~ d'argent
plusieurs	mehrere	~ maisons
la plupart	die meisten	~ des hommes / ~ du temps
nombreux, -euse	zahlreich	une foule nombreuse / de ~ accidents
abondant, -e	reichlich	une récolte ~e
considérable	beachtlich	des dépenses ~s / un succès ~
la masse	die Masse	une ~ de cailloux / une ~ de métal
le tas	der Haufen	un ~ de pierres / un ~ de sable (Sand) / mettre en ~
ajouter	hinzufügen	~ qc à qc / ~ de l'eau au vin
et	und	l'un ~ l'autre / ceci ~ cela
encore	noch	prendre ~ un morceau de sucre / ~ plus
augmenter	vergrößern	~ le nombre des ... / ~ le prix
1. plus	mehr	~ grand que ... / un tiers de ~ / de ~ en ~
2. davantage		il en veut ~

---

[32] mettre: je mets, nous mettons, ils mettent – il mit – il a mis

[33] maintenir: je maintiens, nous maintenons, ils maintiennent – il maintint – il a maintenu – il maintiendra

[34] soutenir: je soutiens, nous soutenons, ils soutiennent – il soutint – il a soutenu – il soutiendra

Diviser, mesurer – Einteilen, messen

supplémentaire	zusätzlich	une somme ∼ / faire des heures ∼s
assez	genug	avoir ∼ de temps / «C'est ∼.» / pas ∼
suffire	ausreichen, genügen	cela suffit / mes revenus me suffisent
suffisant, -e	ausreichend	une provision ∼e / c'est plus que ∼
trop	zu viel	ajouter ∼ de sel / ∼ petit
le maximum [-ɔm]	das Maximum	atteindre un ∼ de ... / au ∼ (höchstens)
réduire	ermäßigen, verkürzen	∼ les heures de travail
diminuer	verringern	∼ le poids / ∼ la quantité
la diminution	die Kürzung	la ∼ des impôts / une ∼ de 5⁰/₀
moins	weniger	un peu ∼ / il gagne ∼ d'argent que moi
peu	wenig	un ∼ de vin / c'est ∼ de chose / manger ∼
le reste	der Rest	le ∼ du vin dans la bouteille
rester	übrig bleiben	ce qui reste encore
le minimum [-ɔm]	das Minimum	au ∼ (mindestens)
ne ... rien	nichts	il ne possède rien / il n'achète rien / rien du tout

Le tout, la partie – Das Ganze, ein Teil (→ 231 Ordnung) **267**

le tout	das Ganze	former un ∼ / prendre le ∼
tout, toute,	ganz,	∼ le livre / ∼e la bouteille
tous [tu], toutes	alle	∼ les livres / ∼ les marchandises
total, totale,	Gesamt ...	le poids ∼ / la longueur ∼e / au ∼
totaux, totales		
l'ensemble (m)	die Gesamtheit	l'∼ des marchandises / dans l'∼
entier, entière	ganz	occuper une maison tout ∼ère
complet, complète	vollständig	une série complète / l'autobus est ∼
compléter	vervollständigen	∼ peu à peu une collection de timbres
le supplément	der Zusatz	un ∼ de salaire
constituer	ausmachen, bilden	les différentes parties constituent un tout
se composer de	bestehen aus	le livre se compose de 10 chapitres
la partie	der Teil	deux ∼s égales / la ∼ essentielle
la part	der Anteil (der jedem zukommt)	avoir ∼ à ...
partager	teilen	∼ qc avec qn
diviser	einteilen	le livre se divise en cinq parties
la moitié	die Hälfte	partager en deux ∼s
demi, demie	halb	une ∼-heure / une heure et ∼e / une ∼-livre de beurre / à ∼
le tiers [tjεːr]	das Drittel	deux ∼ / un ∼ des voix
le quart	das Viertel	un ∼ d'heure / les trois ∼s
1. le morceau (-x)	das Stück	un ∼ de fromage / un ∼ de savon
2. le bout	das Stück (Ende)	un ∼ de ficelle
le détail	die Einzelheit	savoir tous les ∼s / en ∼

169

Diviser, mesurer – Einteilen, messen

268 Nombres – Zahlen (→ 2 Indefinita)

compter	zählen	~ de 1 à 10
le compte	das Zählen	faire le ~ de qc
le nombre	die Zahl	le ~ ordinal
pair, paire	gerade	le nombre ~ (2, 4, 6 . . .)
impair, impaire	ungerade	le nombre ~ (1, 3, 5 . . .)
le numéro	die Nummer (einer Serie)	le ~ du chapitre
le chiffre	die Zahl (geschriebene)	les ~s arabes / les ~s romains

zéro	null		vingt	zwanzig
un	eins		vingt et un	einundzwanzig
deux	zwei		vingt-deux	zweiundzwanzig
trois	drei		vingt-trois	dreiundzwanzig
quatre	vier		trente	dreißig
cinq	fünf		quarante	vierzig
six	sechs		cinquante	fünfzig
sept [sɛt]	sieben		soixante	sechzig
huit	acht		soixante-dix	siebzig
neuf	neun		quatre-vingts	achtzig
dix	zehn		quatre-vingt-un	einundachtzig
onze	elf		quatre-vingt-dix	neunzig
douze	zwölf		cent	hundert
treize [trɛz]	dreizehn		deux cents	zweihundert
quatorze	vierzehn		deux cent dix	zweihundertzehn
quinze	fünfzehn		mille	tausend
seize [sɛz]	sechzehn		deux mille	zweitausend
dix-sept [disɛt]	siebzehn		million [miljõ]	Million
dix-huit	achtzehn		deux millions	zwei Millionen
dix-neuf	neunzehn		milliard	Milliarde

premier, première	erste	être le ~ / la ~ière rue à droite
dernier, dernière	letzte	arriver le ~ / la ~ière fois
1. deuxième	zweite (einer Serie)	le ~ et le troisième chapitre
2. second, seconde	zweite (wenn es nur 2 gibt)	la ~e moitié / le ~ Empire
troisième	dritte	habiter au ~ étage
la paire	das Paar	une ~ de souliers
une dizaine	etwa zehn	une ~ de jours
une douzaine	ein Dutzend	une ~ d'œufs / une demi-~
une vingtaine	etwa zwanzig	une ~ d'années
double	doppelt	la ~ fenêtre / le ~ menton / payer le ~
le triple	das Dreifache	

170

Diviser, mesurer – Einteilen, messen

Calculer – Rechnen 269

les mathématiques (f)	die Mathematik	étudier les ~ / un prof de maths (Mathelehrer)
calculer	rechnen	la machine à ~
le calcul	das Rechnen	le ~ mental (Kopfrechnen) / le résultat de ~ / une erreur de ~
le problème	die Rechenaufgabe	un ~ difficile / donner un ~ / résoudre un ~
combien ... ?	wie viel ...?	«~ font deux et trois?»
l'addition (f)	das Addieren	faire une ~ / l'~ est juste / l'~ est fausse
la somme	die Summe	la ~ totale / deux et trois font cinq
la soustraction	das Abziehen	
soustraire	abziehen	cinq moins trois font deux
la multiplication	das Malnehmen	
multiplier	malnehmen	cinq multiplié par deux font dix
la division	das Teilen	
diviser	teilen	dix divisé par cinq font deux
un ordinateur	ein Computer	employer son ~

Mesurer – Messen 270

la mesure	das Maß	la ~ de longueur (Längenmaß)
une unité (de mesure)	eine Maßeinheit	une ~ de poids
mesurer	messen	~ la longueur / la salle mesure 5 mètres sur 6
préciser	genau angeben	~ la date
précis, précise	ganz genau	arriver à 10 heures ~es
précisément	ganz genau (Adverb)	
exact, exacte	genau	l'heure ~e
1. exactement	genau (Adverb)	il est ~ 10 heures
2. justement		
presque	fast	~ chaque jour / ~ totalement
à peu près	etwa	il a ~ soixante ans
environ	ungefähr	~ cent kilomètres
limiter	begrenzen	~ ses dépenses / se ~
la limite	die Begrenzung	la ~ extrême / sans ~s

Unités de mesure:

le mètre	der Meter	le mètre cube	der Kubikmeter
le centimètre	der Zentimeter	le litre	der Liter
le millimètre	der Millimeter	le gramme	das Gramm
le kilomètre	der Kilometer	le kilogramme	das Kilo
le mètre carré	der Quadratmeter	le watt	das Watt
le hectare	der Hektar	le volt	das Volt

Register

Fetter Druck: die 1445 wichtigsten französischen Wörter (Le Français Fondamental, 1ᵉʳ degré.)[1]

Normaler Druck: Weitere 1610 französische Wörter mit Ableitungen (Le Français Fondamental, 2ᵉ degré.)

Schräger Druck: Weitere 507 französische Wörter, die zur Abrundung und Vervollständigung der Sachgebiete hinzugefügt worden sind.

Die Zahlen hinter den Wörtern verweisen auf die Nummern der Sachgebiete.

A

à 241, 252; ~ peine 242; ~ partir de 241
abaisser 264
abandonner 120, 184
abattre 221
abbé, un 83
abeille, une 226
abîmer 56
abondant 266
abonner, s'~ 110
abord, d'~ 242
aboutir 123
aboyer 222
abri, un 210
abriter, s'~ 210
absence, une 128
absent 128
absolument 102
abstenir, s'~ 144
accélérateur, un 189
accent, un 98, 107
accepter 115, 185
accident, un 190
accompagner 255
accomplir 123
accord, un 115
accorder 184
accourir 258
accrocher 54, 64, 265
accueillir 129
accusé, un 152
accuser 152
achat, un 172
acheter 172

acheteur, un 172
achever 119
acide, un 170
acier, un 169
acte, un 119, 206 (théâtre)
acteur, un 206
actif 160
action, une 119, 206 (théâtre)
activité, une 160
actualité, une 246; ~s 207
actuel 246
actuellement 246
adapter 166
addition, une 42 (restaurant), 269
adieu 129
adjectif, un 97
admettre 89
administration, une 145
admirable 132
admirer 132
adopter 127
adresse, une 108 (lettre), 130 (manières), 160 (travail)
adresser 108; s'~ 99
adroit 130, 160
adulte, un 5
adverbe, un 97
adversaire, un 198
aérien 193
aéroport, un 193
affaire, une 119, 163 (occupation), 171 (commerce)

affection, une 132
affectueux 132
affiche, une 171
affirmer 93
affreux 204
afin de 113
afin que 113
Afrique 213
âge, un 4; ~ ingrat 5; Moyen ~ 244
âgé 5
agence, une 180; ~ de voyages 196
agent de police, un 151
agir 119
agiter 263
agneau, un 222
agréable 130
agréer 108
agricole 218
agriculteur, un 218
agriculture, une 218
ah 102
aide, une 122
aider 122
aigle, un 227
aiguille, une 56 (coudre), 228 (arbre), 236 (montre)
aile, une 193 (avion), 225 (oiseau)
ailleurs 252
aimable 130
aimer 133; ~ mieux 112
ainsi 90

---

[1] Außer den folgenden grammatischen Strukturwörtern: *Artikel:* le, la l', les, un, une, des – *Pronomen:* je, tu, il, elle, nous, vous, ils, elles; moi, toi, soi, eux; se; qui, que, ce qui, ce que, dont, lequel, quoi – *Konjunktion:* que – *Hilfsverben:* être, avoir

air, un 202 (musique), 209 (respirer); avoir l'~ 15
ajouter 101, 266
alcool, un 35
aliment, un 25
alimentaire 25
alimentation, une 25
allée, une 229
aller 255; ~ bien 44, 58; ~ mieux 49; s'en ~ 256; ~ chercher 262; ~ voir 128
alliance, une 59, 126
allumer 13, 43, 70
allumette, une 43
allusion, une 101
alors 246
alouette, une 225
alpinisme 217
altitude, une 217
aluminium 169
amant, un 133
amateur, un 112
ambassade, une 140
ambassadeur, un 140
ambition, une 113
ambulance, une 49
âme, une 72, 82
amélioration, une 49
améliorer 174
amener 129
Amérique 213
ami, un 132
amical 132
amitié, une 132
amour, un 133
amoureux 133
ample 56
ampoule, une 13 (lampe), 47 (blessure)
amusant 73
amuser, s'~ 73
an, un 239
ancien 244
ancre, une 194
âne, un 222 (bête), 136 (idiot)
ange, un 81
angle, un 249
anguille, une 224
animal, un 221
année, une 239

anniversaire, un 4
annonce, une 110
annoncer 101
annuel 239
antique 244
août 239
apercevoir 11; s'~ 11, 92
à peu près 270
apparaître 11, 253
appareil, un 166; ~ photographique 208
apparence, une 15
appartement, un 63
appartenir 181
appel, un 153
appeler 98; s'~ 4
appendicite, une 45
application, une 156
appliqué 156
apporter 262
apprécier 125
apprendre 104, 156
apprenti, un 159, 167
approcher 250; s'~ 257
approuver 89, 115
appuyer 265
après 241; ~ quoi 242; ~ cela 242
après-demain 237
après-midi 237
aptitude, une 160
araignée, une 226
arbitre, un 201
arbre, un 22
architecte, un 68
argent 59 (métal), 178 (payer)
argument, un 88
arme, une 147
armée, une 146
armoire, une 65
arracher 167, 229 (fruits)
arranger 265; s'~ 115
arrêt, un 153
arrêter 151, 188, 258; s'~ 258
arrière, en ~ 259; marche ~ 189; l'~ 200
arrivée, une 192, 257
arriver 129, 257, 240 (se passer); il arrive que 91

arrondissement, un 145
arroser 229
art, un 203
artère, une 19
article, un 97 (grammaire), 110 (journal), 143 (code), 174 (marchandise)
artisan, un 162, 167
artiste, un 203
ascenseur, un 61
Asie 213
aspect, un 15
asperge, une 32
aspirateur, un 67
assassiner 150
Assemblée nationale, une 143
asseoir, s'~ 65
assez 266
assiette, une 40
assister 121, 128
associé, un 161
associer 161
assurance, une 190
assuré, un 190
assurément 93
assurer, s'~ 92, 190
atelier, un 165, 167, 203 (artiste)
atmosphère, une 212
atome, un 170
atomique 170
attacher 265
attaque, une 45
attaquer 148
atteindre 257
attendre 192, 248
attente, une 192, 249
attentif 156
attention, une 85, 156
atterrir 193
attirer 263
attitude, une 22, 130
attraper 260, 264
auberge, une 197
aucun 101
audace, une 77
audacieux 77
au-dessous 252
au-dessus 252
auditeur, un 9

Register

A

augmentation, une 164
augmenter 177, 266
aujourd'hui 237, 246
auparavant 242
auprès de 250
au revoir 129
ausculter 49
aussi 233; ~ que 232
aussitôt 242
Australie 213
autant que 232
auteur, un 205
auto, une 187
autobus, un 187
autocar, un 187
automatique 166
automne, un 239
autoriser 115

autorité, une 125; ~s 145
autoroute, une 186
autour 252
autre 234
autrefois 244
autrement 234
autre part 252
avalanche, une 211
avaler 16
avance, d'~ 247; en ~ 248
avancer 119 (progresser),
    159 (carrière), 259 (mar-
    cher), 263 (pousser)
avant 241; en ~ 259; l'~ 200
avantage, un 122
avant-hier 237
avare 181
avec 121, 128

avenir, un 247
aventure, une 240
avenue, une 186
averse, une 210
aversion, une 134
avertir 75
avertisseur, un 189
aveugle 11
aviation, une 193
avion, un 193
avis, un 88
avocat, un 153
avoir 181; l'~ 181; ~ besoin
    183; ~ raison 89; ~ tort
    89; ~ envie 113; ~ à 117;
    ~ mal 45; ~ du mal 120
avouer 152
avril 239

B

baccalauréat, le 157
bagages 192
bague, la 59
baguette, la 27 (pain)
baigner, se ~ 214
baignoire, la 21
bain, le 21, 214
baiser, le ~ 133
baisse, la 177
baisser 177, 264; se ~ 22
balai, le 67
balance, la 175
balayer 67
balcon, le 61
balle, la 147 (arme), 198
    (jouet)
ballet, le 201
ballon, le 198
banane, la 33
banc, le 229
bande, la 47 (plaie)
banlieue, la 60
banque, la 180; billet de ~
    178
barbe, la 17
barque, la 194
barrage, le 13
barrière, la 191
bas 15, 261; le ~ 53
base, la 147

bassin, le 195
bataille, la 148
bateau, le 194
bâtiment, le 61
bâtir 68
bâton, le 137
battre 137
bavard 105
beau 204, 209 (météo)
beau-fils, le 126
beau-frère, le 126
beau-père, le 126
beaux-parents 126
beaucoup 102, 266
beauté, la 21, 204
bébé, le 5
bec, le 225
beige 14
belge 213
Belgique 213
belle-fille, la 126
belle-mère, la 126
belle-sœur, la 126
bénéfice, le 179
béret, le 54
besoin, avoir ~ 183
bétail, le 218
bête 136; la ~ 221
bêtise, la 136
beurre, le 28

Bible, la 81
bibliothèque, la 111
biche, la 223
bicyclette, la 187
bien 79; le ~ 79, 181
    (l'avoir); eh ~ 99; ~
    entendu 100; vouloir
    ~ 115; ~ que 90
bien sûr 100
bientôt 242
bière, la 35
bifteck, le 30
bijou, le 59
bijouterie, la 59
billet, le 192; ~ de banque
    178
bistrot, le 42
bizarre 231
blanc 14
blanchisserie, la 55
blé, le 219
blessé, le 47
blesser 136 (offenser), 148
    (arme)
blessure, la 47
bleu 14; le ~ 47
blindé, le 147
bloc, le 107 (papier), 217
    (pierre)
blond 17

175

blouse, la 51
bœuf, le 222
boire 25
bois, le 228
boisson, la 35
boîte, la 176; ~ aux lettres
   108
boiter 20
boiteux 20
bol, le 40
bombe, la 147
bon 79, 174; ~ marché 177
bonbon, le 34
bonheur, le 73
bonjour 129
bonne, la 67
bonnet, le 54
bon sens, le 136
bonsoir 129
bonté, la 79
bord, le 214; être à ~ 194
botte, la 53
bouche, la 16
boucher 40 (bouteille); le ~
   37
boucherie, la 37
bouchon, le 40

boucle, la 17
bouddhiste, le 81
boue, la 67
bouger 258
bouillabaisse, la 29
bouillir 39
bouillon, le 29
boulanger, le 37
boulangerie, la 37
boule, la 198
boulevard, le 186
bouquet, le 230
bourgeois 144
bourse, la 178
bout, le 242, 267
bouteille, la 40
boutique, la 173
bouton, le 51 (vêtement),
   230 (fleur); ~ électrique
   13
boutonner 51
bracelet, le 59
branche, la 228
bras, le 20
bref 101
briller 12, 209
brique, la 68

briquet, le 43
briser 170
brochure, la 111
brosse à dents, la 21
brouette, la 218
brouillard, le 210
se brouiller 134
bruit, le 9
brûler 70; se ~ 47
brûlure, la 47
brume, la 210
brun 14, 17
brusque 248
brusquement 248
brutal 137
bruyant 9
bûcheron, le 228
budget, le 143
buffet, le 38, 192 (gare)
bulletin, le, ~ scolaire 158;
   ~ de vote 144; ~ météorologique 209
bureau, le 63, 107; ~ de
   change 178; ~ de poste
   108
but, le 113, 147 (arme), 200
   (football)

C

ça → ceci, cela
cabine, la 194; ~ téléphonique 106
cacher 104 (secret), 253
cachet, le 50 (médicament)
cadavre, le 6
cadeau, le 184
cadre, le 64, 203 (tableau),
   161 (employé)
café, le 35, 42
cafetière, le 40
cahier, le 154
caillou, le 217
caisse, la 173 (argent), 176
   (boîte); ~ d'épargne 180
calcul, le 269
calculer 269
calme 138
calmer 138
camarade, le 131

cambrioleur, le 150
caméra vidéo, la 207
camion, le 187
camionnette, la 187
camp, le 197
campagne, la 216
camper 197
camping, le 197
Canada 213
canal, le 215
canapé, le 65
canard, le 30, 222
cancer, le 45
candidat, le 144, 157
canon, le 147
canot, le 194
caoutchouc, le 188
capable 160
capitaine, le 194
capital, le 180

capitale, la 139
caprice, le 113
car 88
car → autocar
caractère, le 71
caravane, la 197
cardinal, le 83
cargo, le 194
carié 48
carnet, le 107, 156 (cahier)
carotte, la 32
carpe, la 31, 224
carré 249
carreau, le 64
carrefour, le 186
carrière, la 159
carte, la 42 (restaurant),
   213 (géographie); jeu de
   ~s 198; ~ d'identité 4
carton, le 176

cas, le 240
casquette, la 54
casser 47, 170
casserole, la 38
cassette, la 201, 207
catégorie, la 231
cathédrale, la 83
catholique 81
cause, la 95; à ~ de 88, 95
causer 95 (être la cause),
   105 (parler)
cave, la 61
ce, cette, ces 254
ceci, cela 254; après ~ 242
céder 115, 184
ceinture, la 51; ~ de sécurité 190
célèbre 125
célibataire, le 126
celui-ci 254
cendre, la 43
cendrier, le 43
cent 268
centime, le 178
centimètre, le 270
central 253
centrale, la 13
centre, le 249, 252
centre commercial, le 173
cependant 88, 234
cercle, le 249
cercueil, le 6
cerf, le 224
cerise, la 33
certain 93
certainement 93
certificat, le 157
certitude, la 93
cerveau, le 7
cesse, sans ~ 243
cesser 119
c'est-à-dire 94
c'est pourquoi 88
chacun 2
chaîne, la 194, 207 (télé)
chaise, la 65
chaleur, la 209
chambre, la 63, 197
chameau, le 223
champ, le 219
champagne, le 35, 220

champignon, le 228
champion, le, ~ du monde
   199
chance, la 240
changer 178 (argent), 259
   (direction); se ~ 52
chanson, la 202
chant, le 202
chanter 202
chantier, le 165; ~ naval
   195
chapeau, le 54
chapitre, le 111
chaque 2
char, le 147
charbon, le 169
charcuterie, la 37
charcutier, le 37
charge, la 262
chargement, le 262
charger 117 (ordonner), 147
   (arme), 262 (camion)
charmant 130
charrette, la 218
charrue, la 219
chasse, la 223
chasser 223
chasseur, le 147 (avion),
   223 (gibier)
chat, le 222
château, le 141
chaud 39, 209
chauffage, le 66
chauffer 39, 66
chauffeur, le 189
chaussée, la 186
chaussette, la 53
chaussure, la 53
chauve 17
chef, le 117, 161; ~ de
   rayon 172; ~-lieu 145
chemin, le 186; ~s de fer
   191
cheminée, la 61, 66
chemise, la 51; ~ de nuit 23
chemisier, le 51
chêne, le 228
chèque, le 180
cher 133 (aimer), 177 (prix)
chercher 253; aller ~ 262
cheval, le 222

cheveu, le 17
cheville, la 20
chèvre, la 222
chevreuil, le 223
chez 69
chic 58
chien, le 222
chiffon, le 67
chiffre, le 268
chimie, la 170
chimique 170
chimiste, le 170
chirurgie, la 48
chirurgien, le 48
chocolat, le 34, 35
choisir 112
choix, le 112, 173
chômage, le 163
chômeur, le 163
chose, la 1
chou, la 32
Christ 81
chrétien, le 81
cidre, le 35
ciel, le 82 (religion), 212
   (bleu)
cigare, le 43
cigarette, la 43
cigogne, la 225
cil, le 11
ciment, le 68
cimetière, le 6
cinéma, le 207
cinq 268
cinquante 268
circonstance, la 240
circuit, le 196
circulation, la 240
ciseaux 56
cité, la 60
citer 205
citoyen, le 139
citron, le 33
civil 146
civilisation, la 245
clair 12, 14, 94
clarté, la 12, 94
classe, la 144 (sociale), 154
   (école); la rentrée des ~s
   154; salle de ~ 154
classer 232

Register

classique 205
clef, clé, la 62; ~ anglaise 168
client, le 172
clientèle, la 172
clignotant, le 189
climat, le 209
clinique, la 49
cloche, la 83
clocher, le 83
clou, le 168
cochon, le 222
code, le 143
cœur, le 19, 72; mal au ~ 46
coffre, le 188
coffre-fort, le 178
cognac, le 35
coiffeur, le 17
coiffure, la 17
coin, le 64
col, le 51 (vêtement), 186 (montagne)
colère, la 135
colis, le 176
collant, le 53
colle, la 176
collectif 121
collège, le 154
collégien, le 155
coller 176
collier, le 59
colline, la 217
collision, la 190
colonel, le 146
colonne, la 61
combat, le 148
combattre 148
combien 269
combinaison, la 51
comédie, la 206
comique 73, 206
comité, le 144
commandant, le 194
commander 42 (restaurant), 117 (chef), 172 (client)
comme 232, 241 (adverbe)
comme 88 (parce que)
commencement, le 119, 242
commencer 119, 242
comment 99
commerçant, le 172

commerce, le 171
commercial 171
commettre 150
commissaire, le 151
commission, la 143
commode 56, 168
commun 121, 130
communauté, la 121
commune, la 145
communication, la 106
communiqué, le 142
communiquer 101
communisme, le 144
communiste, le 144
compagnie, la 128, 146 (armée), 161 (commerce)
compagnon, le 131, 167 (artisan)
comparaison, la 232
comparer 232
compartiment, le 191
complément, le 97
complet 267
complètement 102
compléter 267
compliqué 86, 94
compliquer 94
comporter, se ~ 130
composer 202, 267
composition, la 157
compréhension, la 131
comprendre 94
comprimé, le 50
comptant, au ~ 177
compte, le 177, 180, 268; se rendre ~ 92
compter 268; ~ sur 131
comptoir, le 173
concerner 232
concert, le 202
concerto, le 202
concierge 69
conclure 101, 140
conclusion, la 101
concours, le 122, 157 (examen)
condamner 153
condition, la 90
conditionnel, le 97
condoléances 6
conducteur, le 189

conduire 189, 255; se ~ 130
conduite, la 156
conférence, la 101; ~ de presse 142
confiance, la 131
confier 104 (dire), 184 (donner); se ~ 131
confirmer 93
confiture, la 34
confort, le 181
confortable 181
congé, le 164
congrès, le 144
conjonction, la 97
conjuguer 97
connaissance, la 45, 104, 131; ~s 157
connaître 104, 131
consacrer, se ~ 119
conscience, la 78
conseil, le 114
conseiller 114
consentir 115
conséquence, la 90, 95
conséquent, par ~ 90
conserve, la 38
conserver 38
considérable 266
considérer 87, 125
consigne, la 192
consommation, la 42
consommer 25, 42
constater 92
constituer 267
constitution, la 141
construction, la 68
construire 68
consul, le 140
consulat, le 140
conte, le 205
contenir 38, 249; se ~ 138
content 73
contenter 73
contenu, le 249
continent, le 213
continuer 120, 242
contraire, le 234
contrat, le 143
contre 116, 259
contrôle, le 191
contrôler 92

Register

contrôleur, le 191
convaincre 89
convenir 115
conversation, la 105
coopérative, la 218
copain, le 131
copie, la 156
coq, le 222
coquillages 31
corbeau, le 225
corbeille, la 107
corde, la 198
cordonnier, le 53
corne, la 222
corps, le 18
correspondance, la 108 (lettres), 192 (gare), 233 (ressemblance)
correspondant, le 108
correspondre 108 (lettres), 233 (ressembler)
costume, le 51
côte, la 19 (corps), 214 (plage)
côté, le, à ~ 25; d'un ~ 234
coton, le 57
cou, le 7
coucher, se ~ 24
coude, le 20
coudre 56
couler 21, 215
couleur, la 14
couloir, le 63
coup, le 137, 147 (arme); ~ d'État 141; tout à ~ 248
coupable 153
couper 40; se ~ 47
cour, la 61; ~ d'assises 152
courage, le 77
courageux 77

courant, le 13 (électricité), 215 (eau); être au ~ 104
courbe, la 249
courir 199, 258
courrier, le 108
cours, le 154, 215 (fleuve), 255; au ~ de 241
course, la 199; faire les ~s 172
court 15, 235 (durée), 250 (espace)
cousin, le 127
cousine, la 127
coussin, le 65
couteau, le 40
coûter 177
couture, la 55, 58
couturier, le 58
couturière, la 56
couvercle, le 38, 176
couvert, le 40
couverture, la 23 (lit), 111 (livre)
couvrir, se ~ 52
cracher 16
craindre 76
crainte, la 76
crâne, le 7
cravate, la 51
crayon, le 107
création, la 81
crédit, le 180
créer 81
crème, la 28; ~ caramel 34
creuser 219
creux 249
crever 221
crevette, la 31
cri, le 98

crier 98
crime, le 150
criminel, le 150
crise, la 142
critique, la 206
critiquer 206
crochet, le 265
crocodile, le 226
croire 81 (religion), 87, 93 (opinion)
croisement, le 186
croiser 186
croître 227
croix, la 83; Croix-Rouge 49
cru 32, 39
crudités 32
cruel 137
cube, le 249
cueillir 229
cuiller, le 40
cuir, le 53
cuire 39
cuisine, la 38, 63
cuisinière, la 38
cuisse, la 20
cuit 39
cuivre, le 169
culotte, la 51
culte, le 83
cultivateur, le 218
cultivé 156
cultiver 156, 219 (champs), 229
culture, la 219
curé, le 83
curieux 85, 104
curiosité, la 104
cuvette, la 21
cycliste, le 187

D

dactylo, la 107
dame, la 5, 198 (cartes)
dancing, le 201
danger, le 75
dangereux 75
dans 252
danse, la 201

danser 201
danseur, le 201
date, la 239
davantage 266
de 181, 256
débarrasser, se ~ 184
debout 22, 65

débrouiller, se ~ 160
début, le 242
débuter 159
décembre, le 239
décharger 262
déchirer 56
décider 112

179

Register

décision, la 112
déclaration, la 145
déclarer 145
décoller 193
décorer 64
découragé 77
décourager 77
découverte, la 158
découvrir 158, 253
décrire 101
dedans 252
défaire 262
défaite, la 148
défaut, le 80
défendre 88 (justifier), 116
(s'opposer); se ~ 148
défense, la 116 (inter-
diction), 148 (guerre),
152 (tribunal)
déficit, le 142
définir 96
définition, la 96
dégats 190
dégoût, le 134, 204
degré, le 209
dehors 252
déjà 242
déjeuner, le 26; petit ~ 26
delà, au ~ 252
délai, le 235
délégué, le 164
délicat 44
délicieux 36
délit, le 150
demain 237
demande, la 114, 183
demander 99, 114, 183
démarrer 189
déménager 69
demeurer 60, 257
demi 267; le ~ 200
démocratie, la 141
demoiselle, la 5
démolir 70
dent, la 16, 48
dentiste, le 48
départ, le 192, 256
département, le 145
dépasser 189
dépêcher, se ~ 120, 258
dépendre 95

dépense, la 177
dépenser 177, 181
déplacer 263; se ~ 255
déposer 265
depuis 241
député, le 143
déranger 67, 122 (gêner)
déraper 190
dernier 268
derrière 252, 260
dès 241
descendre 127 (famille), 192
(du train), 261, 264
désert, le 216
désespoir, le 74
déshabiller, se ~ 52
désigner 117, 254
désir, le 113, 183
désirer 113, 184
désolé 74
désordre, le 67
dessert, le 26
dessin, le 203
dessiner 203
dessous → au-dessous
dessus → au-dessus
destiner 159
détâcher 265
détail, le 267
déterminer 114
détester 134
détour, le 186
détruire 148
dette, la 182
deuil, le 6
deux 268
deuxième 268
devant 252, 260
développer, se ~ 5
devenir 159
déviation, la 186
deviner 104
devoir 78, 182; le ~ 78, 156
dévouer, se ~ 79
diable, le 82
diamant, le 59
diapositive, la 208
dictionnaire, le 96
Dieu 82
différence, la 234
différent 234

difficile 86
difficulté, la 86
digérer 19
dimanche, le 238
dimension, la 249
diminuer 266
diminution, la 266
dîner, le 26
dire 101; ~ adieu 129; c'est-
à-~ 94; vouloir ~ 96
direct 259
directement 259
directeur, le 161
direction, la 161 (chefs),
259 (espace)
diriger 161; se ~ 257
discours, le 101
discussion, la 105
discuter 105
disparaître 11, 253
dispensaire, le 49
disposer 181, 265
disposition, la 181, 231
disputer, se ~ 136
disque, le 189 (auto), 201
(musique)
distance, la 250
distingué 130
distinguer 234
distraction, la 85, 198
distrait 85
distribuer 184
distribution, la 184
divers 234
diviser 232, 267, 269
division, la 146, 269
divorce, le 126
divorcer 126
dix 268
dix-huit 268
dix-neuf 268
dix-sept 268
dizaine 268
docteur, le 68 (médecin)
document, le 145
doigt, le 20
domaine, le 218
domestique 221
domicile, le 60
dominer 15
dommage, le 122; c'est ~ 74

180

donc 90, 117
donner 184
doré 59
dormir 24
dos, le 19
douane, la 140
douanier, le 140
double 268
doubler 189 (auto)
doucement 258
douceur, la 130

douche, la 21
douleur, la 6, 45, 74
doute, le 91
douter 91
doux 36 (goût), 130 (manières)
douzaine 268
douze 268
drame, le 206
drap, le 23, 57
drapeau, le 139

dresser 264; se ~ 22
drogue, la 43
droit 259; le ~ 143
droite, à ~ 259
drôle 73
dur 80 (caractère), 169 (solide)
durant 241
durée, la 235
durer 235

E

eau, une 41, 214; ~ minérale 35
eau-de-vie, une 35
écarter 250
échanger 185
échantillon, un 171
échapper 245
échec, un 123; ~s 198
échelle, une 260
échouer 123, 157
éclair, un 210
éclairer 13
éclat, un 9
éclater 135, 190
école, une 154; ~ normale 158
économie, une 165, 181
économique 165, 177
écorce, une 228
écouter 9
écran, un 207
écraser 190
écrier, s'~ 98
écrire 107
écrivain, un 205
écrou, un 168
écume, une 214
écureuil, un 223
écurie, une 218
éducation, une 154
effacer 107
effectuer 123
effet, un 95; en ~ 93
efficace 123
efforcer, s'~ 120
effort, un 120

effrayer 76; s'~ 76
égal 85, 233
également 233
égalité, une 143, 233
égard, un, à l'~ de 232
église, une 83
égoïste, un 80
eh bien 99
élancer, s'~ 258
électeur, un 144
élection, une 144
électoral 144
électricien, un 13
électricité, une 13
électrique 13
électronique 166
élégance, une 58
élégant 58
élément, un 170
éléphant, un 223
élevage, un 218
élève, un 156
élever 130 (enfant), 218 (bétail)
élire 144
éloigner 250; s'~ 256
embarrasser 76
embouchure, une 215
embouteillage, un 190
embrasser 133
embrayage, un 189
émission, une 207
emmener 255
émotion, une 135
émouvoir 135
empêcher 116, 122

empereur, un 141
empire, un 141
emploi, un 163; plein ~ 163; mode d'~ 166
employé, un 162
employer 163 (des ouvriers), 168 (des outils)
employeur, un 161
empoisonner 150
emporter 192, 262
emprunter 185
ému 135
en 252; ~ arrière 259; ~ avance 248; ~ avant 259; ~ effet 93; ~ face 252; ~ général 243; ~ haut 261; ~ outre 101; ~ particulier 102; ~ voiture 192
encore 243, 266; pas ~ 242
encourager 77
encre 107
endormir, s'~ 24
endroit, un 251
énergique 13, 160
énerver, s'~ 135
enfance, une 5
enfant, un 5, 127
enfer, un 82
enfermer 65, 153 (criminel)
enfin 242
enfoncer 168
engager 163; s'~ 113
engrais, un 219
enlever 150 (voler), 185
ennemi, un 148
ennuyer, s'~ 85

181

Register

ennuyeux 85
énorme 102
énormément 102
enquête, une 151
enregistrer 201
enseignement, un 154, 155
enseigner 155
ensemble 121, 128; l'~ 267
ensuite 242
entendre 9; s'~ 131; bien
    entendu 100
enterrement, un 6
enterrer 6
entier 267
entièrement 102
entourer 252
entraîner 199
entraîneur, un 200
entre 241, 252
entrée, une 62
entreprendre 119
entreprise, une 165
entrer 63
entretenir, s'~ 105
entretien, un 105 (parler),
    166 (conserver)
enveloppe, une 108
envelopper 176
envie, avoir ~ 113
environ 270
environnement, un 216
environs 60
envisager 113
envoler, s'~ 225
envoyer 108, 264
épais 249
épaisseur, une 249
épargner 180
épaule, une 20
épicerie, une 37
épicier, un 37
épingle, une 56
époque, une 244
épouse, une 126
épouser 126
époux, un 126
épreuve, une 157 (examen),
    199 (sport), 208 (photo)
éprouver 72
épuisé 120
équilibre, un 261

équipage, un 194
équipe, une 121, 162, 200
équipement, un 164
équiper 161, 195
erreur, une 89
escalier, un 61, 261
escargot, un 226
espace, un 212, 249
espèce, une 1
espérer 248
espoir, un 248
esprit, un 84
essai, un 119
essayer 56 (robe), 119
essence, une 169, 188
essentiel 85
essuie-glace, un 188
essuyer 61, 67
est 259 (contraire: ouest)
estimer 87, 125
estomac, un 19
et 101, 266
étable, une 218
établir 165
établissement, un 165
étage, un 61
étalage, un 173
étang, un 215
étape, une 196, 255
État, un 139, coup d'~ 141
état civil, le 145
etc. 101
été, un 239 (saison)
éteindre 13, 70
étendre 264; s'~ 24
étendu 216, 249
éternel 235
étoffe, une 57
étoile, une 12, 212
étonner 102
étouffer 10
étrange 231
étranger, un 140
étrangler 150
être, ~ à 181; ~ à ... de
    250; ~ au courant 104; ~
    debout 65; ~ en train
    119; ~ mal 134; l'~ 1
étroit 15, 56
étude, une 156, 158
étudiant, un 158

étudier 92, 158
Europe 213
événement, un 240
évêque, un 83
évidemment 93
évident 93
évier, un 41
éviter 122
évolution, une 244
évoquer 245
exact 248, 270
exactement 270
exagérer 102
examen, un 92, 157
examiner 92
excellent 174
exception, une 231
exceptionnel 231
excursion, une 196
excuser 152; s'~ 136
exécuter 123, 153 (con-
    damné)
exemple, un 79, 94
exercer, s'~ 159
exercice, un 155
exiger 117, 183
existence, une 5
exister 3
expédier 108
expérience, une 160, 170
    (chimie)
expert, un 160
explication, une 94, 155
expliquer 94, 155
exploitation, une 218
exploiter 218
exploser 147
explosion, une 147
exportation, une 171
exporter 171
exposer 101, 171 (foire)
exposition, une 203
exprès 113
express, un 191
expression, une 98
exprimer, s'~ 98
extérieur 252, l'~ 15
extraordinaire 102, 231
extrême 102
extrêmement 102

F

fable, la 205
fabricant, le 161
fabriquer 165
façade, la 61
face, en ~ 252
fâché 135
facile 86
facilement 86
facilité, la 86
façon, la, de cette ~ 90
facteur, le 108
facture, la 177
faible 18, 44
faiblesse, la 18
faim, la 25
faire 117 (obliger), 119
    (agir), 165 (produire),
    262 (la valise); ~ beau
    209; ~ des courses 172;
    ~ feu 147; ~ mal 45; ~
    le plein 188; ~ la queue
    172; ~ sa toilette 21; le
    ~-part 126
fait, le 92; ~s divers 110;
    tout à ~ 102
falaise, la 214
falloir, il faut 117
fameux 125
familial 127
familier 130
famille, la 127
fantaisie, la 113
fard, le 21
farine, la 27, 219
fatigue, la 120
fatigué 24, 120
fatiguer 120
faute, la 80, 157
fauteuil, le 65
faux 89
faveur, la 122
favorable 122
favoriser 122
fédération, la 139
femelle, la 221
féminin 4
femme, la 4, 126 (épouse);
    ~ de ménage 67
fenêtre, la 62

fer, le 169; ~ électrique 55;
    chemins de ~ 191
ferme, la ~ 218; terre ~
    214
fermer 62
fermeture, la 51
fermier, le 218
fête, la 128
feu, le 70; ~ rouge 186;
    faire ~ 147
feuillage, le 228
feuille, la 227
février 239
fiancé, le 126
fiancer, se ~ 126
ficelle, la 176
fidèle 79
fier 125
fièvre, la 46
figure, la 7 (visage), 249
    (forme)
figurer, se ~ 84
fil, le 13, 56
filet, le 37, 224 (pêche)
fille, la 127; petite ~ 5;
    jeune ~ 5
fillette, la 5
film, le 207, 208
fils, le 127
fin 249 (adjectif)
fin, la 242
final 242
finances 142
finir 119, 242
fixer 248
flamme, la 70
flash, le 208
fleur, la 230
fleuve, le 215
flotter 214
foi, la 81
foie, le 19
foin, le 218
foire, la 171
fois, la 243
foncé 14
fonction, la 163
fonctionnaire, le 145, 162
fonctionnement, le 166

fonctionner 166
fond, le, au ~ 93
fondre 169, 170 (fer), 211
    (glace)
fonds 180
fontaine, la 218
football, le 200
force, la 18, 44
forcément 117
forcer 117
forêt, la 228
forge, la 167
forger 167
forgeron, le 167
formation, la 159
forme, la 15
former 15
formidable 102, 204
formulaire, le 145
formule, la 98 (mots), 170
    (chimie)
fort 18, 44 (adjectif)
fort 102 (très)
fortune, la 180
fossé, le 215
fou 136
foudre, la 210
foulard, le 54
foule, la 124
fourche, la 218
fourchette, la 40
fourneau, le 38
fournir 171
fourrure, la 54
fracture, la 47
fragile 44, 170
frais 36; les ~ 177
fraise, la 33
franc 103
franc, le 178 (argent)
français 213
Français, le 213
France, la 213
franchement 103
frapper 62 (porte), 137
    (taper)
fraternité, la 121
frein, le 189, 258
freiner 189, 258

Register

fréquent 243
fréquemment 243
fréquenter 128
frère, le 127
frigidaire, le 38
frites 32
froid 46, 138 (indifférent), 211 (météo)

fromage, le 28
front, le 7 (visage), 148 (guerre)
frontière, la 140
frotter 67
fruit, le 33, 227
fuir 148, 260
fuite, la 148, 260

fumée, la 66
fumer 43
fureur, la 135
furieux 135
fusée, la 147, 212
fusil, le 147
futur 247; le ~ 97

G

gagner 179 (argent), 198 (jeu)
gai 73
gaiement 73
gamin, le 5
gamme, la 173
gant, le 54
garage, le 188
garagiste, le 188
garantie, la 174
garantir 174
garçon, le 5 (enfant), 42 (restaurant)
garde, la 146 (militaire), 151
garder 75, 185 (tenir)
gardien, le 151; ~ de but 200
gare, la 192
garer 189
garnir 64
gaspiller 181
gâteau, le 27
gâter 122
gauche 259
gaz, le 170
gazon, le 229
geler 211
gémir 45
gendarme, le 151
gendre, le 126
gêner 56 (vêtement), 76 (embarrasser), 122 (nuire)
général 231; le ~ 146; en ~ 243
généralement 243
généreux 79, 181

génie, le 203
genou, le 20
genre, le 97
gens 124
gentil 130
géographie, la 213
géométrie, la 249
gérant, le 172
geste, le 98
gibier, le 223
gifle, la 137
gifler 137
gilet, le 51
girafe, la 223
glace, la 21, 58 (miroir), 34, 211 (froid)
glacé 211
glisser 261
globe, le 213
gomme, la 107
gonfler 188
gorge, la 16, 217 (vallée)
gosse 5
gourmand, le 36
gourmet, le 36
goût, le 8, 58, 204 (art)
goûter 36, le ~ 26
goutte, la 210
gouvernement, le 142
gouverner 142
grâce, la 130, 153; ~ à 88
gracieux 130
grain, le 219
graine, la 229
graisse, la 30, 166
graisser 166
grammaire, la 97
gramme, le 175, 270

grand 15, 18, 125
grandir 5
grand-mère, la 127
grand-père, le 127
grands-parents 127
grange, la 218
grappe, la 220
gras 30
gratuit 177
grave 45, 138
grêle, la 210
grenier, le 61
grenouille, la 226
grève, la 164
gréviste, le 164
griffe, la 221
griffer 221
grille, la 229
griller 39
grimper 261
grippe, la 46
gris 14
gronder 136
gros 18, 249
groseille, la 33
grossier 130
grossir 18
groupe, le 121
grouper 128
grue, la 195
guérir 49
guerre, la 148
gueule, la 221
guichet, le 192
guide, le 196
guitare, la 202
gymnastique, la 22

184

Register

H

habile 160
habiller 52
habit, un 51
habitant, un 139
habiter 60, 69
habitude, une 71
habituer, s'~ 71
hache, une 168
haie, une 229
haine, une 134
haïr 134
haleine, une 10
halle, une 173
halte 258
hangar, un 218
hardi 77
hareng, un 224
haricot, un 32
hasard, un 95, 248
hausse, une 177
haut 15, 217; en ~ 260
hauteur, une 15
hebdomadaire 238; un ~ 110

hectare, un 270
hein 99
hélas 74
hélicoptère, un 147, 193
herbe, une 229
hésiter 112
heure, une 236; ~ de travail 164; à l'~ 248; tout à l'~ 242
heureux 73
hier 237
hirondelle, une 225
histoire, une 205 (récit), 244 (passé)
historique 244
hiver, un 239
H.L.M. 61
homme, un 4, 124
honnête 79
honneur, un 125, 136; parole d'~ 113
honorer 125
honte, une 78

honteux 78
hôpital, un 39
horaire, un 192
horizon, un 214
horloge, une 236
horloger, un 236
horreur, une 76
horrible 76, 204
hors 252
hors-d'œuvre, un 26
hôtel, un 197; ~ de ville 145
hôtesse, une 193
houille, une 169
huile, une 36 (repas), 188 (moteur)
huit 268
huître, une 31
humain 124
humanité, une 124
humeur, une 72
humide 219
hygiène, une 21

I

ici 252
idée, une 84
identité, une 4
idiot, un 136
ignorer 104, 157
il y a 244
île, une 214
illustration, une 110
illustré, un 110
illustrer 110
image, une 110, 208
imagination, une 84
imaginer 84
imbécile, un 136
imiter 79
immédiat 242
immédiatement 242
immeuble, un 61
immobile 258
immoral 80
impair 268

imparfait, un 97
impatient 248
impératif, un 97
impérialisme, un 149
impérialiste, un 149
imperméable, un 54, 210
impoli 130
importance, une 85
important 85
importation, une 171
importe, n'~ 2
importer 171
impossible 91
impôts 142, 179
impression, une 15
imprimé, un 108
imprimer 111
imprimerie, une 111
inattendu 248
incapable 160
incendie, un 70

incertain 112
incident, un 240
inconnu 245
inconvénient, un 122
indécis 112
indemnité, une 190
indépendance, une 149
indépendant 149
indicatif, un 97
indice, un 151
indifférence, une 138
indifférent 85, 138
indiquer 254
indispensable 122
individu, un 124
individuel 124
industrie, une 165
industriel, un 165; l'~ 161
inférieur 252
infinitif, un 97
infirme 6

185

Register

infirmière, une 49
influence, une 114
information, une 101
informer 101
ingénieur, un 166
ingrat 185
injuste 153
injustice, une 153
innocent 153
inondation, une 215
inquiet 135
inquiéter 135
inquiétude, une 135
inscrire 107
insecte, un 226
insister 102
insolent 130
inspecteur, un 155 (école);
~ de police 151
installation, une 64

installer 166; s'~ 69
instant, un 235
instinct, un 221
instituteur, un 155
institutrice, une 155
instruction, une 117
instrument, un 202
intellectuel 84
intelligence, une 84
intelligent 84
intention, une 113
interdire 116
intéressant 85
intéresser 85
intérêt, un 85
intérêts 180
intérieur 252
interjection, une 97
international 140
interprète, un 96

interrogatoire, un 151
interroger 99
interrompre 105, 120
intervenir 121
interview, une 110
intestin, un 19
introduire 263
inutile 122
inventer 158
invention, une 158
inverse 259
invitation, une 128
inviter 128
invraisemblable 91
Islam 81
islamique 81
isoloir, un 144
israélite 81
itinéraire, un 196
ivre 35

J

jaillir 215
jalousie, la 133
jaloux 133
jamais 100, 243
jambe, la 20
jambon, le 30
janvier 239
jardin, le 229
jardinier, le 229
jaune 14
jeter 264; se ~ 215
jeton, le 106
jeu, le 199, 202 (musique)
jeudi 238
jeune 5

jeune fille, la 5
jeunesse, la 5
joie, la 73
joli 204
joue, la 7
jouer 198, 206 (théâtre)
jouet, le 198
jouir 73
jour, le 12, 237
journal, le 110
journaliste, le 110
journée, la 237
joyeux 73
juge, le 152
jugement, le 153

juger 153
juif, le 81
juillet, le 239
juin, le 239
jumeaux 127
jument, la 222
jupe, la 51
jupon, le 51
jurer 113, 152 (tribunal)
jus, le 35
jusqu'à 241
juste 89, 153
justement 270
justice, la 153
justifier 152

K

kilo, le 175

kilogramme, le 270

kilomètre, le 270

Register

L

là 252
laboratoire, le 170
labourer 219
lac, le 215
lâche 77
lâcher 264
laid 204
lainage, le 57
laine, la 57
laisser 115, 184
lait, le 28, 35
lame, la 40
lampe, la 13
lancer 264
lande, la 216
langue, la 16 (bouche), 96 (parole)
lapin, le 222
large 15
largeur, la 15
larme, la 6, 74
lavabo, le 21
laver 41, 55; se ~ 21
lave-vaisselle, le 41
leçon, la 154
lecteur, le 109
lecture, la 109
léger 45, 175
légèrement 45
légumes 32
lendemain 237
lent 160, 258
lentement 258
lessive, la 55

lettre, la 107 (écriture), 108 (courrier)
leur 181
lever 264; se ~ 22, 24, 65
levier, le, ~ de vitesse 189
lèvre, la 16
liaison, la 98
libération, la 149
liberté, la 149
libraire, le 111
librairie, la 111
libre 149
libre-service, le 37
lier 176, 265
lieu, le 139, 251; au ~ de 234
lieutenant, le 146
lièvre, le 223
ligne, la 191, 249
lime, la 168
limite, la 270
limiter 270
linge, le 51
lion, le 223
liquide, le 170
lire 109
lis, le 230
lisse 168
liste, la 145
lit, le 23
litre, le 270
littérature, la 205
livre, le 111 (lire)
livre, la 175 (poids)

livrer 172
local 139
locataire, le 69
location, la 69
locomotive, la 191
logement, le 63
loger 69
logique 84
loi, la 143
loin 250
lointain 250
loisir, le 198
long 15, 235 (durée), 250 (distance); le ~ de 259
longtemps 235
longueur, la 15, 250
lorsque 241
louer 130 (flatter)
louer 69 (location)
loup, le 223
lourd 175; poids ~s 187
loyal 79
loyer, le 69
lumière, la 12
lundi 238
lune, la 12, 212
lunettes 11
lutte, la 137
lutter 137
luxe, le 181
luxueux 181
lycée, le 154
lycéen, le 156

M

ma 181
mâcher 16
machin, le 1
machine, la 166
maçon, le 68, 167
madame 5
mademoiselle 5
magasin, le 37, 173
magnétoscope, le 207
magnifique 204
mai, le 239

maigre 18, 30
maigrir 18
main, la 20
main-d'œuvre, la 162
maintenant 264
maintenir 267
maire, le 145
mairie, la 145
mais 88, 234
maïs, le 219
maison, la 61

maître, le 117; ~ d'école 155
majeur 5
majorité, la 5 (âge), 143
mal 80; avoir du ~ 120; être ~ 134; faire ~ 45; ~ au cœur 46; ~ de mer 194; ~ de tête 45
malade 45
maladie, la 45
maladroit 160

mâle, le 221
malentendu, le 89
malgré 90
malheur, le 74
malheureusement 74
malheureux 74
maman, la 127
manche, la ~ 51; le ~ 168
mandat, le 108 (poste), 144 (élections)
manger 25
manier 168
manières 130
manifestation, la 164
manifester 164
mannequin, le 58
manœuvre, la ~ 146; le ~ 162
manquer 182
manteau, le 54
manuel, le 167
maquiller se ~ 21
marchand, le 172
marchandise, la 174
marche, la 61 (escalier), 255 (marcher); ~ arrière 189
marché, le 37, 173; bon ~ 177; ~ Commun 140
marcher 255
mardi, le 238
marée, la 214
mari, le 126
mariage, le 126
marier 126; se ~ 126
marin, le 194
marine, la 146, 194
maritime 214
marmite, la 38
marque, la 254
marquer 254
marron 14 (couleur)
mars, le 239
marteau, le 168
masculin 4
masse, la 124, 266
masser 49
mât, le 193
match, le 200
matelas, le 23
matériaux 68

matériel, le 181
maternel 127
mathématiques 269
matière, la 154, 170; table des ~s 111; ~s premières 169
matin, le 24, 237
matinée, la 237
mauvais 80
mauve 14
maximum, le 266
mécanicien, le 188, 191
mécanique, la 166
mécanisme, le 166
méchant 80
mécontent 74
médecin, le 48
médecine, la 48
médical 48
médicament, le 50
meilleur 79
mélanger 39
mêler, se ~ 122
membre, le 20
même 121, 233; en ~ temps 241; quand ~ 90
mémoire, la 245
menace, la 75
menacer 75
ménage, le 67
ménager 67
ménagère, la 67
mendiant, le 182
mener 255
mensonge, le 103
mensuel 239
menteur, le 103
mentir 103
menton, le 7
menu, le 42
menuisier, le 68, 167
mépris, le 134
mépriser 134
mer, la 214; mal de ~ 194
merci 185
mercredi, le 238
mère, la 127
mérite, le 125
mériter 125
merveille, la 204
merveilleux 204

mes 181
messe, la 83
mesure, la 202 (musique), 270 (grandeur)
mesurer 270
métal, le 169
métallurgie, la 169
météorologique, bulletin ~ 209
méthode, la 154
métier, le 159
mètre, le 270; ~ carré 270; ~ cube 270
métro, le 191
metteur en scène, le 206
mettre 52 (vêtement), 265 (poser); se ~ 119; se ~ au lit 24; se ~ à table 40
meuble, le 65
microsillon, le 201
midi, le 237
Midi, le 259
miel, le 34, 226
mien 181
mieux 79; aimer ~ 112; aller ~ 49
mignon 130
milieu, le 252
militaire, le 146
mille 268
milliard 169
millimètre, le 270
million, le 268
mince 18, 249
mine 7 (visage), 169 (charbon)
minéral, le 169
mineur 5
minimum, le 266
ministère, le 142
ministre, le 142
minitel, le 108
minorité, le 5
minuit 237
minute, la 236
miracle, le 82
misérable 182
misère, la 182
mi-temps, la 200
mode, la 58
mode d'emploi, le 166

Register

modèle, le 79, 165, 203
moderne 174, 246
moderniser 166
modeste 79
modifier 161
moineau, le 225
moins 266
mois, le 239
moisson, la 148
moissonner 219
moitié, la 267
moment, le 235, 246; pour
le ~ 246
mon 181
monarchie, la 142
monastère, le 83
monde, le 212
monnaie, la 178
monsieur, le 5, 108
montagne, la 217
monter 166 (technique), 192
(en voiture), 261 (aller
plus haut), 264 (lever)

montre, la 236
montrer 254
monument, le 60
moquer, se ~ 136
moral 78
morale, la 78
morceau, le 267
mordre 16, 222 (chien)
mort 6, 148; la ~ 6; le ~ 6
mosquée, la 81
mot, le 96
moteur, le 188
moto, la 187
mou 170
mouche, la 226
moucher, se ~ 10, 46
mouchoir, le 10, 46
mouillé 210
moulin, le 219
mourir 6
moustache, la 17
moustique, le 226
moutarde, la 36

mouton, le 222
mouvement, le 255
moyen 15; Moyen Âge 244
moyen, le ~ 113
muet 98
multiplication, la 269
multiplier 269
municipal 145
munition, la 147
mur, le 64, 68
mûr 227
muscle, le 18
museau, le 221
musée, le 203
musicien, le 202
musique, la 202
musulman, le 81
mutiler 148
myope 11
mystère, le 94
mystérieux 94

N

nager 199, 214
naissance, la 5
naître 5
nappe, la 40
narcisse, le 230
nation, la 139
national 139
nationalité, la 140
nature, la 71 (humaine),
216
naturel 71
naturellement 100
naufrage, le 194
navire, le 194
ne 100
né → naître
nécessaire 117, 122, 183
nécessité, la 117
négligent 161
neige, la 211
neiger 211
nerf, le 7
nerveux 7, 135
n'est-ce pas 92, 99

net 94
nettement 94
nettoyage, le 55 (à sec), 67
nettoyer 67
neuf 268 (nombre)
neuf 174
neveu, le 127
nez, le 10
ni 101
nid, le 227
nièce, la 127
nier 100, 152
n'importe 2
niveau, le 217
Noël 83
nœud, le 176
noir 14
nom, le 4, 97 (substantif)
nombre, le 268
nombreux 266
nommer 4, 159 (à un poste)
non 100; ~ coupable 153
nord 259
normal 231

nos 181
notamment 102
note, la 107 (écrire), 157
(école), 177 (payer), 202
noter 107
notre 181
nôtre 181
nouer 176
nourrir 25
nouveau 246; de ~ 243
nouvelle, la 104
novembre, le 239
noyer, se ~ 194
nu 52
nuage, le 210
nuire 122
nuit, la 12, 24, 237
nul 2
nulle part 252
numéro, le 268; ~ de téléphone 107
nylon, le 57

189

Register

O

obéir 118
obéissant 118
objection, une 88
objectif 208
ojget 1; complément d'~ 97
obligatoire 117
obliger 117, 185
obscur 12 (lumière), 94
  (difficile à comprendre)
obscurité, une 12
observation, une 155
observer 11 (voir), 118
  (obéir)
obstacle, un 122
obtenir 185
occasion, une 240
occidental 213
occupation, une 119, 149
  (pays), 163 (travail)
occuper 69 (appartement),
  149 (pays); s'~ 119, 163
océan, un 214
octobre, un 239
oculiste, un 48
odeur, une 10
odorat, un 8
œil, un 11
œillet, un 230
œuf, un 28
œuvre, une 205
offenser 136
officiel 139

officier, un 146
offre, une 173
offrir 184
oh 102
oignon, un 32
oiseau, un 225
olive, une 33
ombre, une 12
omelette, une 28
omnibus, un 191
on 2
oncle, un 127
ongle, un 20
onze 268
opéra, un 202
opération, une 48
opérer 48
opinion, une 87
opposer, s'~ 116
opposition, une 143, 233
  (parlement)
or, un 59 (métal)
orage, un 210
orange 14 (couleur), une ~
  33 (fruit)
orangeade, une 35
orchestre, un 202
ordinaire 231
ordinateur, un 108, 207, 269
ordonnance 50
ordonner 50 (médecin), 117
  (chef)

ordre, un 67, 231 (ranger),
  117 (ordonner); ~ du
  jour 143
oreille, une 9
oreiller, un 23
organe, un 19
organisation, une 161
organiser 161
orgueil, un 80
orgueilleux 80
orient 213
orienter 259
original 231
origine, une 244
orner 204
orphelin, un 6
orthographe, une 107
os, un 18
oser 77
ôter 52
ou 234; ~ bien 112
où 99, 254
oublier 245
ouest 259
oui 100
ouïe, une 8
outil, un 168
outre 101
ouverture, une 62
ouvrage, un 205
ouvreuse, une 207
ouvrier, un 162
ouvrir 62

P

page, la 111
paiement, le 177
paille, la 219
pain, le 27
pair 268
paire, la 268
paisible 138
paix, la 148
palais, le 141 (château)
pâle 7
pâlir 7
palmier, le 228

panier, le 229
panne, la 190
pansement, le 47
pantalon, le 51
pantoufle, la 53
papa, le 127
pape, le 83
papeterie, la 107
papier, le 107; ~s 4
papillon, le 226
paquebot, le 194
Pâques 83

paquet, le 176
par 252; ~ conséquent 90
parachute, le 147
paradis, le 82
paraître 15, 91, 253
parapluie, le 210
parc, le 229
parce que 88
par conséquent 90
parcourir 109 (lire), 255
  (mouvement)
parcours, le 255

Register

pardessus 54
pardon, le 136
pardonner 136
pare-brise, le 188
pareil 233
parent, le 127
parents 127
paresse, la 160
paresseux 156 (élève), 160 (ouvrier)
parfait 79
parfaitement 79
parfois 243
parfum, le 10, 21
parlement, le 143
parler 98
parmi 252
parole, la 98, 105; ~ d'honneur 113
part, la 267; prendre ~ 121; d'une ~ 112; nulle ~ 252; quelque ~ 252
partager 26
partenaire, le 198
parterre 206
parti, le 144
participe, le 97
participer 121
particulier, en ~ 102
partie, la 267
partir 129, 256; à ~ 241
partout 252
parure, la 59
parvenir 257
pas, le ~ 255
pas 100 (adverbe); ~ encore 242; ~ un 2
passage, le 109 (texte), 191, 194, 255; ~ clouté 186
passager, le 194
passant, le 187
passé, le 244; ~ composé 97; ~ simple 97
passeport, le 4, 140
passer 184 (donner), 255 (aller); ~ dans la classe supérieure 157; se ~ 182, 240 (avoir lieu)
passion, la 133
passionné 133
pasteur, le 83

pâte, la 27; ~ dentifrice 21
pâte, le 30
pâtes 29
paternel 127
patience, la 138
patient 138
pâtisserie, la 37
pâtissier, le 37
patrie, la 139
patron, le 161
patte, la 221
paupière, la 11
pauvre 182
pauvreté, la 182
paye, la 179
payer 42, 177
pays, le 139
paysage, le 216
paysan, le 218
peau, la 18
pêche, la 224 (poissons)
pêche, la 33 (fruit)
péché, le 82
pêcher 224
pêcheur, le 224
peigne, le 17
peigner, se ~ 17
peindre 203
peine, la 74, 120, 153 (tribunal); à ~ 242
peintre, le 14, 203 (artiste)
peinture, la 14, 203 (art)
pelle, la 229
pellicule, la 208
pelouse, la 229
pencher, se ~ 22, 191
pendant 241
pendre 153
pendule, la 236
pénible 120
pensée, la 84 (idée), 230 (fleur)
penser 84, 87
pension, la 179, 197 (hôtel)
pente, la 217
Pentecôte, la 83
percer 168
perdre 6, 253
père, le 127
période, la 244
permanent 243

permettre 115
permis de conduire, le 189
permission, la 115
perroquet, le 225
personnage, le 125, 206 (littérature)
personne, la 4, 97, 124; ne ~ 100
personnel 124; le ~ 162
perte, la 253
peser 175
petit 15, 18
petit déjeuner, le 26
petit-enfant, le 127
petite-fille, la 127
petit-fils, la 127
pétrole, le 169
pétrolier, le 194
peu 266; ~ à peu 242; à ~ près 270
peuple, le 139
peupler 139
peur, la 76
peureux 76
peut-être 91
phare, le 188 (auto), 195 (mer)
pharmacie, la 50
pharmacien, le 50
philosophe, le 84
philosophie, la 84
phono, le 201
photo, la 208
photocopie, la 108
photographie, la 208
photographier 208
phrase, la 97
physique, la 170
piano, le 202
pièce, la 63 (salle); ~ de théâtre 206
pied, le 20, 217 (montagne)
pierre, la 68, 59 (précieuse), 217
piéton, le 187
pigeon, le 222
pile, la 13
pilote, le 193 (avion), 195 (navire)
pin, le 228
pince, la 168

191

Register

pinceau, le 203
pioche, la 219
piocher 156 (école), 219
pipe, la 43
piquer 226
piqûre, la 49 (médecine),
  226 (insecte)
pire 80
piscine, la 199
pitié, la 79
placard, le 65
place, la 163 (travail), 186
  (ville), 191 (comparti-
  ment), 251; prendre ~ 65
placer 265
plafond, le 64
plage, la 214
plaie, la 47
plaindre, se ~ 74
plaine, la 217
plainte, la 74, 152 (tribunal)
plaire 130, 132
plaisanter 73
plaisanterie, la 73
plaisir, le 73
plan, le 68, 213
planche, la 228
plancher, le 64
plante, la 227
planter 227, 229
plaque, la 62
plastique 169
plat, le 26, 40, 42 (manger)
plat 15, 216 (adjectif)
platane, le 228
plateau, le 40
plein 40; faire le ~ 188
pleurer 6, 74
pleuvoir 210
plier 108; se ~ 118
plomb, le 169
plombier, le 41
plonger 214
pluie, la 210
plume, la 225
plupart 266
pluriel, le 97
plus 232, 266; ne ~ 100; ~
  tard 242
plusieurs 266

plus-que-parfait, le 97
plutôt 112
pneu, le 188
poche, la 51
poêle, le ~ 66; la ~ 38
poème, le 205
poésie, la 205
poète, le 205
poids, le 175; ~ lourd 187
poignée, la 62
poils 221
poing, le 20
point, le 107 (écrire), 157
  (école), 251 (place), 259
  (cardinal); ~ de vue 87;
  ne ~ 100
pointe, la 56
pointu 56
poire, la 33
poireau, le 32
pois, le 32
poison, le 150
poisson, le 31, 224
poitrine, la 19
poivre, le 36
poli 130 (manières), 168
  (lisse)
police, la 151; agent de ~
  151
policier, le 151; roman ~
  205
politesse, la 130
politique, la 142
pollution, la 169, 216
pommade, la 50
pomme, la 33
pomme de terre, la 32
pompe, la 218
pompier, le 70
pont, le 194 (bateau), 215
  (fleuve)
populaire 125
population, la 139
porc, le 222
port, le 195
porte, la 60 (ville), 62 (maison)
portefeuille, le 178
porte-monnaie, le 178
porter 52 (vêtements), 262
  (transporter)

portrait, le 203
poser 265
position, la 22, 195, 251
posséder 181
possibilité, la 112
possible 91
postal 108
poste, le ~ 159; le bureau
  de ~ 108
pot, le 38
potage, le 29
potager, le 229
pouce, le 20
poudre, la 21
poule, la 30, 222
poulet, le 30
poumons 19
poupée, la 198
pour 113; ~ cela 88; ~ que
  113
pourboire, le 42, 197
pourcentage, le 180
pourquoi 88, 99; c'est ~ 88
pourrir 227
poursuivre 261
pourtant 234
pousser 227, 263
poussière, la 67
poutre, la 61
pouvoir 91 (possible), 115
  (permettre), 160; le ~
  142
prairie, la 222
pratique 168; la ~ 159
pré, le 222
precaution, la 75
précéder 260
précieux 177
précipiter, se ~ 258
précis 270
précisément 270
préciser 270
prédire 247
préfecture, la 145
préférer 112
préfet, le 145
premier 268; ~s soins 49;
  matières premières 169
prendre 185; ~ part 121; ~
  place 65
prénom, le 4

192

Register

préparation, la 119
préparer 39, 119
préposition, la 97
près 250; à peu ~ 270
présence, la 128
présent 128; le ~ 97, 246
présenter 4, 129, 253 (montrer)
président, le 142
presque 270
presse, la 110
pressé 120
presser 33
pression, la 209
prêt 119
prétendre 93
prêter 180, 185
prétexte, le 103
prêtre, le 83
preuve, la 88, 152
prévenir 75, 101
prévision, la 247
prévoir 247
prier 83 (Dieu), 114
prière, la 83
prince, le 141
princesse, la 141
principal 85
principe, le 78
printemps, le 239
prise de courant, la 13
prison, la 153
prisonnier, le 148 (de guerre), 153
privé 181

priver 182
prix, le 157 (école), 177
probable 93
problème, le 86, 269 (mathématiques)
procédé, le 165
procès, le 152
prochain 247
proche 250
procurer, se ~ 185
procureur général, le 152
production, la 165
produire 95, 165
produit, le 165
professeur, le 155, 158
profession, la 159
professionnel 159
profiter 122
profond 214
profondeur, la 214
programme, le 154 (école)
progrès, le 158, 244
projet, le 113
prolonger 136
promenade, la 255
promener, se ~ 255
promesse, la 113
promettre 113
pronom, le 97
prononcer 98
prononciation, la 98
propos 105
proposer 114
proposition, la 97 (phrase), 114

propre 67 (contraire: sale)
propre 181
propreté, la 67
propriétaire, le 69, 181
propriété, la 181
protéger 75
protestant, le 81
protestation, la 136
protester 136, 164
prouver 88
provenir 244
province, la 139
provisions 37
provoquer 95
prudent 75
prune, la 33
psychologie, la 72
psychologique 72
public, le 206
publicitaire 171
publicité, la 171
publier 111
puce, la 226
puis 242
puisque 88
puissance, la 149
puissant 149
puits, le 218
pull-over, le 51
punir 153
pur 35, 79 (innocent)
pyjama, le 23

Q

quai, le 192 (gare), 195 (port)
qualifié 160
qualité, la 79, 174 (marchandise)
quand 99, 241; ~ même 90, 234
quant à 232
quantité, la 266
quarante 268
quart 267

quartier, le 60
quatorze 268
quatre 268; ~-vingts 268; ~-vingt-dix 268
que 99; ne ~ 100
quel 99
quelconque 2
quelque chose 2
quelquefois 243
quelques 2
quelqu'un 2

quereller, se ~ 137
question, le 86, 99, 157
queue, la 221; faire la ~ 172
qui 99
quinzaine 238
quinze 268
quitter 129, 256
quoi 99; après ~ 242
quoique 90
quotidien 237; le ~ 110

Register

R

rabbin, le 81
racine, la 227
raconter 101
radiateur, le 64
radio, la 49 (médecine), 207
rafraîchir, se ~ 25
raie, la 17
rail, le 191
raisin, le 220
raison, la 84, 88; avoir ~ 89
raisonnable 84
raisonner 84
ralentir 189, 258
ramasser 229, 264
ramener 129
rang, le 125, 206
ranger 67, 232
rapide 258; le ~ 191
rapidement 258
rappeler 98; se ~ 245
rapport, le 101, 131, 232
rapporter 101, 179, 262; se ~ 232
rapprocher 250; se ~ 257
rare 231, 243
rarement 243
raser, se ~ 17, 21
rasoir, le 17
rassembler 128
rassurer 138
rat, le 223
rayon, le 65 (armoire), 173 (magasin); ~ du soleil 12
réaction, la 135
réagir 135
réalisation, la 123
réaliser 123
réalité, la 92
récemment 246
récent 246
récepteur, le 106
réception, la 197
recette, la 39, 179
recevoir 129, 185; être reçu 157
réchaud, le 38
réchauffer 39

recherche, la 158, 253
rechercher 254
récipient, le 38
récit, le 101, 205
réclame, la 171
réclamer 183
récolte, la 219
récolter 219, 220
recommander 114
recommencer 120
récompense, la 185
reconnaissant 185
reconnaître 245
record, le 199
récréation, la 154
rectangle, le 249
recueillir 185
reculer 259, 263
rédaction, la 157
redire 101
redoubler 157
réduction, la 177
réduire 177, 266
réel 92
refaire 123
référendum, le 144
réfléchir 84
réforme, la 142
réfrigérateur, le 38
refroidir 39; se ~ 46
réfugié, le 148
réfugier, se ~ 148
refus, le 116
refuser 116, 185
réfuter 88
regard, le 11
regarder 11
régie, le 161
régime, le 49 (manger), 141
régiment, le 146
région, la 139
régional 139
règle, la 107, 231
règlement, le 154 (école), 177
régler 161, 177, 236
regretter 6, 78, 136
régulier 231, 243
reine, la 141

reins 19
rejoindre 260
réjouir, se ~ 73
relatif 232
relations 131, 140 (politiques), 232
relever 264; se ~ 261
relier 111
religieux 81
religion, la 81
remarquable 85
remarquer 11
rembourser 180
remercier 185
remettre 120, 184, 265; se ~ 49
remonter 261, 264
remords, le 78
remorque, la 187
remplacer 166
remplir 38, 40
remuer 39, 263
renard, le 223
rencontre, la 129
rencontrer 129
rendement, le 219
rendez-vous, le 128
rendre 185; ~ service 185; se ~ 148, 257; se ~ compte 92
renoncer 120
renouveler 161
renseignement, le 99; bureau des ~s 192
renseigner 99
rentrée, la, ~ des classes 154
rentrer 257
renverser 264
renvoyer 163
répandre 38
réparation, la 166
réparer 166
repartir 256
repas, le 26
repasser 55
repentir, se ~ 78
répéter 101
répondre 99

194

Register

réponse, la 99
reportage, le 110
repos, le 120
reposer, se ~ 120
repousser 185
reprendre 120, 185
représentant, le 172
représentation, la 206
représenter 206
reproche, le 136
reprocher 136
républicain 141
république, la 141
réputation, la 125
réseau, le 106, 186
réserve, la 88, 192
réserver 197
résidence secondaire, la 61
résigner, se ~ 118
résistance, la 148
résister 148
résolution, la 112
résoudre 112
respect, le 125
respecter 125
respiration, la 10
respirer 10
responsabilité, la 161
responsable 161
ressemblance, la 233
ressembler 233
ressources 179
restaurant, le 42
reste, le 6, 266
rester 257, 266
résultat, le 123

résumer 101
retard, le 248
retarder 248
retenir 244
retirer 263; se ~ 256
retour, le 257
retourner 257
retraite, la 148
retrouver 253
rétroviseur, le 189
réunion, la 128
réunir 128
réussir 123
revanche, en ~ 234
rêve, le 24
réveil, le 236
réveiller 24
révéler 104
revendication, la 164
revenir 257
revenu, le 179
rêver 24, 84
revoir 11; au ~ 129
révolution, la 141
revolver, le 147
revue, la 110 (journal), 146
    (militaire)
rez-de-chaussée, le 61
rhume, le 46
riche 181
richesse, la 181
rideau, le 62 (fenêtre), 206
    (théâtre)
ridicule 73
rien 100, 267
rincer 41

rire 73
risque, le 75
risquer 77
rive, la 215
rivière, la 215
riz, le 32
robe, la 51
robinet, le 21, 41
robuste 44
rocher, le 217
roi, le 141, 198 (cartes)
rôle, le 125, 206 (théâtre)
romain 244
roman, le 205; ~ feuilleton
    205; ~ policier 205
rond 249
rose 14; la ~ 230
rossignol, le 225
rôti, le 30
rôtir 39
roue, la 188
rouge 14; le ~ 21
rougir 7, 76
rouler 189
route, la 186
roux 17
rubis, le 59
rude 130
rue, la 186
ruines 70
ruisseau, le 215
rupture, la 134
rural 216
ruse, la 103
rusé 103
rythme, le 202

S

sa 181
sable, le 214
sac, le 37, 54 (à main), 176
    (de papier); ~ de cou-
    chage 197
sage 84
saigner 19
sain 44
saint, le 81
saisir 94 (comprendre),
    151, 264

saison, la 239
salade, la 32
salaire, le 179
salarié, le 179
sale 67
saler 36
salir 67
salle, la 63, 206 (théâtre);
    ~ de bains 21, 63
salon, le 63; ~ de thé 42
saluer 129

salut, le 129
samedi, le 238
sandale, la 53
sandwich, le 27
sang, le 19, 47
sans 182
sans cesse 243
santé, la 44
saphir, le 59
sapin, le 228
sardine, la 31

Register

satellite, le 212
satisfaire 73
satisfait 73
sauce, la 30
saucisse, la 30
sauf 231
saumon, le 31, 224
saut, le 199
sauter 109 (lire), 199 (sport)
sauvage 221, 244
sauver 75, 194; se ~ 260
sauvetage, le 194
savant, le 158
savoir 104, 157, 160
savon, le 21
scarabée, le 226
scène, la 206
scie, la 168
science, la 158
scientifique 158
scier 168, 228
scolaire 154
sculpter 203
sculpteur, le 203
sculpture, la 203
séance, la 143
seau, le 218
sec 219
sécher 55
second 268
seconde, la 236
secouer 263
secourir 75
secours, le 75, 122
secret 104, 253; le ~ 104
secrétaire, la 107
secteur, le 249
section, la 146
sécurité, la 75
Sécurité sociale, la 49
sein, le 19
seize 268
séjour, le 197
sel, le 36
selon 87
semaine, la 238
semblable 233
sembler 91
semelle, la 53
semer 229

Sénat, le 143
sens, le 8 (vue, adorat …), 96 (signification)
sensible 44, 79
sentier, le 217
sentiment, le 72
sentir 8, 10, 72; se ~ 44
séparer 250; se ~ 129
sept 268
septembre, le 239
série, la 165
sérieux 138
seringue, la 49
serment, le 152
serpent, le 226
serrer 168, 265
serrure, la 62
serrurier, le 62, 167
serveuse, la 42
service, le 42, 145, 163, 172; ~ militaire 146; rendre ~ 185
serviette, la 21 (de toilette), 40
servir 42, 172 (client); se ~ 168
ses 181
seul 128
seulement 100
sève, la 227
sévère 158
sexe, le 4
si 90 (condition), 100 (oui), 102 (tellement)
siècle, le 244
siège, le 65
sien 181
siffler 200
sifflet, le 200
signal, le 191
signaler 254
signature, la 108
signe, le 254
signer 108
signifier 96
silence, le 9, 98
silencieux 9
simple 86
simplement 86
sincère 103
singe, le 223

singulier 97
sinon 90
situation, la 125, 241
situer 251
six 268
ski, le 199
slip, le 51
sobre 35
social 144
socialisme, le 144
société, la 125; ~ anonyme 161
socquette, la 53
sœur, le 127
soie, la 57
soif, la 25
soigner 49
soigneusement 160
soin, le 160; premiers ~s 49
soir, le 237
soirée, la 237
soit 234
soixante 268; ~-dix 268
sol, le 219
soldat, le 146
soldes 174
sole, la 31, 224
soleil, le 12, 209, 212
solidarité, la 121
solide 170
solitude, la 128
solution, la 86
sombre 12
somme, la 178, 270
sommeil, le 24
sommet, le 217
son 181
son, le ~ 9
songer 84
sonner 9, 62, 236
sonnerie, la 62
sort, le 5
sorte, la 1, 231
sortie, la 62
sortir 62, 132, 263; ~ du lit 24
sou, le 178
souci, le 74
soudain 248
souffler 10, 157

Register

souffrir 45
souhaiter 183
soulever 263
soulier, le 53
souligner 102, 107
soumettre 118, 149
soupçon, le 151
soupçonner 151
soupe, la 29
souple 170
source, la 215
sourcil, le 11
sourd 9
sourire, le 73
souris, la 223
sous 252
sous-marin, le 147
sous-officier, le 146
sous-sol, le 61
soustraction, la 269
soustraire 269
soutenir 265
souterrain 15
soutien-gorge, le 51
souvenir, le ~ 196; se ~ 245
souvent 243
spécial 237
spécialement 231

spécialiste, le 160
spectacle, le 206
spectateur, le 206
sport, le 199
sportif 199
stade, le 199
stage, le 159
station, la 192
stationnement, le 189
statue, la 203
structure, la 170
studio, le 63
style, le 205
stylo, le 107
subir 118
subjonctif, le 97
substantif, le 97
succéder 141
succès, le 123
sucre, le 36
sucré 36
sucrer 36
sud, le 259
suer 209
suffire 266
suffisant 266
Suisse, la 213
suite, la 110, 242; tout de ~ 242

suivant 247, 260
suivre 118 (obéir), 260
sujet, le 97 (grammaire), 105; au ~ de 232
supérieur 252; le ~ 161
supplément, le 267
supplémentaire 266
supporter 115, 138
supposer 87, 91
supprimer 149
sur 252
sûr 75, 93; bien ~ 100
sûrement 93
surface, la 15, 249
surprendre 248
surpris 248
surprise, la 248; ~-partie 201
surtout 102
surveiller 155
suspendre 55, 265
svelte 18
sympathie, la 131
sympathique 131
symphonie, la 202
syndical 164
syndicat, le 164; ~ d'initiative 196
système, le 141

T

ta 181
tabac, le 43
table, la 65; ~ des matières 111; ~ de nuit 23; se mettre à ~ 40
tableau, le 64, 203; ~ noir 154
tablier, le 38
tache, la 67
tâche, la 117
tacher 67
tâcher 119
taille, la 38
tailler 56
tailleur, le 51 (vêtement), 56 (métier)
taire, se ~ 98
talon, le 20, 53

tandis que 234
tant → autant
tante, la 127
tantôt 243
taper 137
tapis, le 64
tard 237, 248; plus ~ 242
tarif, le 192
tarte, la 27
tas, le 266
tasse, la 40
taureau, le 222
taxe, la 142, 179
taxi, le 187
technicien, le 166
technique, la 166
teint, le 7
tel 233

télécopie, la 108
télégramme, le 108
télégraphier 108
téléphone, le 106
téléphoner 106
téléphonique 106
télévisé 207
télévision, la 207
tel quel 233
tellement 102
témoigner 152
témoin, le 152
tempérament, le 71
température, la 46 (fièvre), 209 (météo)
tempête, la 210
temple, le 83

197

temps, le 97 (du verbe), 209 (météo), 235 (durée)
tenailles 168
tendance, la 244
tendre 133 (doux)
tendre 64, 176, 224
tendresse, la 133
tenir 264; ~ pour 87
tennis, le 199
tente, la 197
tenter 119
terme, le 96
terminer 119
terminus, le 192
terrain, le, ~ à bâtir 68; ~ de camping 197; ~ de football 200
terrasse, la 42, 61
terre, la 213, 214; pomme de ~ 32
terrible 76, 102
terriblement 102
territoire, le 139
tes 181
testament, le 6
tête, la 7
texte, le 109
textile 57
thé, le 35; salon de ~ 42
théâtre, le 206
théorie, la 158
thermomètre, le 209
ticket, le 192
tien 181
tiens 102
tiers 267
tige, la 227
tigre, le 223
timbre, le 108
timide 76
tirer 147 (fusil), 263
tiroir, le 65
tisser 57
tissu, le 57
titre, le 110
toile, la 57, 203 (tableau)
toilette, la 58; faire sa ~ 21
toit, le 61
tôle, la 169
tomate, la 32
tombe, la 6

tombeau, le 6
tomber 261
ton 181
ton, le ~ 9, 98, 202
tonne, la 175
tonneau, le 220
tonnerre, le 210
torchon, le 41, 67
tordre 47
torrent, le 215
tort, le, avoir ~ 89
tortue, la 226
tôt 237, 248
total 267
toucher 20, le ~ 8
toujours 235, 243
tour, la ~ 60; le ~ 168
tourisme, le 196
touriste, le 196
tourne-disque, le 201
tourner 249, 259
tournevis, le 168
tous 2
tousser 46
tout 267
tout à coup 248
tout à fait 102
tout à l'heure 242
tout de suite 242
tout le monde 2
toutefois 234
toux, la 46
trace, la 223
tracteur, le 219
tradition, la 244
traducteur, le 96
traduire 96
trafic, le 187
tragédie, la 206
tragique 206
trahir 134
train, le 191; en ~ 119
traîner 67, 263
trait, le 7 (visage), 107 (ligne)
traité, le 140
traitement, le 49 (médecine), 179 (salaire)
trajet, le 255
tranche, la 30
tranquille 138

tranquillement 138
transformer 161
transistor, le 207
transpirer 209
transport, le 262
transporter 262
travail, le 163; heures de ~ 164
travailler 163
travailleur, le 162
travers 252
traverser 252
traversin, le 23
treize 268
trembler 76
tremper 55, 210
trente 268
très 102
triangle, le 249
tribunal, le 152
tricher 157, 198
tricoter 57
tricots 57
triple 268
triste 74
tristesse, la 74
trois 268
troisième 268
tromper 103, se ~ 89
trompette, la 203
tronc, le 19 (corps), 228 (arbre)
trop 102, 266
trottoir, le 186
trou, le 56
troubler 12
troupe, la 146
troupeau, le 222
trouver 87 (penser), 253; se ~ 251
truc, le 1
truite, la 31, 224
tube, le 170
tuer 150
tuile, la 61
tulipe, la 230
tunnel, le 186
tuyau, le 41
type, le 124

Register

U

un 268
uniforme, un 146
union, une 121
unique 231
uniquement 100

unité, une 121, 270 (de mesure)
université, une 158
usage, un 71
usé 56

user 56
usine, une 165
utile 122
utilisation, une 168
utiliser 168

V

vacances 154
vaccin, le 44
vacciner 44
vache, la 222
vague, la 214
vain 123
vaincre 148
vainqueur, le 148
vaisseau cosmique, le 212
vaisselle, la 40
valet, le 198 (cartes)
valeur, la 177
valise, la 192
vallée, la 218
valoir 177; il vaut mieux 112
vapeur, la 39
varier 234
variété, la 234
vase, le 230
vaste 216, 249
veau, le 222
vedette, la 206
végétal 227
véhicule, le 187
veille, la 237
veiller 24
veine, la 19
vélo, le 187
vélomoteur, le 187
velours, le 57
vendanges 220
vendeur, le 172
vendre 172
vendredi, le 238
venger, se ~ 136
venir 257; ~ voir 128
vent, le 210
vente, la 172
ventre, le 19

ver, le 226
verbe, le 97
verger, le 229
verglas, le 211
vérifier 92
véritable 89
vérité, la 89, 103
verre, le 40
vers 241, 250
vers, le ~ 205
verser 40
vert 14
vertu, la 79
veste, la 51
veston, le 51
vêtement, le 51
vêtu 52
veuf, le 6
veuve, la 6
viande, la 30
vice, le 80
victime, la 148 (guerre), 190
victoire, la 148
vide 40
vider 38
vie, la 5
vieillard, le 5
vieillesse, la 5
vieux 5
vif 135
vigne, la 220
vigneron, le 220
vigoureux 44
villa, la 61
village, le 60
ville, la 60
vin, le 35, 220
vinaigre, le 36
vingt 268

vingtaine 268
violent 135
violet 14
violon, le 202
virage, le 186
virgule, la 107
vis, la 168
visage, le 7
viseur, le 208
visite 49, 128
visiter 128, 196
vite 258
vitesse, la 258
vitre, la 62
vitrine, la 173
vivant 5
vivement 135
vivre 5
vocabulaire, le 96
voici 254
voie, la 191
voilà 254
voile, la 194
voir 11; aller ~ 128; venir ~ 128
voisin, le 69
voiture, la 187; en ~! 192
voix, la 98, 144 (vote)
vol, le 150 (voleur), 226 (oiseau)
volaille, la 30
volant, le 189
volcan, le 217
voler 150 (enlever), 193 (avion), 225 (oiseau)
volet, le 62
voleur, le 150
volonté, la 113
volontiers 115
volt 216

199

Register

volume, le 111 (livre), 249
vos 181
vote, le 144
voter 144
votre 181

vôtre 181
vouloir 113, 183; ~ dire 96;
~ bien faire qc 115
voyage, le 196; agence de
~s 196

voyager 196
voyageur, le 196
vrai 89, 103
vraisemblable 91
vue, la 8, 11, 208 (photo)

W

wagon, le 191
watt 270

w.-c., le 21

week-end, le 238

Y

y 252

yaourt, le 28

yeux → œil

Z

zéro 268

zone, la 139, 249

zoo, le 223